广东省中小学"百千万人才培养工程"
省级培养项目系列丛书

核心素养视域下的小学数学生活化教学研究

黄雪珍—著

南方传媒
广东人民出版社
·广州·

图书在版编目（CIP）数据

核心素养视域下的小学数学生活化教学研究 / 黄雪珍著 . —广州：广东人民出版社 , 2023.11

（广东省中小学"百千万人才培养工程"省级培养项目系列丛书）

ISBN 978-7-218-17024-4

Ⅰ . ①核… Ⅱ . ①黄… Ⅲ . ①小学数学课—教学研究

Ⅳ . ① G623.502

中国国家版本馆 CIP 数据核字（2023）第 196483 号

HEXIN SUYANG SHIYU XIA DE XIAOXUE SHUXUE SHENGHUOHUA JIAOXUE YANJIU

核 心 素 养 视 域 下 的 小 学 数 学 生 活 化 教 学 研 究

黄雪珍 著　　　　　　　　　　　　　　　　　版权所有　翻印必究

出 版 人：肖风华

责任编辑：王庆芳　陈埼泓

责任技编：吴彦斌　马　健

出版发行：广东人民出版社

地　　址：广州市越秀区大沙头四马路 10 号（邮政编码：510199）

电　　话：（020）85716809（总编室）

传　　真：（020）83289585

网　　址：http://www.gdpph.com

印　　刷：广东虎彩云印刷有限公司

开　　本：787 mm×1092 mm　1/16

印　　张：18.25　**字　数：**276 千

版　　次：2023 年 11 月第 1 版

印　　次：2023 年 11 月第 1 次印刷

定　　价：68.00 元

如发现印装质量问题，影响阅读，请与出版社（020-85716849）联系调换。

售书热线：（020）85716863

总序

党的二十大报告指出："教育是国之大计、党之大计。培养什么人、怎样培养人、为谁培养人是教育的根本问题。"百年大计，教育为本；教育大计，教师为本。教师是教育改革与发展的第一资源，教师强则教育强。作为人才强教、人才强省的一项重要改革举措，广东省中小学"百千万人才培养工程"的深入实施，不断创新优秀教师培养机制，建立了省、市、县三级分工负责、相互衔接的中小学教师人才培养体系，坚持"系统设计、高端培养、创新模式、整体推进"的工作理念，分层分类培育教育家型教师、卓越教师和骨干教师并发挥他们的示范引领作用，辐射带动中小学教师队伍整体素质提升，为广东省加快推进教育现代化提供坚实的师资保障和人才支持。

韩山师范学院做作为广东省中小学"百千万人才培养工程"小学理科名教师的培养单位，充分发挥百年师范办学沉淀下来的"勤教力学、为人师表"的优秀师德传统，密切结合新时代教师专业发展的新要求，遵循省级培养项目"师德为先、竞争择优、分类指导、均衡发展、公平公正"的工作原则，采用理论研修与行动研修相结合、导师引领与个人研修相结合、脱产学习与岗位研修相结合、国外学习与海外研修相结合、研修提升与辐射示范相结合以及集中脱产研修阶段、岗位实践行动阶段、异地考察交流阶段、示范引领帮扶阶段、课题合作研究阶段的"5结合5阶段"培养模式，致力于培养一批师德师风高尚、教育理念先进、理论知识扎实、教育教学能力强和管理水平高，具有国际视野、创新精神、较大社会影响力和知名度的小学理科教育家型教师。

教育家型教师一定要胸怀"国之大者"，立德树人，笃志于学，着力培养"有理想、有本领、有担当"的时代新人，成为塑造学生高尚人格、培养学生核心素养、促进学生全面发展的"大先生"。整个培养过程中，我们一直坚持"道"与"术"的深度融合，因为教师的发展永远是"道"与"术"的统一，没有"道"前提下的"术"往往是无源之水，没有"术"的自我之道也是无本之源，"道"的提升是名教师发展的必经之路。在"5结合5阶段"的培养过程中，我们侧重于指导学员的教育教学新理念创新、学科前沿探究、教学改革行动研究、教学风格及教学思想提炼和传播等。35名学员经过螺旋上升式的"学习＋实践＋反思"，不断打造自己的教学风格、凝练自己的教学思想，并物化成本系列专著。我们希望，这些承载着省寄予厚望的广东省中小学"百千万人才培养工程"学员们的教育成果能够发挥最大的品牌效应，引领更多教育人不忘初心、潜心育人，参与到广东省教育现代化的伟大事业中，为广东省基础教育高质量发展做出应有的贡献。

于韩师水岚园

（王贵林，研究员，硕士生导师。广东省中小学"百千万人才培养工程"小学理科名教师培养项目负责人及首席专家，广东省首届中小学教师培训专家工作室主持人。曾任韩山师范学院心理健康工作委员会副主任、教育科学学院首任院长，广东省教育学重点学科、广东省"冲补强"教育学重点学科带头人）

前言

随着人们对数学核心素养问题关注得越来越多，对相关问题的探究也就越发深入。近年来，教育界对核心素养下小学数学教学有效性的关注主要体现在以下三个方面。

第一，很多学校为了提高小学数学课堂教学对核心素养的培育，从教学方法上展开了积极尝试和大胆创新，并在很多方面实现了突破，不仅实现了小学数学教学有效性的提升，而且提升了小学数学学科的核心素养。

第二，有些学校和教师对小组合作学习教学模式展开了探索，实践证明，小组合作学习教学模式在数学教学中获得教师和学生的普遍认可，并在很多学校的课堂教学中得到了大力推广，并有效地实现了对小学数学学科核心素养的提高，极大地推动了小学数学教学工作的顺利开展。

第三，在小学数学课堂教学的过程中，很多教师从逻辑思维的角度展开对小学生数学核心素养的培育。通过对小学生基础思维方法和能力的训练，不仅能使小学生的数学思维品格和数学思维能力得到优化，数学核心素养得到发展，而且数学课堂的教学效率也能得到切实保障。

总之，在小学数学课堂有效教学策略的研究和拓展上，无论是数学教师还是研究者都要紧扣小学生的数学接受能力来进行思考。比如，数学教师通过数学趣味、数学美等来提升自己的教学设计就颇为重要。数学教师可从趣味数学设计的角度来展开教学设计，这样就能在培养学生数学思维的同时，提高课堂教学的效率。不过这并不是一件容易的事情，需要数学教师潜心加以训练才能真正得到提高。不仅如此，数学教师在进行课堂教学时，既要注重对小学生数学知识体系的建构，以及从严谨性等方面来提升小学生的数学能力，也要从数学思维的角度增加对学生学科核心素养的培育。本书研究的核心目标就是力图从这几个方面来探讨小学数学课堂教学的有效性，力求以生动有趣的问题求解为导向，对课堂有效教学策略与方法展开系统的归纳、总结，并给出解决问题的建议，这对小学数学课堂有效教学的发展来说具有一定的参考价值。

全书共六章。第一章从小学数学核心素养的基本内涵、构成要素等对小学数学核心素养体系展开了深入分析。第二章从学情调研的基本策略等角度对小学数学教学策略展开了总体性剖析。第三章从讲授技能要求与技巧、优质课堂结课与技巧等角度对小学数学课堂教学的基本策略展开了深入浅出的阐述。第四章从教材的认识、教学机智的运用等角度对小学数学课堂有效教学策略等展开了研究。第五章从数学抽象的教学、逻辑推理的教学等层面对小学数学核心素养的教学问题展开了研究。第六章介绍核心素养视域下的小学数学生活化教学的案例。

当前，我国教育界对小学数学课堂有效教学策略的研究还在持续演化之中。对此，笔者秉持实事求是的精神展开了本课题研究，力求以新思维、新方法来开展这一研究课题。笔者在本课题的研究过程中参阅和借鉴了大量文献资料，并从中受到了巨大启发，本书的结集成册从中受益良多，对此，笔者在此谨表示最诚挚的感谢。由于笔者研究水平等因素有限，书中难免有不妥之处，恳请同行专家和读者不吝指正。

目 录
CONTENTS

第一章
小学数学核心素养体系

第一节　小学数学核心素养的基本内涵

一、素养

在我国，教育界对"素养"一词的关注，最早是从联合国教科文组织与国际经合组织对该词的研究开始的。从英语的范围来看，研究者对"素养"这个概念的研究是从很多词语来展开的，比如，competency、literacy、ability、skill、capability 等。这些词语在使用语境、时态变化等方面有很大差异。笔者认为，"素养"一词的含义并不是一开始就较为恒定的，而是在词语上就存在一定的争议。目前，世界各国逐渐开始使用"competence"一词来表达"素养"，这也是当前学界采用得最多的词汇。"competence"不仅指某种知识或技能，而且指态度、情感等，在"素养"概念中则是以上这些含义的集合。不过，很多研究者并不完全认同用该词来指代"素养"，认为该词侧重于考试范畴，采用该词会对"素养"这个概念产生误导甚至危害，会让小学数学课程狭窄化，甚至会导致教学内容碎片化等，最终让"素养"及其之下的数学教学陷入不和谐的境地，难以达到数学课堂教学的效果。

从汉语世界来看，"素养"就是一个人在日常生活中所表现出来的修养，这几乎是从一种平常的状态对该词加以表述的，《现代汉语词典》就采用了这种诠释。从课程改革的角度来看，近几十年来，我国教育改革的核心就是围绕"素养"来展开的。教育界普遍认为，一个人的学习不能只围绕知识的获得来展开，而是要从一个人的综合素养的培育与创生来进行。这不仅是因为21世纪诸多变化带来的挑战所致，也是因为就一个人来说，仅仅只有知识和一些常见的能力是远远不够的，一个人能获得全面发展才是最关键的。全面的发展才表明一个人已经拥有了"素养"。相比于"能力"，"素养"所包含的内容更为全面，也更加丰富。前者所指的范畴较狭隘，指的是一个人已经具备了完成某种任务的才能，这种才能可能是显在的，也可能是潜在的，但是却未能将一个人的心理、情感等价值展露出来。"素养"则是从一个人被塑造成一个各方面都健全的个体来说的，只有从能力到心智都完善发展的人，才能在未来激烈竞争的复杂社会中得以良好生存。对基于素养的各种潜能的培育与转化，是21世纪智慧社会最迫切需要的教育方式。依靠这种教育方式，个体就能将特定环境下所具备的那些知识、能力等展开习得、内化。这种习得的过程无论是工业行业所需的技术，还是社会性学科所需的那些知识，都是以赋能的方式和预期来进行的，最终都是为了实现素养的提升。通过这种教育形式，个体的素养在适应未来社会挑战的预期之下得到了提升，并从个人主义的角度得到了个体潜能的提升，或者从集体主义的角度获得了个体素养的塑造，似乎都在不同层面上获得了功利主义①的最大实现。为此，有研究者从工业主义的角度提出了素养的塑造公式：C=（K+S）A，即素养 =（知识 + 能力）态度。在此公式中，进一步阐明了不同意识形态下的个体在进行塑造过程中"态度"的重要性。个体具有积极的态度，不仅在学习知识和技能的过程中会形成正面的效果，学习的效率会大大增加，而且在进行实践时，获得的效果也会更好。如果个体的学习态度较为负面，则其在知识、技能赋能方面的效果将大打折扣。

通过以上解释，笔者觉得，所谓"素养"就是个体习得知识、技能的过程，以自身良好的态度进行各种赋能的综合性体现。无论是知识、技能，还是

---

① 蔡清田：《课程改革中素养与能力》，《教育研究月刊》2010 年第 12 期。

所获得的能力，都是组成素养的内容内涵。而在这个过程中，个体所采取的态度、情感则是催生这些知识、技能加以内化、提升和塑造的重要催化剂，是其中的另一种关键要素，甚至比知识、技能和所获得的相应能力还要重要。素养是塑造个体内外各种能力的综合性体现。素养也倡导对个体品质的塑造，这也与我国所提倡的"立德树人"形成紧密关联，在很大程度上互相呼应。

二、核心素养

2013 年，我国开始了对基础教育和高等教育阶段学生核心素养的研究。通过多年研究和实践，我国已经逐渐确立了富有本国特色的核心素养标准和结构模型，以及具有较强可操作性的核心素养指标体系。

就核心素养的定义来说，大多数研究者认为：不同学段的学生在接受各自所属教育的过程中，逐渐形成具有能最大程度上辅助个人终身发展与社会发展所需的必备品格和核心能力。核心素养是关于学生个体的知识、技能等诸多要求的集合体；它关注学习的过程，注重对学生个体在培育过程中的自我学习和自我生发，但并非根据学习结果来对学习的过程进行考评的。在这种情况下，核心素养是富有稳定性与开放性的，同时还具有强大的发展性。在这样的学习过程中，学生将获得可持续性的知识与能力上的塑造，以及动态化的综合素养的优化，最终让自己具备适应未来社会竞争的能力，且富有终身学习与全面发展的保证。

目前，我国学生核心素养由三个维度、六个指标的内容构成。其所具备的内涵体现在以下四个方面：第一，个体能获得基本成功，能从生活环境上得到改进。第二，个体自身能获得可持续的动态性的发展，能在切实融入其所在社会的基础之上，以自己的能力推动社会的发展，能与其他社会成员一起形成共同面对现实挑战的合力来化解问题，并为迎接未来的挑战打下坚实基础。第三，核心素养对个体的作用是关键性的，且具有核心素养精神对个体加以塑造下的不可替代性，同时该塑造过程还具有可学习和可评价的特点。第四，核心素养所涉及的那些课程既具备整体性，又具备跨领域性。核心素养下的各学科之间存在彼此依存的关系，虽然不同的学科或专业都有自己的侧重点，但它们都在核心素养培育的目标下被整合起来，形成了多维的聚合性。参与核心素养培育的主体也是在彼此联系中形成了核心素养发展下的综合体，并在发展过程中形成了整体性效应。

三、数学素养

关于数学素养的定义有很多种，典型的有四种：一是生成说，二是价值说，三是要素说，四是能力说。

第一，所谓数学素养生成说，就是个体在以感悟、反思等方式进行数学学习之后，所获得的结果。这既可以理解为个体在进行数学学习后所得到的数学素质教育的成果，又可以理解为个体在其既有的数学能力之上，通过进一步的数学学习活动所获得的对数学的体验、反思等，并在实际问题的解决过程中所体现出来的综合性特征。

第二，所谓数学素养价值说，就是以数学学习来辅助个体获得为满足日常生活以及当前、未来社会发展所需要的核心价值。这是从价值角度对数学素养作出的诠释，其主要是从一个公民所应拥有的基本素养来展开分析的，不仅要让个体通过学习来认识与感悟数学学科在现实生活中的价值，而且要通过各种活动让个体切实感受并明白数学解决问题的思维方式及其给个体所带来的信心。

第三，所谓数学素养要素说，就是通过所涉及的各种要素或因子来构成数学能力。比如，数学素养所涉及的要素有：知识技能、逻辑思维、数学运用方法、唯物辩证法等，这些要素从各自的领域来发展数学核心素养，以形成个体所应具备的能力。

第四，所谓数学素养能力说，就是通过对数学学科的学习让个体获得以数学方式解决问题的能力，以及促进对数学相关的潜能的发展。这不仅表现在个体日常生活中对数学知识的运用，以及对所需数学能力的理解，而且也包括个体在不断递进的技术背景下对相关技术等条件下数学能力的发展、运用。

对于以上说法，前两种学说是从描述的角度来进行归纳的，要么是从数学核心素养的生成机理来进行分析的，要么是从数学素养所具备的价值与作用来进行分析的。后两种学说是从数学素养的结构上来进行归纳的，要么从构成要素上来进行分析的，要么是从能力的构成要素来展开分析的。

四、小学数学核心素养

目前，各国的核心素养培育都呈现出层级化发展的轨迹。无论是在学科之间，还是在学科内部，学科核心素养的育人价值都是以明显的层级化方式来展开的。小学数学核心素养也是遵循这一规律建构起来的。人们一般是从学科属性来进行分析和归纳的，即从数学学科本质出发，对数学学科特有的育人价值展开分析和应用。可见，所谓小学数学核心素养指的是小学阶段，数学学科应发展的让小学生具备的受益终身的必备品格与基本能力。这些能力的获得是通过小学数学知识、技能以及情感、态度等诸多要素来加以实现的。

（一）小学数学核心素养的确立原则

1. 小学数学核心素养具有显著的学科特性

第一，小学阶段的数学教育的根本任务就是培育学生的数学核心素养，其中从数学思维的角度来加以落实则是主要途径。第二，数学核心素养要围绕着数学学科来进行，只有紧紧围绕着数学学科或数学专业来展开学习，才能获得相应的数学核心素养，不然就不是对个体的数学学科品格、能力等的培养，就不是基于专业对个体才能和情感等的超越。而且如果不能形成学科或专业基础之上的自觉性，那么就难以形成真正的"专业化"，就难以培养真正的数学核心素养。[①]

2. 小学数学核心素养要有小学阶段的特质

人们对数学核心素养的表述是会根据学段的不同而加以变通的，这是因为不同的学段，人们对数学核心素养的要求是不同的。比如，相比其他学段，高中学段对数学核心素养的要求体现在对数学抽象、逻辑推理、数学建模、数学运算、直观想象、数据分析六个方面能力的培养。这个阶段的数学核心素养是具有准成人特点的。就小学阶段的学生而言，数学素养主要是围绕学生的数学感知能力来展开的，数学内容及其学习都是围绕"童趣"，也就是趣味性来展开的。教师在进行教学设计时要从文化性、生活性的角度来展开。实际上，小学数学核心素养也是围绕一些基础性的问题来展开的，要落实小学阶段的特质，不能加大难度。

（二）小学数学核心素养的特性

笔者认为，处于初级阶段的小学数学核心素养所具有的特性一般包括基础性、发展性和实践性三个方面的内容，这也是其最本质的特点。

第一，小学数学核心素养具有基础性的特点。在这个阶段，数学学习的目的是给学生后续的数学学习打下坚实的基础，因此应秉持以兴趣为核心的大道至简的原则来进行教学，要尽可能体现数学教学的亲和力。

第二，小学数学核心素养具有发展性的特点。小学阶段的学生接受能力强，不论什么内容都能轻易地激发出学生的学习兴趣，但是教师还是要采取循

---

① 郑毓信：《数学教育视角下的"核心素养"》，《数学教育学报》2016年第3期。

序渐进的原则来进行数学知识和教学内容的安排，要从发展小学生数学思维的角度来进行培育，而不是一味地增加知识的难度。

第三，小学数学核心素养具有实践性的特点。教师应从实践的角度引导学生通过各种可操作性强的手段来进行数学学习兴趣的培育，以及从各种生活情境中来感悟数学，逐渐形成有益的数学思维方式，最终提升此阶段的数学核心素养。

（三）小学数学核心素养的定位

小学阶段数学课堂教学的学科特性并非教师塑造的重点，而是要培养学生数学理解意识、数学判断意识、数学修养意识等方面的内容。其主要体现在以下四个方面：

1. 小学数学核心素养与素质教育的关系

首先，从 1994 年我国正式提出"素质教育"这一说法至今（2023）已近30 年了。在此期间，素质教育已经从重视法治教育、社会公德，培养学生开拓进取、自强自立的精神与健全人格，发展到对科学素养、文化素养、信息素养、技术素养、数学素养等的培育。从这个过程来看，社会各界对素养的重视程度日益增强，这不仅是因为受其他国家教育思想的影响，也是因为人们对教育过程的重视。在此过程中，适合我国素质教育的思想理论仍然处于不断探索的过程中，而且在教学实践等方面还较为薄弱。总之，教育界对素质教育评价环节的关注还远远不够，特别是在评价体系的建设上还需要进一步加大力度，在实现从素质教育向核心素养培育转变的同时，力争早日建成适合我国小学数学教育的核心素养培育体系。

其次，我国教育的重点已经从素质教育发展到了核心素养培育阶段。虽然这两者在很多层面颇为类似，甚至颇为一致，都是向全面性地培养人、发展人①而努力，但这两者之间的区别也是非常明显的。"素质教育"更侧重于对学生个体本性的发现与培育；"核心素养培育"则更侧重于对学生后天能力的养成，看重的是从教育的可塑性与发展性来拓展学生的能力。"核心素养"则再次回归教育的本真之处，通过教、学、评的一体化②，实现对学生数学潜能的发展，进而实现对学生数学素质的全面提升③。可以说，"核心素养"这个概念较好地概括了素质教育的真实内涵，让我国小学数学教学变得更有依据，有了切实的"抓手"，从而真正落在实处。

2. 小学数学核心素养与"三维目标"的关系

第一，小学数学教学中各种要素已经发生了明显变化。教师教学观念与教学方式已逐渐发生变化；小学生的数学学习要以互动合作、互助探究的方式展开；学校要建构其多元化的数学教学评价体系，促进小学数学教学发展性评价方式的建立。这些阶段性的成果自然与教育界对小学数学核心素养培育的"三维目标"的落实有关。第二，这里的"三维目标"指的是以下三个方面：一是数学学科的知识和技能，二是培育的过程和方法，三是小学生的情感态度价值观。它们是从低到高地进行发展的。其实不只是小学阶段，其他各学段的数学核心素养培育也存在这样的发展关系。

3. 小学数学核心素养与"四基四能"的关系

第一，《义务教育数学课程标准（2011年版）》明确提出了"四基"，即小学数学教学是紧紧围绕以下四个方面的内容来展开的：一是数学的基础知识，

---

① 张志胜：《教育部核心素养课题组成员左璜——核心素养：为教育改革实践提供具体目标》，《教育家杂志》2016年第41期。

② 张志胜：《教育部核心素养课题组成员左璜——核心素养：为教育改革实践提供具体目标》，《教育家杂志》2016年第41期。

③ 何勇、曹广福：《数学课堂如何兼顾学生数学素养与应试能力》，《数学教育学报》2014年第4期。

二是数学的基本技能，三是数学的基本思想，四是数学的基本活动经验。

第二，《义务教育数学课程标准（2011年版）》也提出了"四能"，表明小学数学教学是为了培养以下四个方面的数学能力：一是培养小学生形成以数学思维方式展开思考，发现问题的能力；二是培育小学生敢于并善于提出问题的能力；三是培养小学生从各方面科学合理地分析各类问题的能力；四是培养小学生从各个途径解决不同问题的能力。

第三，以上"四基""四能"的提出，让每个小学生都能获得良好的数学教育，让数学能力不同的小学生都能学有所得，能在未来数学核心素养的培育中获得各方面的保障，以便数学核心素养得到更好的提升。由此可见，小学阶段的数学核心素养培育的核心是建构小学生在一定的数学思想与数学方法的上位概念意识[1]，以便他们能在未来的数学学习中，以这样的数学思想意识和数学方法习惯展开学习。只有在习惯性的基本学习活动上形成有利于数学核心素养提升的学习习惯，才能让数学基础知识、数学基本技能自然归位，深深内化到小学生的数学能力结构之中。

第四，从数学核心素养目标的角度来展开对小学生数学的培养，这是从数学教育的价值目标角度展开的数学育人思路调整。这不仅是对时代精神的主动回应，也是可持续教育方针与政策的必然体现。"四基""四能"在本质上就是小学数学核心素养的具体化和条理化，数学教师可从这方面加以研究和进行具体实施。

---

[1] 朱立明：《基于深化课程改革的数学核心素养体系构建》，《中国教育学刊》2016年第5期。

第二节　小学数学核心素养的构成要素

一、小学数学核心素养构成要素提炼的依据

笔者认为，可从四个方面来对小学数学核心素养的构成要素加以归纳和整理，分别为：一是应用意识，二是运算能力，三是推理能力，四是几何直观。它们的内涵主要呈现在以下六个方面：

第一，只有研究者或教师对小学数学核心素养的形成展开思考、研究，才能最终形成成熟的看法，并展现一定的因应措施。有益的数学思考能让学生在思考数学问题和解决数学问题时不会落入俗套和墨守成规，而是采取创造性的思路来解决问题。依靠这种教学思路，学生可以养成主动想办法解决问题的习惯，从而形成有效的小学数学应用意识。

第二，小学数学核心素养是从具象世界与抽象的数学符号世界之间的转换来提炼教学方法、教学措施的，在此过程中，教师与学生的数学分析能力就能得到提高。尤为重要的是，学生在这样的过程中，数学分析能力、数学思维习惯等都将得到发展，为下一步的数学乃至其他学科的学习打下良好的基础。一旦这种数学意识、数学情感和态度形成，就会持续地伴随着学生，并让其受益终身。因为数学核心素养培育的重要目标之一就是让学生具有良好的数学审美能力，以特有的数学精神带动其他学科的学习，乃至激发学生对其他领域知识的学习兴趣。

第三，从数字敏感度的角度来提升小学生数学核心素养，并提炼出数学核心素养。这个过程不是单一的，而是伴随着很多其他能力、意识的发生，比如，学生数感的形成，学生符号意识的获得，等等，最终学生的脑海里建构了新的数理知识结构以及思维习惯。

第四，小学数学核心素养要从推理能力的角度来加以提炼。数学推理能力

的培育不仅能提升学生的逻辑能力，还能提升学生的理性思维能力。在小学生从形象思维向抽象逻辑思维转化的过程中，应从拓展推理能力的角度来进行教学设计与实施课堂教学，这样就能逐渐提升小学生的数学交流能力以及解决问题的能力。

第五，几何直观能有效促进小学生的空间感，这是因为几何教学并非只是利用立体图形就能解决问题。它需要学生有一定的逻辑思维，以及空间思维的推理能力，这样才能有效地解决相关数学问题。这也是小学数学核心素养需要不断加以塑造和着力提炼的地方。

第六，小学生的理性思维既是需要着力加以训练的内容，也是小学数学核心素养构成要素中需要加以提炼的重点。当小学生具有了一定数学理性思维后，就会渐渐地拥有能够展开创新意识的相关数学素养。

二、构成小学数学核心素养的要素

（一）数学意识要素分析

所谓数学意识，指的是以理论知识为支撑，对数学基础知识和理论加以掌握后的内在心理状态。学生在学习后，能熟练地对数学基础知识和理论加以运用，进一步从思维上形成习惯，对一些数量关系和空间形态等有较为清晰的了解，同时还能逐渐形成数学思维。不过需要注意的是，如果小学生还没有形成较好的数学意识，就直接进入数学技能的培养，往往只会产生事倍功半的效果。

（二）数学思考要素分析

首先，在学生形成一定的数学意识后，数学思考这个要素自然就会发展出来。通过学习，小学生运用恰当的数学思维对问题展开针对性的分析，从而推导出结论，结论有可能正确，也有可能错误，但是经过反复的推导、分析和论

11

证之后，他们最终将习得整个答案探索的过程，形成良好的思维模式，从而形成一种数学思维模式。[1]

其次，从理论上来看，成熟的数学思考都是建立在条理清晰的思维步骤以及逻辑分明的解题环节上。但是小学生不是一开始就拥有这样的思维能力和解题表现。为此教师要从每个步骤和每个环节来对学生展开培育，在梳理思维路径的同时，结合案例进行详细解读，这样才能逐渐让学生形成良好的数学思考习惯和能力，并能从数学思维技能的角度展开对实际问题的解决，并不断从广度和深度上完善自己的数学思维。

（三）数学交流要素分析

第一，数学交流指的是学生能以不同数学语言对数学认知展开清晰表达的过程。人们常用到的数学语言不仅有含义固定的数学符号、数学文字以及数学图象，还有解释空间较大的数学公式等。第二，运用这些功能各异的数学语言可以使小学生的数学思路变得更为明晰，经过反复练习大都能达到熟练与他人进行沟通的境界，能够对数学知识加以有效吸收并进行反馈。总之，数学交流的体现就是以数学思维、数学技能等与他人展开有关数学问题、数学知识的讨论，从而对自己的数学能力加以提升。

（四）数学应用要素分析

首先，数学应用指的是小学生能通过数学技能、方法等对各类问题展开良好应用。这些问题既可能是现实生活中的各种问题，也可能是学习中碰到的各种问题，通过对这些问题进行剖析和解决，小学生的数学实践能力以及其他各方面的能力都将得到提升，最终获得对数学核心素养的提升。其次，为了让小

---

① 娄亭:《小学数学核心素养的构成要素分析》,《新课程导学》2020 年第 12 期。

学生尽快养成良好的数学思维习惯，优化数学思维品质，熟练地解决各种数学问题，教师应从现实生活中的问题和教材内容出发，积极地将各类有效解决问题的方法传授给学生，让他们在解决实际问题的过程中提升自己的数学能力。

　　总之，小学数学教学核心素养在新课改背景下不断得到重视与关注，并成为支撑小学数学学科发展的核心标准。按照这个标准，小学数学教师就能更有针对性地对小学生展开数学知识的传授以及数学思维、数学人格的培育等，最终形成受益终身的数学核心素养。

第三节　小学数学核心素养的基本特征

一、持久性与基础性

　　首先，小学数学核心素养的持久性在数学核心素养的建构中具有深远而持久的作用。这些作用或影响表现在以下四个方面：一是通过对学生后续数学学习以及其他学科的发展发挥作用和影响力；二是从数学思想、数学方法、数学知识等要素中得到体现，并且依靠对这些要素的提炼，还能通过长期的塑造来形成小学数学核心素养的范式；三是数学核心素养的形成是需要终身发展来加以印证的，即便这个阶段已经超出小学学段；四是数学学科具有非常强的逻辑性、抽象性。这些逻辑严密、抽象艰深的数学知识需要系统地学习才有可能习得，而且学习过程是颇为艰辛的。

　　其次，小学数学核心素养的基础性不仅体现在知识建构上，还体现在数学思维等的建设上，这也是小学数学核心素养的重要特性之一。一方面，由于小学数学核心素养的习得是一项长期而艰巨的任务，这也表明小学数学核心素养的培育是一项基础性工作。另一方面，随着信息社会的进一步发展，很多领域的研究与发展不仅要从定性的角度来展开，更要从定量的角度来推行，以便让各个领域的研究对象以数理化的方式得到认识，人们也能在这个过程中加深对周围环境的认识，更高效地进行高品质的数学核心素养的践行。

最后，数学教师还应从真、善、美的道德情操和心理情感等角度展开对小学生的培育，让他们从精神上确立起对数学知识、数学精神、数学思维等的热忱追求，这也是小学数学核心素养塑造的持久性和基础性的重要内涵。

二、整体性与阶段性

首先，小学数学核心素养是一个综合的整体。其主要表现在以下两个方面：第一，小学数学核心素养的整合不仅体现在对各种数学知识的整合上，而且体现在对数学能力、数学品质等的整合上，只有将这些不同的要素加以有效融合，才能让核心素养成为有效的合力，让学生的数学学习变得更为高效和容易。这种整合也不是简单相加，而是要通过小学生内化后，再经过深入整合才会最终体会出来。第二，小学数学核心素养虽然是从小学学段来进行具体设计的，但是它与数学核心素养的终身性是不矛盾的，数学学科特点在小学学段的衔接性落实，是整体性的具体表现。

其次，小学数学核心素养是数学核心素养的阶段性体现，换言之，数学核心素养是以阶段性的规划、设计与实施来得到体现的。这是因为核心素养实施的目的是增强学生的数学能力等，其中所涉及的能力的增长性是随着学生成长得到体现的。就小学生来说，儿童期是他们一生中最关键的时期，这一时期的核心素养的培育对他们后续的成长来说是非常关键的，如果未能受到这样的培育或培育不当，所造成的失误将是难以弥补的。所以说，小学学段的数学核心素养要从本阶段学生的特点、教学内容、教学环境等来加以落实，教师要从这些不同要素出发做好具体分析、详细规划和落实。

三、体悟性与可迁移性

第一，小学数学核心素养是一种体悟性的数学学习。数学核心素养的养成是外在的数学知识、技能逐步被学习者感受和理解，进而深化和内化为学习者自身品格和能力的过程，特别是其内隐的情感、态度、价值观更难以直接传递，只有依靠学习者自身长期的体悟、认识和实践活动才能获得。

第二，小学数学核心素养无论是逻辑上还是知识上都具有显见的可迁移性。这种可迁移性有时候表现为以定量化的方式来处理问题，或者是以逻辑化等方式展开。这种可迁移性本身也是小学生需要加以学习和感悟的。教师应从这一点出发，对小学生展开"润物细无声"的引导。

四、情境性与过程性

第一，小学数学核心素养具有情境性的特征，这是因为小学数学核心素养是在情境性的教学实践基础上产生的，而且教师在进行数学核心素养教学的时候也是通过设置情境性的场景来实现的，因此教师要擅长教学情境的创设，特别是进入信息化时代后，教师更要具备在信息化环境下教学的能力，能将信息技术与环境条件相结合进行情境创设和运用。第二，小学数学核心素养还具有过程性的特征。小学数学核心素养的习得是过程性的，正是一个个典型化的教学过程组成了小学数学核心素养的教学体系。这些过程性不是模式性的，而是教学双方、教学环境等以多元化状态和互动方式生成的。在此情况下，教师应从学生的学习投入程度、元认知能力等方面展开教学过程的设计，从流程上来确立数学核心素养培育的内容以及学生的自主学习能力[①]，进而提升学生的数学核心素养。

第四节　不同学段学生"数学核心素养"框架体系

一、小学低段学生数学核心素养框架体系

从小学数学《义务教育数学课程标准（2022年版）》来看，小学数学核心素养不仅包括数感、符号意识、空间观念等，而且还包含几何直观、数据分析观念、模型思想和创新意识等内容，这些内容共同组成小学数学核心素养框架体系。鉴于篇幅，本书将从核心素养的核心组成部分，如数学思想、数学方法等对小学低段（一、二年级）学生数学素养的组成及其框架体系的建构进行简要说明，同时对其他学段的框架体系进行延伸性阐述。就小学低段学生数学核心素养而言，本书将从数学抽象、逻辑推理和数学建模三个方面来加以阐述。

（一）数学抽象，让小学低段学生的思维"动"起来

首先，从学科属性来说，小学数学富有鲜明的抽象性和逻辑性。因此，数学教师应以数学的抽象思维来带动小学生展开积极的数学知识学习，让学生在深入的感知中习得数学知识，感受到数学的美。在不同知识点的教学中，数学教师要把抽象的数学思想与具体的数学知识以及与学生的实际生活联系起来，让小学生在自主性的运用中内化数学抽象思想[②]。

---

① 洪燕君、周九诗、王尚志等：《〈普通高中数学课程标准（修订稿）〉的意见征询——访谈张奠宙先生》，《数学教育学报》2015年第3期。

② 郑强：《数学素养与数学教学》，《山东教育学院学报》2006年第5期。

其次，数学教师应将抽象的数量关系变换为其他形式来进行讲解，让学生更好地内化数学抽象思想。比如，教师可将抽象的数量关系与图形或其他符号结合起来，这样的讲解过程就更加通俗易懂，让教学变得更加具有吸引力。数学抽象的符号化处理是一种具体化的教学方式，教师在进行比附的时候要控制好难度，毕竟小学生的理解能力有限。只有将数学抽象思想切实贯彻到具体的数学教学活动中，才能实现对小学生数学核心素养的培育。

（二）逻辑推理，让小学低段学生的思维"活"起来

所谓推理，就是从既有的判断结论推导出另一个全新判断结果的思维过程。从小学数学《义务教育数学课程标准（2022年版）》的要求来看，小学生推理能力的培育应贯穿整个小学数学教学过程，教师应从各方面来发展学生的这种能力。推理对学生解决各类数学问题来说是非常重要的，所以对小学生而言，要从一开始就注重对逻辑推理能力的培养。这也是小学数学核心素养培育要求的内容之一。

（三）数学建模，让小学低段学生的思维"亮"起来

作为应用数学的一种重要模式，数学建模对小学生的数学学习来说是必然会碰到的内容，数学教师不仅要从数学思想上拓展小学生的数学建模能力，而且还要从数学方法上加以引导。可以说数学建模能力的高低，在很大程度上说明了小学数学教学是否赢得了成功。而且中段数学建模教学对低段学生与高段学生之间的衔接发展有着极其重要的意义，需要教师重点对待。

教师在讲解低段数学建模时，应从通俗的角度出发，从数学概念、数学定理等展开分析，将这些概念与实际生活中的各种现象对照起来进行讲解，以便学生更好地理解这些建模类型，或者将生活中各种典型事例列举出来，然后从中归纳出数学规律、数学法则、数学性质等数学建模类型。通过这两种比较性

的教学模式，小学生就能更好地理解数学模型在生活中是大量存在的。数学教师要让自己的教学过程，变成小学生自主进行数学模型探究的过程，这样才能更好地实现小学生对数学建模的多元化认识，有利于在未来展开的数学教学过程中，提升他们的数学核心素养。

二、小学中段学生数学核心素养框架体系

（一）几何直观，塑造小学中段学生直观的数学理解能力

从定义上来说，几何直观指的是主体以图形对事物展开的描述以及对问题进行的分析。对教师而言，几何直观能帮助其更简洁地展开数学教学，以直观形象的图形将复杂的数学问题简要表达出来，从而更好地实现课堂教学。对学生来说，几何直观能帮助他们更为便捷地认识和理解数学问题。在小学中段，教师应将几何直观贯穿到所有数学问题的教学之中，而不仅仅是几何内容。这样才能更好地实现对小学数学核心素养培育的落实。在实施这部分内容的教学时，教师应从小学生的生活实际出发，将抽象的原理与生活中的现象结合起来，让学生在体验中实现对知识的认识、对问题的了解和解决。

总之，小学中段是小学生发展几何直观能力的关键过渡时期，教师要积极引导学生从实物直观向平面几何转变，塑造学生的几何直观能力。对中段小学生来说，他们不仅要学会读图、理解图，还要能将一些数据转化为简单的图形，并就此展开对问题的解决。

（二）建模思想，构建小学中段学生抽象数学与实际生活联系的桥梁

1.培养小学生的数学实践应用能力

所谓数学建模，就是将抽象数学与小学生的实际生活要素紧密联系起来的桥梁。教师要从数学思想、数学应用的层面引导学生展开对实际问题的分析和

解决，依靠建模能力的塑造，小学生的数学实践应用能力将得到极大提高。

2. 培养小学生的数学类比归纳能力

教师应在中段时期塑造小学生用数学建模剖析各类问题以及解决问题的能力；而且教师还要引导学生从能解决某一个问题转变到能解决某一类或其他类型问题。通过这种转变，小学生自然就会获得数学学科的类比归纳能力。

3. 培养小学生的数学创新思维能力

教师引导学生学习数学建模的根本目的之一是塑造学生的思维模式，特别是拥有创新思维能力。为此教师应在学生既有的数学思维方式上展开挖掘，帮助他们从多元化的世界中以创造性的思维方式来认识事物、分析事物，并提高解决不同关系下问题的能力。

4. 培养小学生的数学逻辑思维能力

教师要引导小学生通过对实际问题的类比分析，以及逻辑性极强的方法展开推理和阐释，建立起简便易行的数学模型，并在此基础上加以完善，最终让学生在学习的过程中学会如何建构一个符合实际需要的数学模型。通过这个过程，学生不仅明白了如何进行简单的建模，还习得了良好的思维习惯，学会如何运用逻辑思维有效地展开分析并解决问题，学生通过这些学习和实践还塑造出了良好的逻辑思维能力。[①]

总之，教师在实施小学中段数学建模教学之时，要从创造性思维出发，积极将学生的生活实际整合到数学建模的教学设计中来，以生活化教学情境为支撑，以数学建模教学展开小学生的逻辑思维能力培育，最终逐步建构起适合本班级特点的中段"数学核心素养"框架体系。

---

① 吴球:《小学数学教学中对学生逻辑思维能力的培养探究》,《学周刊》2012 年第 23 期。

（三）数据分析，积极建构小学中段学生的数据意识和数据分析能力

对中段小学生而言，数据分析素养指的是小学生凭借数据展开数学认知等活动，从而形成对数据问题的理解，掌握对数据信息加以运用的能力。首先，数学教师要从各类基础知识展开教学，让中段小学生从新课程标准要求的数学知识中获得对数据分析的认识，强化对事物中数据规律的认知，探究潜藏其中的各类规律和经验；其次，教师应从数据意识出发对小学生展开教学，引导他们在习得数据分析能力的同时，结合现实问题进行表达，形成良好的以数据分析意识来分析问题的习惯，以及积极的数据收集和整合能力；最后，教师要从数据分析能力的角度展开引导，让小学生在前面两点的基础上进行有效的数据感知、数据辨析以及数据处理，从而形成通过数据解决问题的能力。[①] 总体来看，从低段到高段，随着小学生习得数学知识难度的增加，小学生所具有的相应数据分析能力和数据分析素养也必然会得到提升。

基于以上分析，本书将中段小学生的数据分析能力按照以下五个维度来进行分析，分别是数据认识能力、数据收集能力、数据整理能力、数据描述能力以及数据研究能力。

（1）中段小学生的数据认识能力

第一，中段小学生应能认识和辨析数据的来源；第二，能在认知能力不断增强的同时，参悟到不同数据信息所包含的隐藏信息和一定的深度含义；第三，这个阶段的小学生应有效地辨别数据，并为解决生活中的问题找到有用的信息，以及展开相应分析；第四，有能力对数据信息展开简单预测，比如他们能理解平均数、中位数和众数所包含的意义，并能从中找到未来的发展趋势。

（2）中段小学生的数据收集能力

首先，中段小学生的数据收集能力指的是小学生能从实际问题需要出发，

---

① 巫仕俊、周瑞：《谈数学教学中学生数据分析素养的培养》，《创新人才教育》2017年第4期。

根据情况展开数据收集，并进行问题的解决。中段小学生在进行数据收集时，要具有较强的数据意识，根据问题类型进行分解，找到解决问题的思路，最终确立较好的数据收集策略以及对解决问题的策略。

其次，中段小学生在展开问题性数据收集时，还应对数据收集方式展开辨识，能运用多学科的知识对不同领域的数据展开收集，并加以综合性应用，这样既能确保所采集的数据具有更高的科学性、真实性，又能确保结果更为真实可靠。

（3）中段小学生的数据整理能力

首先，中段小学生的数据整理能力指的是在小学生已经获得的海量数据面前能够根据需要加以梳理、归类，具有从中发现规律并以科学合理的方式呈现的能力。其次，小学生在收集到数据后，还应对数据展开系统化处理，能从科学化的角度对数据进行甄别，能从既有数据的规律出发进行条理化处理。再次，有效的数据是展开教学和学习的重要支撑和标志，小学生要从这个标准出发对既有数据展开审核、评估，并加以归类和总结。最后，中段小学生数据的整理能力不仅要恪守科学合理的原则，数学教师还应从实际情况出发并调整，这样才能让学生学会如何有效地解决问题。为了让学生更好地习得这些能力，教师要从生活化的策略出发来进行课堂教学创设，这样才能让学生在身临其境的教学场景中获得更好的学习效果。

（4）中段小学生的数据描述能力

中段小学生的数据描述能力指的是这个阶段的学生能从具体问题出发，通过择取较恰当的手段（如统计图）展开数据整理，并对整理出的数据规律、特性等进行阐述。要想具有较佳的描述能力，小学生就要具有分析数据的能力，能根据问题来梳理和分析既有数据，能洞悉问题背后所潜藏的数据信息。为此，数学教师应从这些方面来引导学生学习这方面的能力。比如，小学生应看得懂统计图，能从统计图中的指标、数量关系来分析图表，从而更好地展开对问题的阐述以及后续的问题解决。在小学中段的教学期间，一方面，在统计指标与数量关系的知识方面需要掌握的是统计图及其运用；另一方面，在统计量方面需要掌握的知识内容是平均数、中位数等，教师在教学时应有针对性地对这些知识加以讲述，侧重从数据描述能力的角度来塑造学生这方面的能力。

（5）中段小学生的数据研究能力

第一，中段小学生的数据研究能力指的是小学生能对各类信息展开有效探究和分析，并能根据统计结果进行价值判断和问题解决。比如，小学生应能对统计图和统计量中所包含的显性信息与隐性信息展开分析和归类，并进行问题之下的价值判断和问题解决。第二，中段小学生的数据研究课堂教学必然要将推理能力、归纳能力融入进来，教师应引导学生进行数据规律的挖掘和总结，从而找到解决问题所需的信息，进而判断结果是什么。第三，在数据研究的教学过程中，教师要做好时间安排，要从中段小学生的学习能力、理解能力出发来进行课堂教学设计，不能揠苗助长，也不能压制学生的探索能力和创造能力，教师要从教学时间、教学空间上给小学生预留足够多的空间，以便他们能更好地展开数据知识的学习。第四，教师要引导学生进行质疑，让学生敢于并善于对问题提出质疑，这样才能激发学生分析问题的能力和解决问题的能力。

三、小学高段学生数学核心素养框架体系

小学高段（五、六年级）数学核心素养不仅要从"人文底蕴、科学精神"等方面来进行塑造，还要从"学会学习、健康生活、责任担当、实践创新"四个方面来得到提升。当然前面两个学段，特别是中段的小学数学核心素养教学目标还要进一步强化。

（一）发掘教材呈现的人文情怀，引导学生领悟数学的"理性美"

数学学科核心素养的培育宗旨最终是为了实现对小学生人文素养的培育，要让他们通过数学学科的系统性学习获得人文精神的积淀、拥有人文情怀，以及习得在跨学科上的审美情趣等。不过，从小学数学学科属性上来说，该学科的教材注定是从理性的角度来编排的，在教学设计上，教师也需要从数学理性思维的角度来加以落实，然后才能在素材的选择与运用上兼顾人文性。换言之，数学教师要在坚守学科理性的基础上进行人文性挖掘、打造和发展。

（二）梳理学科知识的内在逻辑，发展小学生的理性思维与探索精神

小学数学学科核心素养下的科学精神不仅要从理性思维、批判质疑等方面得到体现，从精神思想上得到彰显，而且要从具体的内容选择乃至编排上得到体现。

第一，教师应通过情境图等展开教学，提升学生对数学知识的理解、运用等，比如教师可通过情境图展开对"数与代数"的课堂设计和教学实施，从而加深学生对已有分数知识的回忆，甚至延伸到对分数乘法与倒数的学习。教师可通过探究教学法，引导学生展开数学学习，使学生获得良好的数学分析能力和解决问题的能力。比如，教师通过"折纸实验"展开教学，引导学生进行分数除法学习，进而引导出"比和百分数"的教学内容，接着进入对这个知识点的学习。这样的教学编排与设计既能将小学高段数学教学所需要的逻辑性淋漓尽致地展示出来，又能更好地引导学生感悟数学逻辑的特点，进而逐步提升小学生的逻辑思维水平。在小学高段数学的教学过程中，数学教师应尽可能地采用多样化的方法来进行教学，这样才能更好地贯彻对学生理性思维和科学精神的塑造，让学生在多样化的学习中更好地实现对数学学科科学性和逻辑性能力的获得。

第二，教师应积极调动学生的学习自主性，在锻炼他们自主学习、自我管

控能力的同时，实现对数学教学内容的学习，更好地发展他们的数学能力。

（三）深入剖析教材例题，引导学生在练习中学会学习

首先，小学高段学生的核心素养包括学会学习这一内容。其实在小学阶段学生最重要的任务是学会学习和学会生活，这才是让学生受益终身的能力，学会了学习就能让学生在后续的学习、生活中变得更加游刃有余，更好地实现自身的人生价值。这里的学会学习指的是学生不仅要善学乐学，而且要学会反思，有良好的信息意识等。

其次，在高段学生的核心素养培育体系中，教师可通过巧妙的教学设计来实现对学生学习能力的培养。常见的教学模式有问题三段式教学模式，即通过"阅读与理解""分析与解答""回顾与反思"这三个环节来实现小学生学习能力的提升。第一环节："阅读与理解"。在这个环节，教师应引导学生填入题目所需信息，让小学生不仅尽可能多地掌握题目所需的必要信息，而且能梳理出解答问题所需的未知信息，在实现问题解答的同时，还能更好地培育学生的信息意识。第二环节："分析与解答"。在该环节中，教师可通过不同形式帮助学生分析问题，厘清其中的数量关系。比如，教师可通过例图对话方式来进行操作，以便更好地解答问题，引导学生完成这部分的学习。第三环节："回顾与反思"。所谓回顾，就是数学教师以对话的形式对学生自己获得的结论进行检查，评估结论是否合理，或者说哪些地方不合理，这样既能加深学生对知识或问题的认识，又能进一步回顾问题中所隐含的知识，以及自己所采用的解题思路与解题方法等，并从其他人的解题思路来检查自己所采用的策略，以及比较两者之间的差异等。在这样不断的实践过程中，学生逐渐学会了有效的思考方式和解题思路，使自己的思考能力得到全面提高，最终拥有科学合理的学习方法。

最后，在整个过程中，教师要就问题的设置、教学活动的节奏进行创设，

要让学生在获得有效的解题思路、方法的同时，习得解题思路的迁移和内化，让他们学会举一反三，进而形成富有个人特色的解题思路及学习方法。

（四）充分利用教学素材，引导学生注重生活健康

第一，核心素养对于学生健康生活的要求主要是在认识自我、发展身心、规划人生等综合方面的表现。小学数学课本六年级上册中，对于学生健康生活的表现主要体现在教材例题、习题素材的选择上，选取了许多关于儿童身体结构、作息时间、食品营养成分等涉及健康生活的素材。

第二，在小学数学的教学实践活动中，数学教师应对小学素材巧加运用，这样才能更好地将教学素材的潜力发挥出来，让学生在素材挖掘的过程中，发现其中的教学价值、学习价值以及所隐含的知识关系，让学生拥有从生活中发现数学规律，以及学习数学知识的能力。

（五）充分利用环保题材，提高学生的责任意识

第一，责任意识的培养在小学高段中是全面展开的，这个阶段的学生已经具有明辨是非的能力，他们已经明确自己的社会责任、国家认同感等，具有通过身体力行来实践的能力。不仅如此，通过耳濡目染，他们已对不少看似与其无关的国际问题都有了较为清晰的看法。很多教材在内容编写上也清楚地表明了这样的立场，比如对环保问题的关注等就是如此。通过这些切中当前社会热点问题的关注，以及小学生的社会综合性实践，他们不仅在知识范畴上得到了扩展，而且社会责任感也得到了提升。

第二，在小学高段的综合实践教学中，数学教师应积极将教学与学生的实际生活、责任意识等要素紧密结合起来，应结合现实生活实际来创设，充分利用现有资源，结合学生的实际生活，引导学生把生活中的具体情境抽象形成数学问题，并利用所学数学知识提出解决问题的思路和方法，同时在活动过程中

注意渗透学生的环保意识和责任担当，让学生感受到利用数学能正确处理生活中的许多问题，能帮助他们承担更多的社会责任。

（六）结合实践活动，培养学生的创新精神和应用意识

第一，高段小学生的创新精神是通过劳动意识及技术应用等来实现的，在进行教学设计时，教师要将这方面的内容加以体现，而且教师还要从应用意识角度展开对学生的培育，从而使学生的创新精神不会落于空洞。这部分内容的教学可以自主学习和自我实践的方式展开，这样能更好地培养学生解决问题的能力。

第二，在进行这部分核心素养的培育时，教师应从学生所处的学段出发，尊重学生自主性学习的动力，让他们置身劳动场景之中，在劳动中习得知识，了解知识的内涵，并对数学定律等进行应用，在活学活用中习得数学知识，内化数学规律，形成数学思维。

第二章
小学数学教学策略概述

第一节　学情调研的基本策略

一、深入认识学情分析的实质，有效把握学情分析内容

这里将从以下两个方面来展开分析：一是小学数学教师应从教学手段、教学途径等来展开学情分析和更进一步的认识；二是小学数学教师应从各方面来确认小学数学学情分析的具体内容。

（一）提高学情分析认识的方法

一个人对任何一种事物的认知都有一个渐变的过程，一般来说，一个人对一种事物的认知会随着知识的增加，相应的能力和经验也会得到提高。学情分析的原理也是如此，对小学教师来说，要秉持发展的眼光来对待学生，这是他们对待学生的基本出发点。那么，小学数学教师应从哪些方面来展开学情分析呢？笔者认为可以从以下这些方面来加以实施。

首先，教师应积极展开与同行的交流，从而获得更多的学情分析方面的信息，这样可以了解更多他人展开学情分析的方法、措施，进一步提升自己的学情分析策略和手段。以班主任为数学教师为例，其拥有很多了解学生学情和其他科任教师教学情况的机会，有利于展开积极的学情比较分析，这样能更好地开展小学数学学情分析。而对科任数学教师来说，则可以和班主任及其他学科的教师展开积极的交流，这样能增加对学生、班级等学情的了解，同时数学科

任教师还应加强与同学科教师的交流，了解同行的看法，这样能更好地开展小学数学核心素养培育。在展开学情分析时，小学数学教师可以从学生的学习态度、兴趣爱好、学习方法等来展开对学生的了解，并从这些方面来激发学生的学习动机和学习能力。

其次，教师要积极鼓励学生拓宽阅读面，让学生尽可能多地阅读不同领域的书籍，拓宽他们的知识面。教师自身就应展开丰富的阅读，这样才能更好地进行学情分析，而不是盲目地开展这项工作。教师还应加强这方面的理论学习，以便更好地开展学情分析。

再次，教师应积极利用信息技术，特别是利用好现有的网络资源，在不断拓宽自身知识面的同时，还要从方法上提升学情分析的效率。随着网络的日益发达，小学数学网络资源信息不断丰富，即使是偏远的地方也大都被网络覆盖。在此情况下，小学数学教师可以通过网络来展开学情分析和教学，虽然网络上的信息较多，但是教师要有较强的甄别能力，不能将不良信息运用到自己的教学之中，要利用网络上正面的信息，以积极的材料来充实自己的课堂教学，然后以此提高自己的课堂教学水平。比如，教师就某个知识点展开教学时，可以到网络上寻找相类似的教学资源，从方法、内容上借鉴其他数学教师的做法，然后结合自己所教班级和学生的实际情况来进行学情分析和教学设计，这样设计出来的教案就会变得更加合理、更具操作性。

最后，教师不仅要保持终身学习的习惯，而且应积极从学生的生活中挖掘教学素材，这样就能将自己的教学与现实生活结合起来，达到更好的教学效果。实际上，这一点在《义务教育数学课程标准（2022 年版）》中已经有了清晰说明，即小学数学教学的重要方向是通过生活实际来展开数学教学，教师应营造积极的生活化数学场景来展开教学，这样不仅有助于学生更好地进行数学学习，而且有助于学生形成积极向上的数学思维和学习心理，渐渐形成主动积极的学习心态，从而愿意探讨各类数学问题。

（二）确定并把握学情分析的内容

第一，数学教师应对学生个体现有的数学知识及其结构进行摸底、评估，在对班级内学生进行清晰认识之后，才能有效了解学生的学习状态，也才能更有针对性地展开数学教学。教师应从学科特点、知识关联性等方面展开这项工作，以便更好地发现不同学生在同一知识点下的不同学习情况，从根本上了解学生的学习特性，从不同角度有针对性地展开教学。从某种意义上来说，数学教师的教学就变成了对每个学生进行基于知识、能力一对一的知识体系的建构过程，毕竟良好的数学学科知识体系的建立更多是个体性的，只有每个学生都确立起来这样的学科性知识体系，才能让整个班级内的学生获得群体性成功。

第二，数学教师在获得较为精准的学生既有的数学能力之后，就应据此展开深度学情分析，并将结果灌输到后期的因材施教策略中。这里所说的数学能力指的是小学生在数学学科上的基础性能力，这些能力不仅包括他们已经知晓的知识，而且包括对知识应用的熟练程度，只有知识掌握得好，内化的程度深，才能举一反三地对知识加以应用，最终达到极为熟练的程度，并展开有效的创新。此外，在进入知识梳理和评估的时候，教师要秉持数学核心素养培育的理念，将这一理念贯彻到与教学相关的各个环节，具体来说，既要从能力观的角度来进行教学设计和实施，又要从价值观的角度来落实这些工作。通过这些步骤，数学教师就能较为精准地知道自己班级所有学生的数学知识水平和学习状态等，从而更好地开展下一步工作，更有效地实施教学。总而言之，数学教师必须尽可能掌控全班学生各方面的情况，并将这些信息纳入自己的教学设计、实施之中，才能将数学核心素养目标以最佳的方式贯彻进去，才能将学生的动力整合到有效的课堂教学中来。

第三，教师应从学生的特点出发，激发每个学生的学习兴趣，以此促进他们对数学学科的学习，让学习兴趣的教学催化剂价值得到发挥。即使是高段小学生，他们仍然具有兴趣点广泛、专注力不够持久等特征，因此，教师应从学生的这些学习心理和学习特点出发，以不同知识在不同教学场景中的兴趣点展开课堂教学创设，从而达到对数学知识的讲授。比如，在"和与积的奇偶性"的趣味性教学设计中，数学教师就可以根据学校图书室中修补图书的场景展开教学设计。教师可先引导学生猜测"谁修补好了图书"，学生将在这样的引导下展开假设，激发出强烈的探讨激情。这时教师就可以将这份激情引到奇偶性的数学知识学习上来。

第四，摸清学生的学习需要，学生的学习需要不仅是教师教学的目的，也是学生积极投入学习的动机。只有精准地确立学生个体在一定时间内的学习需要，才能更好地进行教学设计和教学实施，才能让教师的辅导变得更有针对性，不浪费有限的教育资源。而且教师在对学生的学习状态有了清晰的认知后，才能更好地确立每个学生的教学辅导计划，找到适合学生自主性学习的基准点，促进他们自主进行学习。

从以上分析可以发现：上述四方面内容是小学数学教师进行教学时应考虑的内容。只有对这些内容有清晰的认知和了解，才能将小学生个体的学习个性、心理等因素与学习内容更好地结合起来，才能让数学核心素养培育得到更好的实施。学生的数学知识、数学思维与数学能力才会得到更好的发展。需要注意的是，小学数学学情分析的项目还有很多，为了更好地落实数学教学，教师还要在实践过程中，不断拓展自己的分析项目和范畴，不断提升自己的精准性，并展开理性的量化分析，如此才能更好地落实这项教学任务。

二、有效使用学情分析方法，开发多样化的学情分析收集渠道

（一）有效利用学情分析的各种方法

当前，很多小学数学教师在开展学情分析工作时，通常运用的是经验分析

法、作业反馈法以及要素观察法。这些分析方法固然有效，但是仅仅局限于这些方法，还远远不够，难以确保最终分析结果的精准性。为了有效地进行小学数学学情分析，教师应从以下两个方面来加以落实：第一，以多元化策略整合不同分析方法，并巧加运用；第二，多元跨越，深入内容实质，发展新的分析方法。下面分别加以论述。

首先，以多元化策略整合不同分析方法，并在教学时加以灵活运用。由于小学生个体的多样性，所处成长阶段心理和学习习惯的可塑性都极强等，所以单靠一两种学情分析方法难以获得科学合理的调研结果。因此，小学数学教师在学情分析时可将多种分析方法整合起来加以运用，这样能使教师获得更为精确的学生学情信息。以"面积与周长的教学"为例来分析，稍有经验的小学数学教师明白，这部分知识是学生最容易混淆的地方。其主要混淆点在于：一是不少小学生搞不清面积概念和周长概念之间的差异，难以分辨清楚它们的内在不同，从而影响了对这两个概念的运用；二是难以分清面积公式和周长公式的差异，在使用时也难以运用到位。这些问题很多小学数学教师也在教学中通过经验分析法等进行甄别，并用自己的方法加以解决。

但从最有效的解决思路来说，教师应先明白学生个体搞不清楚的地方究竟在哪里，究竟是面积概念没有搞清楚，还是周长概念没有搞清楚，还是两者都未能搞清楚，等等。对这些不同的深层次问题，教师应逐个逐步加以深入探究和辨识。很多教师对此问题采用了作业反馈法，依靠这种方法，教师能更准确地发现每个学生的问题在哪里，并给每个学生建立错题档案，查找其中的根源，以及问题出现的频率等，从而确立最佳的改进方法。而且教师在找准学生的问题之后，还要乘胜追击，深究出现这些问题的原因。即，教师要引导学生对所出现的问题进行深入挖掘，并找出最佳应对办法。一般来说，教师可采用调查法来查找学生出现这些问题的原因。之所以采用这种方法，是因为在大多数情况下，如果一个班级内的学生出现某类问题，一般不会只发生在某一个学生身上，为了减轻教师的工作量，采用调查法是最佳的做法。在具体的操作上，教师可采用以下步骤：第一，教师在确定了学生出现的问题后，应就问题设置调查题目（内容）。比如，制作一个圆形钢边框，所需钢材为多少，解这道题需要哪些知识，这里的周长、面积与半径之间存在何种关系，等等。在进行调查题目编制时，教师可从具体的题目跳脱开来，而就学生自认为有哪些问题展开调查。第二，教师将通过调查获得的学情信息进行汇总、分析、归纳，展开深度挖掘，尽可能深入地了解造成问题的原因。第三，教师将初步调查的结果，分发给学生，让学生结合自己的问题展开二次反馈，自查自纠，并进行补充。第四，教师再次就学生回馈的信息展开分析、总结，找到每个学生最佳的补救策略。第五，教师将每个学生的补救措施反馈给学生本人，征求学生意见。第六，在后续的教学过程中，对学生出现的问题及时进行纠正，解决他们出现的问题。

其次，教师应采取多元跨越的策略来深入内容实质，发展新的学情分析方法。教师在进行学情分析时，要随时对学生的学情信息进行调整、优化，随时将最新的情况添加进来，逐步形成学生个体的学情之树、成长之树。学情分析的创新也是小学数学核心素养培育创新的重要组成部分，甚至是颇为关键的部分，教师应在整个小学期间不断加大这方面的探索力度，将学生个体的核心素养培育更好地执行下去。从作业反馈法来看，教师应采取这种方法来展开学生个体的学情分析，具体为教师通过小学生数学作业完成的正确率、书面状况等来获得学情信息，然后再展开后续补救工作。实际上，教师在这方面可实行量化管理，比如可以从作业的正确率、不同知识点的掌握程度、作业的整洁度、学生的课堂效率等来展开打分，并根据打分情况给学生分级，进行分级化管理和弥补，解决学生学习过程中遇到的问题和困难。依靠作业反馈法，教师能更精准、及时地掌握不同学生个体的学习情况，更好地实施自己的教学策略。为了更好地实施这些学情分析方法，小学数学教师应加强这方面的学习，以便更好地开展这方面的工作。

（二）开发多样的学情分析收集途径

进入新时代，社会各界都发生了巨大变化，为此数学教师应顺应这种变化，调整自己的学情分析策略，以便更好地展开数学教学。小学数学教师可通过以下策略来调整自己的学情分析方法。

首先，在课堂教学的场域中，数学教师并不是单一存在的个体，而是与学生、家长以及其他教职员工共同组成的学校教育体系中的重要一员。因此，数学教师应充分利用这些主体在教学中的地位和作用，将他们的学情分析作用发挥出来，以便获得更全面的学生学情信息，教师可从以下这些方面进行信息收集：其一，教师应促进家长与班级的合作，将家长委员会的作用发挥出来，通过家长来收集学生的学情信息。比如：数学教师可通过家长收集学生的乘法口诀学习情况，并委托家长进行考核，因为家长获得的信息可以对教师的学情信息形成巨大补充。教师还要对这些信息进行汇总和分析，以便更好地利用这些信息。其二，教师还应加强学生自身层面的学情信息收集。小学生处于迅速成长阶段，可以说每天都处于快速的学习变化之中。高段小学生对自己的学习情况、心理状态等已经有一定反思、自省能力，教师要充分利用他们的这种判断能力。比如，数学教师应给每个学生建立一个小册子（特别是应结合信息化手段来进行管理），随时收集每个学生的学情信息。教师通过定期查询这些信息，就能知道学生的最新学习变化，并进行相应的教学和辅导调整。

其次，数学教师还应改变学情分析的策略，化被动为主动，并充分利用信息技术来展开学情分析及其信息的收集。比如，数学教师应通过信息技术让学生能主动汇报自己的学情，并通过信息技术手段进行学情评估。数学教师还可采用访谈的形式进行学情调查，比如数学教师通过对学生及家长展开的访谈等来进行学情信息的收集。这样教师的学情分析工作将变得更为充分，获得的信息将更加全面。实际上，进入信息社会后，小学数学教师通过大数据进行学情分析的手段越来越丰富，并形成了新的体系性的学情分析模式①。又如，数学教师还可委托第三方机构来展开学情信息的调查和分析，这样获得的学情分析结论将变得客观而公正，能对数学教师的教学形成巨大补充。此外，数学教师还可采用内部科研项目来进行学科性的学情分析，这种单一形式的学情分析方法能让分析过程更为具体，分析对象更富有针对性。总之，结合以上这些分析手段，教师的教学将变得更为有效。

三、理论与调研相结合，提升学情分析能力

（一）多角度充实提升学情分析能力的途径

教师应从理论上不断提升自己，为自己的教学活动打下坚实的理论基础，这样才不会让自己的教学行为偏离正确方向。许多小学数学教师在学情分析工作上之所以有所欠缺，主要就是对学情分析工作的内涵、工作策略等未能真正把握实质，更深层次的原因是未能从理论上厘清其中的差异。小学数学教师应积极学习各种先进教学理论，将前人的教学经验吸收到自己的教学理念中，整合到自己的教学活动中，实现对学生数学学习情况更加深入的了解。在具体的小学数学教学中，教学内容的选择面还是有一定空间的，不同的内容对小学生的学习价值是有差异的，学情分析领域的内容选择也是如此。即，教师在进行学情分析时，也要从教学内容、学生个体等情况来择取学情分析的具体内容。例如，教师在讲授"两位数乘两位数的笔算算法"这一课时时，很多学生在课堂上显得不那么活跃，虽然课后作业完成得还算可以，但鉴于课堂教学过程显得不那么好，对于这种情况，数学教师可采取以下策略来处理：学生在本堂课

---

① 张竹慧:《大数据时代对学生学情分析的研究》,《科学大众（科学教育）》2017 年第 1 期。

中活跃度不高的原因是什么，学生为什么不愿意参与到课堂互动中来？可见，教师在这个环节是以小学生的学习兴趣、学习动机等来展开学情分析的，并非以学生在该堂课上所要学的知识点为核心来展开。通过这种以问题为引导的相互交流，教师就能了解学生在课堂上不活跃的原因，并在稍后的"数与代数"部分的教学中就能进行相应的微调。

下面将从"最近发展区"等理论来展开深入分析，力求为小学数学学情分析的内容选择厘清思路。

首先，从维果斯基"最近发展区"理论的角度来看，小学生既有的数学学科发展水平和可能的发展水平之间总是存在一定的差异。数学教师应通过作业环节、课堂提问环节考查学生现有的知识和能力水平，展开科学合理的评估，从而确立不同学生在同一知识点下的发展水平，以及确立相应的教学或辅导策略，特别是问题的难易度等。在进行问题设置时，教师应对学生进行层次或类型划分，一般来说，学生可划分为三类：第一类，亦步亦趋型。这类学生能跟随教师的教学节奏，基本学会和理解所讲授的知识内容，但是理解深度和运用的灵活度不够。第二类，灵活选择型。这类学生能根据教学内容进行深层次知识建构，能将教师讲授的内容与自己的既有知识整合起来，在处理问题时能根据问题解决的需要进行灵活选择，具有较强的机动应变能力。第三类，整体优化型。这类学生能整合教师讲授的知识，并根据自身的既有知识和运用能力进行整合性掌控，管控课堂学习的节奏以及解决问题的思路等，具有很强的知识吸收和优化能力。对一个班级的学情掌握来说，教师可从这三类学生的视角出发来进行学情分析及后期的教学活动。比如，教师在获得学生的学情信息之后，就可在导入环节增加预习性练习这个教学步骤，让学生能通过这类练习自主发现将要学习的知识点上所存在的问题。学生在这个步骤会先尝试自己独立去解决发现的问题，然后会带着问题进入课堂学习环节，从而达到更好的教学效果。通过上述这些教学思路，数学教师就能更精准地把握学生个体的学情，确立学生个体当下的发展水平，并在其他教学环节上加以落实和拓展。而且教师还应从学生新、旧知识之间的关联出发，展开有针对性的教学设计，对每堂课的教学内容及教学流程展开细致规划与设计，特别是对每堂课所要提的问题也要展开精准设计。

其次，小学数学教师还要从奥苏伯尔的"有意义学习"理论来进行学情调查和分析。第一，教师要从该理论来厘清小学生个体已学到了什么知识内容，对不同知识点的掌握程度怎么样，对不同知识点的运用程度，等等。该理论最重要的特点是能帮助教师更好地认识到小学生既有认知结构和最新所学知识之间的关联性。从这种关联性来开展学情分析也是有意义学习理论在教学中的价值点之一。在获得了学生个体的这些情况后，数学教师就能更好地以因材施教的策略展开教学。

最后，数学教师可采用人本主义学习理论来展开小学数学学情分析。数学教师可从小学生的内在学习动力来展开学情分析，比如，不同学生个体的学习需要、学习目的、学习动机等，这个角度的学情分析能深度发掘学生的学习情感，从情感和心理的角度找到阻碍学习的原因。然后教师就能有针对性地找到激励学生的教学方法，更好地实现对学生个体的个性化培养以及对核心素养的培育。

（二）多方面参与有关学情分析的调研学习

小学数学教师可从以下四个方面来提升自己学情分析的能力。

第一，教师应将学情分析理论和教学科研活动整合起来，然后从学情分析工作延伸到教学活动。对小学数学骨干教师来说，他们有着长期的一线教学经历，能将自己的教学经验更娴熟地整合到科研项目之中，在学情研究项目上更是如此。学情研究项目具有很强的综合性，需要数学教师将学情分析理论与教学经验以及小学生的个体化属性综合起来思考、辨析，进而形成切实可用的学情分析思路和教学模式等。通过这种整合性的操作过程，小学数学教师的学情分析能力和教学水平将得到显著提高。实际上，基于学情分析的教学科研既对数学教师的认识和能力有巨大的帮助，又对数学教师的后续教学科研有强烈的推动作用。可见，小学数学教师在研究方法、研究渠道上的创新也对学情分析工作有巨大的促进作用。

第二，数学教师在学情分析上必须将虚心请教和自我反思紧密结合起来，这样才能更好地开展学情分析工作。小学数学教师对学情理论的学习必须长期坚持下去，不仅要通过传统的方式进行学习，而且要通过非传统的方式进行学习，如此才能尽可能地拓展自己的学情分析能力。新任小学数学教师应积极向教学经验丰富的骨干教师学习，优异的教学经验是非常宝贵的，新任数学教师吸取这类经验就能更快地提升自己的学情分析能力以及教学能力。在学习其他骨干教师及专家的经验时，新任教师要以比较的思维，就不同的学情分析方法、学情调研手段等展开研究，找到最佳的分析模式，以便更好地投入自己的教学工作之中。善于学习和吸取经验的教师会快速成长起来，无论是在学情分析环节还是在其他教学环节都能取得不错的成绩，最终成长为一名具有创新精神的拓展型数学教师。拓展型数学教师不仅能自觉意识到自身在各方面的差距，积极展开教学反思，而且有能力、有毅力改进这些欠缺之处，不断提高自己的学情分析能力和教学能力等，最终成为一名优秀的数学教师。数学教师的有效自我反思方式有很多，教师应根据自己的情况选择最佳的反思方法，拓展自己的学情分析潜能。比如，数学教师可采用写反思日记的方式进行学情分析反思，找到自己在一定时期内这项工作上的不足。数学教师还可采用与他人沟通的方式来进行反思，在与其他教师的交流过程中，数学教师能更好地发现自身的差距，并在其他人的帮助下更好地开展学情分析工作。总之，数学教师学情分析工作的有效展开，需要以积极自我反思来得到夯实，如此才能更好地提升数学教师的教学能力，快速形成独具特色的教学体系。

第三，小学数学教师应敢于转变教学思想，充分发挥学生在教学中的潜能。小学生在教学中的积极参与，以及与教学行为的良性互动，能极大促进学情分析工作的高效展开，因此小学数学教师应确立"以学生为中心"的教学观念，将小学生在学情分析以及其他教学活动中的主体作用尽量发挥出来，将小学生在教学中的潜能发挥到最大，这样既能确保学情分析环节工作的精准实施，又能确保小学生的学习兴趣被调动起来，学习注意力被吸引到教学内容上，进而使核心素养培育计划得到切实落实。

小学数学教师要身体力行地与学生打成一片，从成为小学生的朋友开始，以构建和谐的师生关系来开展学情分析工作以及其他教学项目。毕竟只有真正成为学生的朋友，成为学生无话不谈的交流对象，学生才能将自己内心的问题倾诉出来，才能获得最真实的学情分析信息，进而使后续工作更好地得到实施。

第四，小学数学教师在进行学情分析时应胆大心细，要敢于不断尝试，这样才能获得最佳的学情分析结果。小学数学教师在进行学情分析时要从科学性出发，展开大胆假设，并基于实事求是的精神进行小心求证，这样才能获得最真实可靠的学情信息，同时要从学生的立场出发来进行学情信息深度研究。通过这种比对性的研究和长期实践，就能逐步形成富有自身特色的学情分析方法和模式，从而获得最佳的教学结果。

四、明晰学情分析操作步骤，确定实践操作方向

小学数学教师应深入理解学情概念，只有深入理解这个范畴的各项内容，才能深度掌控学情分析环节中的各种问题，并展开有效疏解和拓展，让学生的学习能力得到更快成长。由于班级内学生极为庞杂，小学数学教师不仅要对班级的学情进行整体性掌控，而且要对每个学生都有清晰的了解，从知识理解、能力拓展、情感培育等角度来展开细化调研和分析，同时在后期工作中从这些

方面来拓展学生的能力。为了更好地开展核心素养下的小学数学学情分析工作，数学教师可从文献整理、实践经验等来着手实施，其具体步骤大致如下。

（一）明确学情分析的目的

学情分析的目的包含两方面的内容，一是指学情分析的目标；二是指学情分析所要达到的目标。由于学情分析的结果总是具有鲜明的指向性，能为小学数学的教学过程确立方向，所以教师要先确立这个目的或目标，然后才能进行下一步工作。而且学情分析的目的还具有巨大的选择性，这是因为学情分析的目的在很大程度上决定了每个学生的学情分析内容，这类内容越是繁杂，数学教师越是难以将所有问题都考虑周到，所以学情分析的目的或目标应尽量精确化。学情分析目的可从以下三个方面得到精准确立：第一，确立小学生既有的数学知识水平；第二，确立小学生既有的数学能力水平；第三，明确小学生当下各方面的家庭信息，特别是教育信息，如回家后写作业时的情形，以及将数学知识运用到生活中的情况等。教师在对小学生既有知识及其运用情况获得清晰了解后，才能更好地将既有知识与新知识结合起来展开教学，才能在核心素养培育目标下不断整合小学生的已有知识，进一步提升小学生的学习潜力，扩大小学生的数学知识和能力范围。为了更精准地掌握小学生的学习情况，数学教师对考试测验法的运用也是必不可少的，这样教师能快速确认学生的知识掌握程度，以便在后续教学中加以微调。

（二）确定学情分析的范围

小学数学教师对学情分析范围的确立可从两个方面来加以实现：一是教学内容，二是学情分析目标。

首先，小学数学教师可通过下面两个途径来确立学情分析的具体内容：一是反映学生学习状态的内部因素，二是反映学生学习状况的外部因素。就第一点来说，又可细分为以下几个部分：第一，学生既有的认知结构；第二，学生既有的能力基础；第三，学生的学习动机。第二点可做以下细分：第一，小学生数学学科的家庭教育状况；第二，小学生数学知识的社会实践运用情况。

其次，数学教师对学情分析范围的确立，一方面，需要确认究竟应根据哪些内容来构建学情分析；另一方面，需要选择教材内容在一堂课上得到具体呈现，要保证所讲授的内容能对症下药，能有效化解学情调查所体现出来的问题。比如，数学教师在讲授"认识算盘"时，需要从综合实践的角度来设计本堂课，这样不仅能让学生对算盘的基本知识有更好的认识，而且能让学生感受到传统数学文化的博大与深厚。具体而言，小学数学教师可从学生对算盘基本知识的了解，算盘习得的兴趣点，以及学习算盘知识的动机等来得到落实。

最后，在完成以上两个步骤之后教师应从综合运用的角度，择取教学内容并进一步选择最佳学情分析方法。一方面，教师应从学生个体的差异，或群体性差异以及学情分析的具体内容来确立相应的学情分析方法，要秉持从学生个体、学习时间、学习环境等要素进行整合的原则来择取最佳分析方法和实施手段，以便更有效地开展这项工作，提升教学的绩效。例如，小学数学教师应从一开学就展开学情分析，并在此基础上明确规划出本学期的详细教学计划；教师在进行学情分析时不仅要从范畴上进行规划设计，而且要从方法上进行规划设计，以便学情分析能更好地得到实施，持续、稳定地提升学生的数学知识水平和数学综合素养。

（三）进行学情信息或数据的收集

第一，数学教师在通过以上这些手段确立了自己阶段性学情分析目的、学情分析内容、学情分析方法之后，还需要及时加以实施，因为不及时加以实施，不仅会耽误学生的学习，而且学生本身的学情就会处于快速转变中，一段时间不加以施行，之前做出的学情分析结果就会失效。第二，教师在收集学情信息过程中和处理学情分析事务，以及运用学情分析结果时要坚持实事求是的原则，就具体问题展开具体分析。

（四）学情分类整理，制定应对方案和计划

第一，教师应就具体学情信息展开细化分析和分类梳理，并从班级和学生个体这两个层级展开方案设计和行动规划，而且教师还要采取综合性的思维来展开对实施过程中各种问题的管控，让班级整体和学生个体都得到最佳的学情问题分析及相关处理。比如，在课堂环节中以提问形式进行学情调查时，教师应从问题的难易度出发来选择学生进行回答，一般是简单问题让学困生回答，难度大的问题让学优生回答。通过这种灵活变通的处理方式，教师的教学方法、教学模式能得到快速发展和提升，教学效率也能得到不断优化。

第二，数学教师在进行学情分析时，还应秉持普遍性原则，即所有的要素在所有范畴和领域内都要采取同样的原则，不能有特殊和例外的对待，这样才能保证最终得到的结果是公正的、科学的和合理的，也才能让数学教师的教学水平得到显著提升。

第二节　教学设计的基本策略

一、记忆与理解相结合策略

记忆是小学生展开数学学习、建构知识体系的必要手段，是塑造小学生数学核心素养的基本前提。理解，不仅是小学生进行数学知识学习的基本条件，也是记忆得到高效执行的重要条件，因为只有理解后才能获得长久的记忆效果。小学生凭借记忆和理解这两种途径就能获得数学核心素养的不断塑造。教

师在进行小学数学教学时，不仅要重视对学生记忆方法的指导，而且要从知识理解的角度来促进学生记忆力的提升，以及数学核心素养的提升。

（一）记忆讲究方法

小学生的记忆力较好，一般都能很快将乘法口诀表记住。但是记忆要讲究方法，记忆的方法好，学生就能更快更好地记住"九九乘法表"。首先，记忆是讲究规律的，对有序事物的记忆效果要比对无序事物的记忆效果好。其次，从记忆的效果来看，即使是按照顺序来记忆东西，最初和最后记忆的东西相对会记得时间更长，而中间部分则常常被遗忘得较快。这体现出来的轨迹，被人们称为记忆的"U形曲线"。基于此，数学教师要尽量延长开头和结尾的时间，同时将重要的内容放在开头和结尾部分讲解。同时，为了尽量提升教学效率和记忆效果，数学教师应从记忆的最佳效果出发来安排教学材料，同一个内容不能讲授太长时间，否则学生会很容易产生疲劳，记忆的效果也不好。

（二）理解要明白道理

小学阶段中的数学理解，不仅指的是学生对数学概念内涵与外延的认识、感悟和了解，而且还指对数学知识网络的建构，以及对数学思想、数学方法等的内化与建构。从性质上来说，小学数学理解还可以划分为工具性理解与关系性理解。前者指的是学生明白数学问题该怎么解决；后者指的是学生知道数学问题为什么要那样解决，其中蕴含的规律和道理是什么。学生进入数学理解思维之中时，将从低层次向高层次转化；而且会从工具性理解阶段上升到关系性理解阶段，只是不同水平的学生花费的时间不同。接下来从以下两个方面来阐述关系性理解。

第一，数学教师应帮助学生理解数学知识的结构体系。教师在讲解数学知识时，要从体系性的角度来阐述知识，不能将孤立的概念抛给学生，要从建立知识树的角度来辅导学生，让他们逐步建立起自己的数学知识树，这样不仅有利于概念的记忆，还能加深理解。比如，教师在讲解完"分数的意义"后，不能让学生自己温习功课，而是要将分数与其他数联系起来，以构建知识树的方式将两部分知识融合起来，这样既能帮助学生厘清知识之间的关系，又能强化这两部分知识之间以及与其他部分知识之间的记忆。

第二，数学教师应帮助学生深入理解算法背后的相关算理。小学阶段对算理理解能力的培养是数学核心素养培育的重要内容。对算理的培育主要是从以下四个方面来体现：一是数学运算法则，二是逻辑推理，三是直观想象，四是数据分析。需要加以注意的是，教师不能孤立地从某一方面来进行算理的讲解，因为它们彼此之间是密切相关的。通常来说，小学数学教学内容的架构总体上是通过五大运算律来加以建构的，换言之，小学数学的主要内容都是通过这五大运算律的特定演化，以及在此之下的编排来得到体现的。从范畴来说，在小学数学中，除了几何部分中的图形内容外，其他内容都是对运算律的特定演绎和应用。以竖式计算 38×3 为例来看，其原理为乘法对加法的分配律：即 38 转换为 30+8，加上括号，乘 3；也可把 3 分别乘进去，然后再将两个乘积相加。又如，小学阶段分数的加法中，同分母的分数相加时，为什么分子相加、分母不变即可？其中所含的原理亦为乘法对加法的分配律。教师在讲解这部分的知识时，一定要从算理的角度对内在知识属性进行把握，并以通俗易懂的方式分享给学生。总之，几乎所有的算理都是从这五大运算律演绎而来的，教师在进行讲解时，不仅要从道理上加以讲解，还要从案例上进行类比，进行示例分析，这样才能让学生加深理解，明白其中的道理。通过讲解，小学生就能明白小学阶段数学知识体系是建构在这五大运算律之上的。

二、结果与过程相结合策略

首先，在对小学生进行数学核心素养培育时，教师应从价值观念、必备品格方面对学生展开培养，同时还要从数学能力上进行塑造，这些塑造过程不是一朝一夕就能实现的，需要教师长期潜心培育，学生才能逐渐成长起来。从这一点来说，小学阶段的数学学科核心素养培育，不仅是一种结果性的彰显，更是过程性的贯彻。这里所说的结果主要指的是教材上所编排的知识内容，而过程则指的是小学数学所讲授知识的形成过程。结果会以书面语呈现在纸张上，而过程则不是直接书写出来的，需要教师在教学过程中不断加以演绎与贯彻。学生对"结果"的理解就是掌握知识的进程，这个进程有个体差异，教师需要根据学生个体的差异进行微调，以便更好地培育学生的数学思维，从各方面塑造数学核心素养。教师在展开数学课堂教学时一般都应具备以下流程：第一，某个知识点是如何演绎而来的？第二，某个知识点讲的是什么？第三，某个知识点的演变趋势是什么？比如，数学教师在讲解"分数的意义"时，不仅要将分数的"意义"究竟是什么讲明白，而且要让学生清楚分数是如何发展而来的。只有这样，学生对分数的学习兴趣才能被真正调动起来，学习的效果才会更好，然后教师还要给学生分析该知识点将向何处延伸。

其次，教师在讲某个知识点时，要有头有尾。实际上，课堂教学的"头""尾"是一堂课中最重要的部分，在这两个阶段，学生的思维变得更为活跃，中间阶段的思维则处于相对迟滞和受限状态。因为一堂课的中间阶段，学生的主要任务是对知识点的理解与掌握，这会耗费大量的时间和精力，在这个过程中，教师应积极调动学生的兴趣和精力来加以落实。而在"头""尾"阶段，教师应侧重讲该知识点是如何产生的，会往哪个方向发展。如此，学生较为活跃的发散思维正好得到运用，数学核心素养也能在这两个阶段得到最佳拓展。小学数学教师在备课时，应先从以下这几个路径来展开思考：小学生学习该知识点的原因是什么？该知识点与以前所学的哪些知识点之间有关联，两者之间有何关联？该知识点在现实生活中有无背景？自己在教学中应以何种方式将该知识点的生成过程加以呈现？

为了生动地展现这个创设思路，数学教师可采用以下四种方式来进行知识点引入性讲解：一是以问题情境法来进行知识的引入。二是将知识与应用环节、应用场景结合起来加以引入。三是将当前的知识点与以前学过的知识点结合起来，以两者结合与发展的思路来加以引入。四是以数学实验的方式来引入该知识点的教学。以上这四种引入法都是颇为有效的数学知识教学手段，在发展学生数学核心素养方面有巨大的运用价值。

以上这些问题也是数学教师在备课环节就要考虑的，因此数学教师的备课就成了思考"知识向何而去"。具体而言，这类问题在小结环节体现得最明显，也最具体。这就是为什么很多数学教师都极为重视课程"小结"的原因。很多教师对"小结"这种教学形式极为看重，并着重加以运用，通过精心设计"小结"环节来让学生获得知识的学习和能力的提升。比如，有些数学教师通过适当延长"小结"环节来让学生谈课堂收获、课堂体会等，就是其中最生动的体现。这种做法自然有其合理性，是值得提倡的。以提问形式来进行课堂小结并不常见，但也有教师使用。比如，教师在讲授完"分数的意义"之后，可向学生抛出以下问题：在学习了今天的知识后，后面即将学习的内容与今天所学的知识有何关联？它可能朝什么方向发展？教师以提问的形式将以上两个问题说出来，或再添加一些必要的暗示，激励学生下课后去朝这些方向思索：这堂课所学的知识会朝哪个方向发展？这种方法对培育小学生数学核心素养而言是极为有效的。

三、科学与文化相结合策略

小学数学学科除了具有科学性，还具有文化性。在小学数学核心素养的培育内容中，数学文化是重要组成部分。不过，从实际的教学情况来看，很多数学教师对数学文化包含的元素有所了解，但对所谓数学文化还是难以讲得清楚明白。对此，数学教师可从以下三个问题来展开思考，第一，教师研讨这个知识点的原因是什么（需要注意这里用的是"研讨"，而不是前面所说的"小学生学习该知识点的原因是什么？"中的"学习"）？第二，对这个知识点，教师是如何展开研讨的？第三，该知识点有何价值，有何用处？

就前两个问题来说，数学教师可从数学史中找到最佳答案。可以说，数学史就是由历史长河中各种数学故事组成的。数学教师在课堂上适当展示一些这方面的内容就能体现出数学文化。从小学阶段的教学内容上来看，数的表示、进位制、圆等内容，都是与数学史紧密相关的，数学教师巧加设计，就能将数学文化很好地展示出来。数学教师在讲这些内容前，应先查看数学史，然后再进行教学设计。比如，教师在进行"分数的意义"的教学时，就可先去查阅一下分数产生的历史，然后进行有针对性的课程设计。数学教师的大致设计流程应从以下几点来展开：一是本堂课将要重点讲述的分数数学文化是什么，包括分数是如何发现的，分数是如何被研讨的。"如何被研讨的"这个问题本身就将引出思想、方法等方面的内容，而这类内容就是数学文化。循着这样的思路来讲数学课就能获得非比寻常的数学文化韵味。

就第三个问题来说，教师要关注知识点的价值以及应用。概言之，教师关注的是该知识点所具有的科学价值，该知识点的应用价值、美学价值等。小学阶段的数学知识具有一定的科学价值，应用价值也是非常明显的，这些方面就是数学文化的重要体现，等等。又如，数学教学中所说的"数学美"究竟怎么得到体现？总之，数学学科中的文化价值所体现出的精神素质（或品质）主要体现在两个方面：第一，求真求实精神；第二，真、善、美的精神思想。数学文化在数学教育中具有显著的渗透作用，能对小学生的数学核心素养培育起到明显的涵养作用，对小学生积极向上品格的形成有着良好的促进作用。这些品格或价值观与数学核心素养的培育是紧密相连的，为了更好地实现对后者的培养，数学教师应深入研究这方面的内容，以便更好地实现对数学核心素养的培育。数学教师可从以下四个方面来加以实施：第一，数学教师在设置导入环节的情境时就植入文化元素，并对学生展开文化上的适当塑造；第二，教师可从知识点产生过程这个角度来分析文化元素是如何得到渗透的；第三，教师可从知识所包含的思想方法这个角度来分析文化元素；第四，教师可从该知识点得到应用的社会条件来鉴赏某种数学文化元素。

　　一般来说，教师可在情境设置时就植入文化元素，但是植入文化元素的情境需要满足以下两大条件：一是情境中要有问题；二是情境中要有情节，如果已经有情节了，那么也就有故事了。例如，在一道与服装加工有关的应用题中，题干是不会给学生提供什么故事情节的（实际上，教材中的大多数题目都是如此）。可以说，这道题在某种意义上就是一道纯粹的计算题。但假设将其稍加改变，在其前面加上"某地要举办大型运动会，急需建成体育馆"，那么小学生在看到这道题的内容时，就会认为，这道题说的是为运动会服务。如果教师再在后面添加一个设问：如果工人不能按时修建好体育馆，而你是体育馆建设项目的负责人，你会如何解决这个问题？怎么担负起自己的社会责任？通过这种改造，小学生的社会责任感就能得到很好的培养。可想而知，小学生对这个问题的回答是非常多的。有的学生这样回答："假设我是负责人，我不仅要求工人加班修建，增加加班费用，而且采取三班倒的形式修建，这样就能按时完成体育馆的建设。"这种回答思路是挺不错的，因为他能在遵守法律的前提下，以提高加班费的形式让工人按时完成体育馆的建设。还有学生这样建议："假设我是负责人，我将改进建设技术，以提高建设效率的方式来完成体育馆的建设。"这种建议是极好的，但由于时间紧张，却不一定能实现。第三个学生建议："假设我是负责人，我会马上联系其他建筑队来一起修建，这样就能保证按时完成体育馆的建设。"最后这种建议是非常灵活、有效的。通过情境性改造，这道题变成了富有故事情节和价值观塑造的问题，能起到良好的核心素养培育作用。推广来说，小学阶段的大量数学应用题目都可以通过这种改造，成为具有数学文化和价值观培育元素的题目。实际上，数学教师不仅要将数学看作学科教育，更要将其看作对小学生核心素养的培育过程。

四、接受与建构相结合策略

在进行数学教学的过程中，教师不能只依靠一种教学方式，而应将接受式教学和其他教学方式整合起来加以运用，比如教师可将接受式教学与建构式教学整合起来加以运用，这样就能取得更好的教学效果。发展到 21 世纪 20 年代，接受式教学仍然具有很大价值，在基础教育和高等教育都还有很大市场。因为知识是非常庞杂的，不可能全部依靠学生们自己去探索和学习，在很多时候接受式教学的知识传授效率更高。实践证明，建构式教学与接受式教学相结合的方式才是最好的。小学阶段的接受式教学是以客观主义知识观与学习观等来进行建构的。客观主义知识观下的教学与建构主义是有着巨大差异的。在前者看来，小学数学知识是自外于学生而客观存在的，小学生的任务为把数学知识直接复制到自己的脑海里。而在后者看来，每个小学生在进行数学知识的学习时，都是以差异巨大的方式展开的，都是建立在小学生个体的自我理解基础之上的，最后以自身的生活经验等为条件完成了数学知识的自我建构。换言之，每个小学生在建构式教学方式下都是以不一样的方式展开学习的，以自己特有的方式完成数学知识学习。通过对接受式教学设计与建构式教学设计这两种设计策略的融合性运用，学生的自主学习和自主性发展能力都将得到快速提升，逐渐成长为具有"乐学、善学、勤于反思"[①]的学习者。

五、验证与探究相结合策略

目前很多小学数学教材所采用的数学题目，大都为验证性的数学问题。以计算题为例，每一道计算题几乎都是给定唯一答案。小学生的解题过程，就是去追索那个结论是否与给定的答案一样，最终得出的结论与答案吻合，就是计算成功，否则就不成功。整个过程都是验证性的，即使是证明题也是如此。当前的很多教材虽然已经在一定程度上有所改进，但给出的开放性问题还是较少。而数学核心素养的培育需要建构在探究性和开放性的题目之上。对此，数学教师在教学中可以沿着开放性、探究性的思路来加以改造。

六、外显与内隐相结合策略

从内容的分类来说，小学数学课程资源可分为四类：即根据外显原则可将课程资源划分为外显素材性与外显条件性课程资源；再加上根据内隐原则来划分的内隐素材性和内隐条件性课程资源。外显类课程资源是看得见、摸得着的资源，比如课本、教辅资料、教学楼以及其他很多教学设施。内隐类课程资源是不容易看得见的。但实际上，内隐类课程资源对小学数学核心素养的培育才是最重要的，这些资源需要数学教师去尝试、去挖掘、去创造，然后才能将其呈现在学生面前，并最终内化到学生的脑海里。这些内隐类课程资源又可从以下几方面进行划分。

---

① 李星云：《核心素养视域下小学数学教学设计的审视与改进》，《内蒙古师范大学学报（教育科学版）》2020 年第 6 期。

一是学生的不同错误认识。小学生在不同阶段的错误认识是非常多的，如果数学教师能将其利用起来，那么班级内的每个学生都将获得巨大进步，并快速提升自己的数学知识、数学思维和数学能力。

二是海量的数学背景知识。小学数学教材所涉及的诸多内容，几乎都会提及相关知识的背景以及活动的情境等，但教材所提及的背景或情境内容并非总是最佳的。比如，有些情境设计就不适合教师所在班级的情况，这时教师就应结合本班情况加以改造，这样才能设计出最佳的情境内容。

三是数学文化知识。大量数学文化内容没有出现在教材上，数学教师要亲自动手去挖掘、去制造。前文所述的对数学文化的问题挖掘方法就是教师可参照的内容。

四是大量的逻辑知识。小学阶段的数学教材里涉及的逻辑知识有很多，但数学教师不能直接将逻辑知识传授给学生。学生的接受能力决定了数学教师只能以潜移默化的方式将这些内容传授给他们。首先，数学教师要知道一堂课中自己所讲的内容包含了哪些逻辑知识，本班学生对这些逻辑知识理解到了什么程度、可能会碰到哪些问题等。数学教师应据此展开对逻辑知识难点的教学设计，特别是教学策略的选择。从很多小学的教学情况来看，大量小学生对逻辑知识都是听不懂的，难以跨过这类知识的障碍。但是数学教师应迎难而上，因为小学中段（三、四年级）正是小学生个体思维发展的关键时期，数学教师应抓住这个关键时期，帮助他们培育出良好的逻辑思维能力。

五是数学问题的适当引申。这类内容在数学教材上是非常多的。数学教师可通过引申等手段加以改造，从而设计出富有本班特色的教学内容。比如，问题的变式就是一种非常重要的引申内容。

六是过程性知识。所谓过程性知识，就是小学生通过自身的学习过程而获得的经验。数学教师在自己的教学中，应主动让学生获得以下四种过程性知识：第一，对知识产生的过程性知识；第二，对知识发展的过程性知识；第三，对知识结果的过程性知识；第四，对知识应用的过程性知识。这四类过程性知识其实也是四种认知，都需要教师帮助学生自主地在学习和体验中逐步获得，最终根据自己的个体性活动、感悟等升华为数学知识。

小学数学阶段的隐性课程资源浩如烟海，数学教师的责任就是将其创造性地发掘出来，积极运用于自己的课堂教学之中，这样不仅能提高自己的课堂教学有效性，而且能更好地培育学生的数学学科核心素养。数学教师在进行数学学科核心素养培育时，不仅要关注表面的知识内容，更要将培育的重心落到看不见的那些内容上，这才是数学核心素养培育的真义。

七、学科知识与实践知识相结合策略

小学数学教科书中的知识是庞杂的，但是实践性的内容较少，导致很多小学生在解决真实性数学问题上有欠缺。这里所说的真实性问题指的是那些具有真实背景的问题。这类问题学生如果不将背景考虑进去，最终得出的结论极有可能是错误的。比如，下面的测试题就是典型的真实性问题。题一：汤姆有 7个朋友，丽丽有 4 个朋友，两个人想共同举办一场生日聚会，他们都给自己的朋友发出了邀请。最后他们的朋友都应邀而来，那么请问最终共有多少人前来参加聚会？通常的算法为 7+4+2，2 为汤姆和丽丽两人。乍一看似乎是正确的。但实际上却并不正确，这是因为该算法采用的是纯粹的数学思维，未将该题的真实背景考虑进去，从而导致结果错误。现实生活中的情况是，汤姆的朋友极有可能也是丽丽的朋友，两个人的共同朋友可能为 1 到 4 个。可见，这是一道典型的开放性题目，因此要采取开放性的思维来展开计算，这就要求小学生能从刚才所说的背景来加以考虑。题二：小张的 100 米短跑最佳成绩为 16 秒，那么跑 2000 米所需的时间为多少？不少学生看到这个题目后，立即就用 100米的最佳速度来展开计算，这样的计算显然是错误的。因为在现实生活中，小张这样跑，很可能会猝死。综上所述，数学教师在进行教学设计时，应从问题跳脱出来，积极摆脱思维定式，从创新的角度展开教学设计，要将各种情况都考虑到教学内容中，这样才能将学生的数学核心素养能力更好地培养出来。

第三节　教学实施的基本策略

一、数学教学实施的选材原则

小学数学教学内容的择取是落实数学核心素养视域下教学目标的重中之重。总体来看，小学数学教师所择取的教学内容应能促进小学生数学知识的提高。数学教师要从整合的原则出发，对教材内外的有益内容加以融合、引申，这样才能更有效地使小学生数学核心素养快速提高。数学教师应采取多元化的原则进行教材内容的选择，并在此基础上促进小学生自主学习。对此，数学教师应采取以下原则来加以执行。

（一）符合学生实际需要

第一，小学数学教学素材的择取应尽量贴近小学生的各种实际情况，这不仅包括小学生日常生活的现实情况，而且包括小学生数学学习的现实情况，也包括其他学科学习的现实情况。第二，学生是数学学科教学中不可或缺的主体，在进行教学内容的确立时，学生和数学教师都是必须参与的主体，特别是教师应从小学生的真实需要出发来处理这项工作，要让教学成为化解小学生学习难点等的切实助力，这样数学教师择取的教学材料以及相应教学行为才能说是成功的。第三，教师要通过多元渠道来获得精准的学生学情信息，从而获得小学生产生问题的原因，并在稍后的教学设计与教学实施过程中加以解决。

（二）立足于数学的本质

第一，数学教师在进行教学材料择取时还应秉持所选材料能切实反映小学数学本质的原则。第二，为了满足对数学本质的反映，数学教师应从数学核心素养出发来设立素材的选择目标，不仅如此，还要从教学模式上来落实数学核心素养的贯彻，不然教学就会流于形式。第三，小学数学教学最核心的目标是促进小学生数学经验的不断提升。为此，数学教师应积极开展体验性数学活动，这样小学生就能从以数学符号为代表的数学基础知识升华到数学思维、数学能力的更高层级上去，不然小学数学教学就是失败的。同时，数学核心素养的培育是建立在数学基础知识之上的，如果小学生的数学基础知识不扎实，那么所谓数学核心素养培育也是空口说白话。

二、数学教学实施的策略

（一）创设真实的数学情境，促进小学生数学直觉思维的不断拓展

第一，在当下的小学数学教学过程中，创设情境指的是小学数学课堂教学中教师常采用的课题导入手段，教师通常以小学生生活中常见的情境来展开教学，使小学生获得新的数学知识，从而让小学生较为容易地实现对数学知识的理解和运用。第二，数学教师在展开情境创设时，要坚守真实的原则，贴近小学生的生活实际，从而让小学生获得最真切的知识感受，留下深刻的印象。第三，教师在教学过程中应尽量用实物来进行教学，而不要总是用文字加以表述，实物给小学生留下的印象最深刻，在条件允许的情况下，教师还应让学生主动参与到教学过程中来，让他们动手进行操作，这样获得的教学效果更佳。第四，为了提高课堂教学的效率，数学教师应将有些任务留到预习环节，让小学生主动参与到教学中来，这样既节约了讲课的时间，又提升了教学效率。第

五，在安排预习环节的内容或任务时，数学教师要从小学生直觉思维能力发展的角度来加以设置。

（二）设置启发性的数学问题，促进抽象思维的发展

数学教师应在每堂课预设一系列问题，这些问题既可以是是非类问题，也可以是描述类问题，教师要以激发小学生探究欲和学习兴趣的前提来进行创设。教师的设问形式是多变的，可以采用转折性的提问方法来加以处理，但一般设问应有条不紊、前后连贯，不能跨越太大，以免超出小学生的理解能力。

1.设计问题串

第一，数学教师在设计问题时，一般应设计三个以上的问题，这样才能让提问更有系统性，能更好地说清楚一个知识点，而且能让教学设计变得更精准。第二，数学教师应从小学生各方面的经验出发来设计课堂教学的问题串，这样更有助于对概念的导入和讲述；同时还要注意问题串中问题的难易度，进一步帮助小学生对概念生成过程的理解和体验。第三，数学教师应以持续发展的原则来进行问题串的创设，应秉持一个问题串对应一类知识点的原则来展开设计，这样不仅能让小学生更好地学习这类知识，而且有助于后续教学的持续推进和深化。

2.设置悬念，制造认知冲突

首先，数学教师要善于设置教学悬念，这样能更好地激发小学生的学习兴趣，使他们对后续的数学教学充满期待。其次，数学教师要善于设置小学生既有认知下的冲突性教学场景，这样就能更好地激发小学生的求知欲，而且能更好地实现既定教学目标。

（三）实验操作环节，促进学生数学探究能力的发展

首先，数学实验在小学阶段拥有重要的地位，是小学阶段数学课堂教学

的重点，更是小学生获得具体可感数学体验的重要渠道。就教学实验所在位置来说，教学实验既可能放在一节课内容的"头""尾"，也可能放在中间。教学实验放在不同位置有着不同的含义。假如是放在一节课开头，意味着让学生通过生动的数学实验去感悟数学知识的内涵，有助于学生更好地从现实生活向数学世界过渡；假如是放在一节课的中间，就能让学生在数学思考过程中展开对数学知识的分析、归纳乃至抽象思考；假如放在一节课的最后，则有助于让学生从应用数学的高度展开对数学知识、数学思维、数学美的体会，进一步夯实对数学核心素养的培育。数学教师在进行数学实验创设时，要秉持"知""行"高度融合的原则，让小学生自主完成大部分环节的内容，教师加以辅导即可。

其次，从小学数学教学实验的工具来看，数学实验可被分为两大类型：一是实物操作类型，二是计算机操作类型；从小学数学实验目的来看，数学实验则可被划分为三类：一是验证型，二是理解型，三是探索型。综合来看，本书将小学数学实验划分为以下两大类型：

1. 实物操作型数学实验

首先，小学数学学科需要的工具具有多样化的特点。小学数学实验所涉及的专门性实验器材并不多，或者并不具有强烈的专业性。一般来说，小学数学会用到尺规、量角器等教具，这些教具具有专业性。其次，数学教师可根据需要展开多元化的教学工具改造，或者可以将现实生活中的很多实物都纳入进来，为自己的小学数学课堂教学高效运行发挥作用。

2. 信息技术型数学实验

首先，我国社会进入信息化深度发展阶段，很多以信息技术为支撑的教学工具、教学软件逐步开发出来，教师要会运用这些信息化的教学工具。教师不仅要会运用多媒体（如放映幻灯片等）来展开数学教学，而且要让小学生主动参与到教学中来，让他们自己动手获得丰富的学习体验，如此才能将信息技术型教学实验的教学潜力发挥出来。

其次，学校应从资金等方面展开软硬件设施建设，让本校的信息技术型数学实验得到更深入的落实。比如，学校一般都应拥有微机室，以及安装有Excel软件的计算机若干台，学校还应具有若干台平板电脑，以便小学生在普通教室中就能展开相应的数学实验活动。实际上，动态化的教学方式已经在全世界推行开来，这是由移动设备的大规模使用所致，依靠这些设备，数学课堂能够变成移动化、动态化的知识传授场所，数学教师也能更好地进行情境化教学，无论是教师还是学生都已经是人手一"板"，师生各方的反馈都能在移动设备的屏幕上得到即时呈现，数学课堂教学活动得到了极大丰富。[①]

（四）当堂检测及时评价，促进教学反思

首先，数学教师要通过教学结果或者说教学事实来验证自己的教学成功与否，而不是一些简单的提问以及相应的回答。提问对教学反思来说也是不可或缺的，只是数学教师要巧于设置问题，以便更好地落实教学评价和教学反思。其次，数学教师要通过课后练习和各类测验来进行知识巩固，以及进行相应的教学评价和反思。教师可从小学生的作业看出其知识掌握的情况，课堂上的测验则能快速获得小学生对知识的当堂掌握情况。这些信息都能对教师的教学提供巨大帮助，有助于教师在后续的教学中进行微调，以便更有效地落实自己的数学教学。最后，数学教师要做好教学归纳或教学小结，这是教学评估和教学反思的重要环节，能促进小学生对数学知识的进一步内化，以及迁移能力的提升，进一步让数学核心素养的培育落到实处。

---

① 朱哲：《iPad2 在中小学数学教学中的应用》，《电化教育研究》2011 年第 11 期。

第三章
小学数学课堂教学的基本策略

第一节　对课堂教学的基本认知

一、数学课堂教学认知的概念

（一）认知的定义

从《现代汉语词典》的诠释来看，其倾向于认为，所谓认知就是从不同的思维、直觉等层面对个体自身的发展，不仅是对个体的理解能力、推理能力等的发展，而且是对获得这些能力的官能、意识、感觉或理念的深入认识。有些研究者认为，"认知"也可解释为认识，即个体对周围事物加以认识的过程。换言之，就是周围事物以各种关系作用到个体身上，个体通过自身的感觉器官对接收到的信息进行再处理的过程。一般来说，个体的认识过程既可以从知觉、思想上得到体现，也可以从思维、感觉等方面得到呈现。认知既可以是个体的感觉器官对所接收的信息进行加工，也可以是个体的感觉器官对周围事物的认识过程。通过这些行为，个体的属性得到了确立。从操作条件反射理论来看，认知可以看作是个体的一切行为都是在客观环境要素的刺激下做出的一种反应。个体在这种作用机制下，将不断形成特有的机制，并形成个体特有的认知、行为、情感，进而形成具有极强中介性的态度，这种态度可以说是个体与外界之间的一种反馈。

简而言之，本书对认知的定义为：个体从周围环境获得信息之后，在其大脑中对所获得的信息进行整理、加工、感悟等，从而获得对事物的认识。

（二）数学认知策略

数学认知策略的看法有很多，典型的有如下三种：第一，所谓数学认知策略为学习者通过自身的内部组织展开的自主数学学习行为的方法和能力等，其既包括复述、精加工等方法，也包括组织和反馈等方法，而且数学认知策略还可以从组织梳理、精细加工、复习强化等来进行划分[①]。第二，数学认知策略是认知主体为实现问题的解决而采取的适切性的方法、措施等，是从自身心理出发对认知问题所采取的一种主观性的操作。第三，数学认知策略是学生为了解决数学问题而展开的必要的方法和策略。其具体流程为个体注意、自主记忆、精准加工、自主组织与思维方法，这些步骤的实施能更好地实现对问题的解决。第四，数学认知策略需要学习者认知行为的自主性参与，学习者所选用的策略本身就表明其所采用的是哪种策略。根据层次划分，学习者采用的策略有三种：一是浅层策略，二是深层策略，三是依赖策略[②]。这些策略对学习者的学习行为产生了巨大的促进作用。

本书所研究的小学数学认知策略为：小学生在数学学习过程中，为了有效获得数学知识以及使用数学知识完成对学习任务的学习而采取的具有正向价值的行为。这些认知策略是针对学生大脑中的信息加工行为而选择的方法，这些行为既可能是内在的，也可能是外显的，具体采用哪种行为，学生要从具体问题来加以判断，或者说要从学生的具体行为来进行判断。

---

① 曹一鸣、陈鹏举：《不同能力水平的中学生数学学习策略运用及其影响研究》,《教育研究与实验》2018 年第 4 期。

② 王宏仙、郭云芝：《数学认知策略与情感体验的调查分析》,《昆明师范高等专科学校学报》2004 年第 4 期。

二、数学课堂教学中的基本认知类型

（一）小学数学课堂教学中的数学文化认知

1. 小学生素养养成需要数学文化

"数学文化"这一名词在《义务教育数学课程标准（2011 年版）》中出现，与其一同出现的还有"数学素养"这个名词。这不仅表明它们出现的场域有着共同的背景，而且表明它们之间的关系是非常紧密的。《义务教育课程方案和课程标准（2022 年版）》则进一步做出指示，小学数学教育不仅要达成国家规定的数学知识、技能传授，而且还要实现对数学思维、数学文化以及创新精神的培育，通过这两个方面的努力，才能让小学生得到良好发展。在小学数学教学中，教师要积极通过各种技术手段展开课堂教学设计，组织好自己的教学活动。其中，来源丰富的数学文化是不可或缺的要素，通过对数学文化的传达与塑造，能让学生数学素养得到极大提升。[①] 可见，数学文化既是数学教育中的重要因素，又是让学生获得更好的学习效果的必要途径，更是数学教育需要加以实现的文化目标以及精神指向。通过这些思路，小学数学课堂教学才能更好地实现对数学学科核心素养的培育，学生们也才更可能在主动的数学探索过程中，实现对自己数学素养的培养，让自己终身获益。

从数学发展的过程来看，其自身就是人类文化的反映。对现代人来说，具有良好的数学文化意识与数学文化素养是一个人成为合格公民的基本条件。为此，任何一个国家都应从小学阶段就开始培养公民拥有数学文化。小学阶段的数学教育是非常重要的，不仅能让小学生获得基本的数学知识，而且能形成一些核心的数学文化素养，为未来的学习和生活带来良好的助益。从皮亚杰的认知发展理论来看，小学阶段的学习者，其思维水平不高，数学计算能力还处于

---

① 马虹宁:《小学数学文化教育的认识与实践》，硕士学位论文，四川师范大学，2014，第 16 页。

基本的发展阶段，这个阶段的学生主要是通过死记硬背来学习数学知识的。为此，数学教师应在课堂教学中积极营造出良好的数学文化氛围，以生动有趣、内容丰富的数学文化氛围来带动小学生的学习，这样就能极大地调动小学生的数学学习兴趣与积极性。教师调动小学生学习兴趣的方法有很多，比如，在校园内建立数学名人廊、创建数学专题手抄报等就是很好的手段，通过这些手段，学生就能在沉浸式的数学文化氛围中获得良好的熏陶。实际上，目前很多学校的数学文化氛围营造得并不充分，大多数学校都还需要进一步加大力度，搞好自身的校园数学文化建设。

2. 小学阶段数学文化的基本内容

因为小学生认知能力的特殊性，所以教师在进行数学教学特别是进行数学文化呈现时，要尽可能遵循该阶段学生的认知特点和心理发展规律。为了更好地开展这项工作，教师应尽量让学生理解数学文化，学生只有自己理解了数学文化的内在实质后，才能更好地将数学文化与自身的数学学习结合起来，才能更好地运用既有的数学知识来解决问题。对数学教师来说，则要尽量从既有教材中挖掘能够用于教学的数学文化知识，将包含在特定数学文化内容中的数学知识进行有针对性的教学设计，从而更好地进行课堂教学，将数学知识中所包含的数学美、数学思维等更好、更生动地呈现出来，这样就能将数学文化的育人价值更好地发挥出来。

从小学数学课程标准来分析，小学阶段的数学教育可划分为两个部分：一是低学段（1~3年级），这个年龄阶段的学生主要采用形象思维来分析和解决问题，所以那些生动有趣的事物更容易被他们接受。因此，数学教师在进行教学设计时，要采用生活、活泼、形象的方式将数学知识呈现出来，比如以图文并茂的方式呈现数学知识能将小学生的注意力吸引到知识学习上，加深他们的记忆力。二是中高学段（四至六年级），这个阶段学生的抽象思维已得到了很好的发展，这时的数学文化教学应在保持既有的生动有趣的模式下，提升通过文字、符号加以讲解和书面呈现的分量，知识的难度也必然得到了增加。

作为义务教育的核心教学内容，数学教育和教学对小学生的成长起到了关键性的发展和促进作用。小学生在此阶段所吸收的学科知识，特别是数学知识、数学思维以及数学精神等内容必将对其个性、能力的塑造产生决定性的影响，而且会对其未来的发展起到不可忽视的作用。在进行数学教学时，小学数学教师应从既有教材出发，将数学文化知识嵌入课堂教学等场景中，以彼此紧密结合的形式来对数学知识点加以诠释和例证，在极大调动学生学习兴趣的同时，更好地实现对数学文化的培育。另外，很多小学数学新教材已经增加了不少分量的数学文化内容。比如，"你知道吗？""生活中的数学"等栏目就是对数学文化内容的呈现，通过这些栏目的内容，不仅让小学生对数学美、数学思维等有了更清晰的认知，而且教师通过这种系统性的编排，也能更好地将数学文化内容整合到自己的课堂数学环节中，从而获得更好的教学效果。教材上的改进也更好地体现了数学学科自身特有的逻辑特性，让学生以适合其年龄段的形式获得了更好的数学知识教育和认知能力发展，促进了学生数学学科核心素养的形成。

（二）小学数学课堂教学中的德育认知

数学教学除了要对数学知识进行灌输，还要对学生的德育进行塑造和不断促进。首先，数学学科的德育是通过教材内容来得到落实的。从既有的很多教材来看，德育是数学教材中的重要内容，从很多层面得到了渗透。其次，教师在进行教学设计时，要从德育的角度来展开设计，要将每个单元的数学知识点与德育内容整合起来加以体现，这样既能让学生得到更好的数学知识学习和内化吸收，又能让学生在丰富多彩的数学故事、数学文化中得到情感和道德等的熏陶。再次，数学学科中的德育认知还具有很强的意识形态特征，因此在进行德育教育的时候，教师要把握好德育教学的尺度，要从新时代的教育要求来进行教学设计，教师可从很多角度来加以展开。比如，可从数学家的故事来对学生进行励志教育，塑造学生不畏困难、敢于迎难而上的精神，这样就能实现对学生道德素养的提升。最后，教师还要以身作则，做好数学精神的示范，给学生树立良好的道德榜样。

第二节　把握不同方式进行教学

一、教学方式

第一，从《现代汉语词典》的解释来看，所谓"方式"就是主体"说话做事所采取的方法和形式"。从这种定义来看，"方式"不仅是从方法角度来分析的，而且是从形式角度来分析的，不仅如此，"方式"还带有很强的目的性，是主体为达成自己预定目标而采取的方法与形式。如此看来，所谓教学方式就是教师为了实现预定的教学目标而客观上所采取的方法与形式。需要加以注意的是，教学方式的内涵，并不是前面所说的两层含义的相加，而是需要教师将方法与形式这两个层面上的内容紧密结合起来，最终形成最佳的教学方式。

第二，当前学界对教学方式含义的界定主要体现在以下六个方面：其一，教学方式指的是教师所采取的教学方法的各个细节。对教学方式掌握得越多，运用得越娴熟，教师就更容易形成自己独特的教学风格，更容易取得良好的教学效果，让学生获得更好的学习效果。从这一思路来看，与教学方法相比，教学方式要更为细化一些，换言之，所谓教学方式就是教学双方在共同的教学过程中所发展出来的具体行为。[1] 其二，教学方式为教学方法的下位概念。在这种观点看来，教学方式与教学方法之间有着极为紧密的关联性，这不仅因为它

---

① 温恒福：《论教学方式的改变》，《中国教育学刊》2002年第6期。

们都是围绕教学而展开的，指向的是同一个范畴的事物，还因为它们在概念上就有很多类似的地方。就数学学科而言，无论是在不同的教学阶段还是在不同的教学情境中，教师都应按照选定的教学方法来进行课堂教学，而不能随意加以改变，正是时间上的持续性，才形成了特定教学方法所具有的特点。同理，教学方式也需要教学双方在一定的时间后，才会最终塑造出较为固定的模式和特点。其三，所谓教学方式就是数学教师更好地兑现既定教学目标而采取的综合性方法，这些方法既可以是从教材组织的角度来展开的，也可以是从教育技术等角度来落实的。其四，教学方式还可以从活动的角度来进行界定，即教师为了数学学科教学的良好进行，所采取的最切实教学双方的教学活动以及在教学活动过程中所采取的活动方式。其五，教学方式还可以从思维方式的角度来进行界定，即教师在进行教学时为完成某项教学任务所采取的思维方式与行为方式的集合。人们常见的教学方式主要是围绕"讲授、探究、讨论、体验、对话、自主、合作"等词汇来展开的。从这些词汇出发来看，每一个词语都体现出了教师所采取的思维方式与行为方式之间的差异，而且这种差异还是通过不同要素的融合来得到体现的。其六，从教学双方的关系来看，教学方式就是为了完成某学科的课程与教学目标，以适切的教学载体让教学双方获得最佳的化学反应般的结构、方法与途径。这里的教学结构主要为两种：一是师生间的互动，即教学双方以特定的教学活动形成师生结构关系；二是因为特定的教学活动的具体实施所形成的时空结构关系。这两种结构一般不会单独存在，而是两种结构关系同时存在，不过在不同的学科或教学方式中，这两种关系的侧重点有所不同。

总之，本书倾向于采用狭义的教学方式的定义，即主要是指数学教师教学的方式，而并非小学生学习数学的方式。不过需要特别加以注意的是，数学核心素养的培育最终要达成的是学生对数学知识水平的提升和数学学习方式的优化，而且数学教师的教学方式对学生的学习方式有巨大的促进作用，教师的教学方式是学生数学学习方式优化的重要基础，因此数学教师从学科核心素养来提升自己的教学方式是非常重要的。

本书的教学方式将主要从教学原理和教学操作这两个角度来展开研究。前者主要体现的是数学教师的教学观；后者主要体现的是教师完成教学任务的过程，在此过程中，教师将自己认为最适切的教学方式、教学方法、教学思想整合起来，在与学生的互动中形成教学过程。

二、小学数学教师的教学方式

（一）小学数学教师的口头语言教学方式

作为教学方式中的重要支撑，教学语言是数学教师需要着力打造的对象，这样才能让自己的课堂教学表达变得更为高效，而且不同的学科有着不同的语言表达规律，教师应从本学科出发，深入钻研教学语言，从而达到最佳的课堂教学效果。这些语言规则是通过人的视觉、触觉、听觉等感官来衡量和形成的，所以教师要从这些方面来塑造自己的语言，以便更好地与学生展开教学沟通和互动。具体来说，教师的课堂语言主要分为两种：一是口头语言，二是肢体语言。

所谓口头语言就是表达者通过口语方式进行交流时所使用的语言。口头语言是通过声音来实现传播和达到沟通目的的。数学教师依靠口头语言所具有的灵活性能够清楚地将自己的观点表达出来，将数学知识、数学思想传递给学生。经验丰富的数学教师依靠这种多变性尽其所能地打造自己的口头语言，最终形成表达效果好，且较为精当的口语能力，从而让自己的教学效果得到提高。骨干数学教师的口头语言具有极高的感染力，他们依靠自身强大的口头语言教学方式将学生的注意力吸引到教学内容上，让课堂教学效果从口语方面得到确立。这也是为什么数学教师的口头语言教学方式是实现教学目标关键因素的原因。

（二）核心素养下小学数学教师的肢体语言教学方式

从语言学的角度来看，所谓肢体语言又叫作身体语言或体态语言，在数学学科范畴来说，也可以采用这种定义。数学教师依靠自身肢体所呈现出来的动作，就能实现对数学知识、数学精神、数学美的完美表达，实现课堂教学的目的。从广义的角度来说，教师的肢体语言不仅包括四肢所呈现出来的那些动作，而且包括裸露在外面的头、脸等部位所表现出来的状态。从狭义的角度来说，就是数学教师通过四肢、身体呈现出来的动作所展开的教学含义的表达。比如，当学生需要教师的肯定时，数学教师可用"鼓掌"来加以表示；当学生的回答不符合教师的预期时，教师可用"垂头"来表达自己的失望；当数学教师很生气时，可用"顿足"来进行表达；等等。此外，数学教师常使用的肢体语言不是单一的，而是采用整合性的策略，将自己所需要的肢体语言整合起来，以相互配合的方式来达到最佳的表达效果，从而将自己所要传递的信息传播出去。本书认为，数学教师的肢体语言可以划分为以下三类：姿态语言、手势语言和脸部语言。首先，所谓姿态语言就是数学教师通过自己的站姿、走姿所呈现出来的教学语言。其次，手势语言就是数学教师通过自己的双手所展现出来的手部肢体语言。其不仅包括指示性手势、感情手势，还包括摹状手势、会意手势等。最后，脸部语言是数学教师通过自己的眼神、微笑等动作来实现沟通的脸部肢体语言。

（三）小学数学教师的口头与肢体语言相结合的教学方式

顾名思义，"结合"就是按照一定的规则、目的将不同的事物或人等组合为一个具有系统性的整体，让其发挥出新的价值、达到新的目的。这里所说的数学教学领域的口头语言与肢体语言的结合，展现的是不同口头语言、肢体语言在被结合起来之后所实现的教学服务目的。笔者认为，在所有的教学模式的实践过程中，小学数学教师都是通过对自己的口头语言、肢体语言的整合性运用，来实现课堂教学目标的。采用这种策略，小学数学教师的课堂教学就变得更为高效而且富有感染力，比如教师可将自己的口头语言和脸部语言结合起来运用，或者将口头语言与手势语言结合起来，等等，从而达到自己想要的教学效果。

（四）小学数学小组合作学习教学方式

1. 合作学习的内涵

从合作学习理论近年来的研究状况和发展趋势来看，典型的合作学习理论观点主要表现在以下五个方面：

第一，从合作学习经典定义来看，小学生可以通过小组协作的形式展开深入的合作学习，通过这类活动学生的学习成绩得到了提升，教师可采取一定的奖励措施对这种学习模式加以巩固，鼓励学生进行自主性的合作学习。

第二，合作学习具有很高的学习效率，原因是其充分调动了小组内各个成员的学习积极性，能最大程度地激发彼此的学习动力、提高学习效率。

第三，从内在实质来说，合作学习属于一种教学形式。其核心是以共同的学习任务将学生划分为小组，然后以互助的方式完成学习。

第四，合作学习的定义可从以下几方面来加以确立：一是需要组员协作，一起讨论完成问题；二是组员应以面对面的方式展开讨论或沟通；三是不同小组的组内学习气氛应是和谐的、互助的、生发性的；四是组员必须具备一定的责任感，才能投入合作学习之中；五是组内成员可采用混合编组的形式展开合作学习，混合编组的具体形式要根据学习的项目或问题来加以择取；六是数学教师要直接将合作技巧、方法等传授给学生；七是在进行小组学习时，学生自主地进行组内组织形态安排，以便更好地进行数学学习。

第五，所谓合作学习，指的是教师以小组方式展开课堂教学的一种高效的教学形式，在进行分组时，教师以合作的原则，采用异质小组学习的形式来展开分析，然后积极鼓励学生展开合作性互动、交流等，从而形成认同持续提升的合作认知与合作学习教学体系，实现合作学习教学模式。

通过上述剖析可以发现，当前人们所认可的合作学习概念及其内涵主要有以下四个方面：一是合作学习教学方式主要以小组形式展开。合作学习教学方式与班级教学方式并不矛盾，而是一种良好的补充。合作学习教学方式中的小组是按照不同的标准、意图来进行划分的，比如可以按照性别、成绩等来进行划分，具体采取哪种标准来划分，要看学习的主题和教师的意图是什么，也可根据学生自己的意图来进行划分。最终形成具有较强异质性的小组，从而让所有组员都能在良好的氛围中获得长足而持久的学习动力，进入良好的学习状态。二是合作学习教学方式是一种将各种教学动态因素融合起来，从而获得更强劲的学习动力的方式。合作学习教学方式的一个重要特点就是强烈而持久的互动性，而且在整个教学过程中，这种互动性都是不断增长的。三是合作学习教学方式是以教学目标为教学导向的。小学数学教学都是围绕目标来展开的，具体是从教学设计、教学安排、教学实施、教学管控等步骤中来得到体现的，并且这些步骤都是围绕一个共同的教学目标展开，这样才能让数学教学变得更有针对性。四是合作学习教学方式是以最终的小组成绩来确立奖励的措施和掌握尺度的。在这种教学方式中，关键并不是单个学生的成绩优秀与否，而是要看小组整体的成绩怎样，换言之，只有以小组为单位的目标完成得好才能说明合作学习教学模式获得了成功，取得了佳绩，才能成为获得奖励的依据。在小组获得奖励后，小组内的成员自然也就获得了奖励，反之则不能获得奖励。可见，合作学习教学方式重要的精神思想就是要让小组成员具有高度的集体意识，这样才能让合作学习教学方式得到更快的落实。

2. 合作学习教学方式的合作模式

所谓合作学习教学方式的合作模式指的是在数学教学中，教师根据不同教学主体来考虑如何组织合作形式，不过总体来看，所有的合作模式都是以学生为主体、教师为主导来展开的，这是它们的共同内核。

当前我国小学数学合作学习教学方式的合作模式可分为三种：

第一，以教师为中心的合作学习教学模式。这种教学模式是以数学教师为主导，以充分发挥教师的作用为核心来展开的。在这种模式下，数学教师能非常严格地按照既定安排进行教学设计，从时间、环境等角度展开严密的教学计划安排，这样就能让学生在合作学习中尽快提高自己，掌握到良好的合作学习方法和策略。以教师为中心的合作学习教学模式充分体现了教师在其中的主导性，很多数学教师都喜欢这种教学模式。因为教师在其中的主导性，让数学教师能快速地进行知识传授，完成既定教学任务。其缺陷则在于对很多问题难以处理好，比如难以将"个体与集体""教学与学习"范畴中的问题处理好，等等。对学业繁重的小学生而言，以教师为中心的合作学习教学模式会让学生的实际操作能力变差，特别是长期使用这种教学方式，会使学生的创新性减退，思维也会变得不再活跃，等等。对此，很多学者认为应大力削减数学教师在课堂教学中的统摄地位，要将学生的学习自主性释放出来。

第二，以学生为中心的合作学习教学模式。这种教学模式是以学生自己的知识和能力为支撑来展开的，而教师在教学中的统摄地位则处于被剥夺状态。但基于我国既有的传统教育观念，以学生为中心的合作学习教学模式是不可能被广泛使用的。这种教学模式的优点在于，强调了学生在教学中的重要性，能对和谐师生关系的建构起到良好的促进作用。在这种教学模式中，学生学习的主体性得到了确立，同时教师在教学中的良好主导作用也得到了保证。

第三，师生合作学习教学模式。这种教学模式是当前采用得最多的教学模式。从数学素质教育的角度来说，师生合作学习教学模式主要体现在对数学素质教育及数学学科核心素养的培育上，具体来说，不仅体现在对数学意识、逻辑推理能力的培育上，而且还体现在对信息交流能力和解决问题能力的培养上。这是师生合作学习教学模式效力体现得最高的地方。在这种教学模式使用的初期，小学生还不具备相应的数学知识和能力，这时教师应从完善教学程序的角度出发，确立适合小学生的最佳教学程序，这样才能更好地将该教学模式落实到教学中去。当进入第二阶段时，小学生已经具备了一些数学知识和能力，他们已经能更好地融入这种教学模式中来，从而展开良好的师生合作学习课堂教学，学生也能获得良好的学习效果。

第三节　讲授技能要求与技巧

一、课堂讲授技能

这里所说的课堂讲授技能是指数学教师以恰当的学科性言语为载体展开教学，以及对学生加以指导和对课堂行为调控的教学技术和能力。在这一过程中，小学生通过教师的讲授获得数学知识，以及数学思想、数学感悟，从而获得心智的启迪。小学数学学科的课堂讲授技能主要从以下七个方面得到呈现：一是讲授，二是指令，三是批评，四是表达情感，五是采纳意见，六是鼓励表扬，七是提问。[①]

二、小学数学教师讲授技能的要求

第一，小学数学教师在展开课堂讲授时，不仅要做到讲述内容条理清晰，

---

① 姚便芳、李敏清、康元芳等:《小学数学新手教师课堂讲授技能的质性分析》,《理科爱好者（教育教学）》2021年第1期。

而且要逻辑严密。小学数学教师进行知识讲解时，在遵守基本教学要求的前提下，该简单讲述的要简单讲述，该详细叙述的要详细叙述。比如，当教师向小学生讲述宏大的场景时，采用的语言应尽量优美、详尽。而当教师想对学生就某个知识点进行整体性阐述时，应当采用简洁的阐述方式，语言也要简练些。

第二，小学数学教师讲授某个具体概念或公式时，先要仔细确认该概念的内容或公式是否都是正确无误的。而且数学教师在讲授时，采用的语言应精准，同时要富有逻辑性和严谨性，因此数学教师在平时应勤练自己的数学语言，力求达到恰当而简练的程度。

第三，小学数学教师应充分调动学生的各大感官去激发学生的学习动力，将学生的注意力集中到学习内容上来，这样教师的教学效果将得到显著增加。比如，小学数学教师在讲解某个知识点时，可采用"学生自解—教师范解—学生示解"的模式来进行问题的解答。即数学教师先让学生自己解决数学问题，学生在尝试解答之后，教师可让学生进行讨论等；教师进行示范性解答，小学生认真聆听，感悟教师的讲解之法；教师选择学生到黑板前进行解答，无论是否解答正确，教师都要展开相应的评讲，以便学生加深理解。

第四，数学教师在就某个数学问题展开专题性讲授时，应对该问题展开深入的类型分析，从理论高度加以统摄，要让问题的解答尽可能符合规律，符合学科要求，这样才能让学生的数学学习获得更好的效果。鉴于是专题性的教学内容，数学教师应仔细考虑其中的每个环节，将每一个教学步骤，每一句要说的话都考虑清楚，这样最终形成的专题性讲述或报告才会是最适切的。这不仅是因为小学生的认知能力还处于迅速建构的阶段，对很多问题的理解还难以深入进去，而且还因为小学生的专注力有限，所以教师要精心准备这种类型的课堂讲授过程。

三、小学数学教师课堂讲授技能的技巧

（一）小学数学教师应不断锤炼自己的教学语言

小学数学教师的课堂讲述是非常重要的，因为小学生主要是依靠教师的讲述来建立知识结构的。从这一点来看，小学数学教师在展开课堂讲述时，应从以下三个方面来着手进行：第一，教师应明确该堂课要讲述的目标是什么，不仅语言要精练，讲述过程中紧扣教学目标，而且要从小学生既有的认知结构、认知能力来确立其讲述风格，语言的运用等，这样才能更好地将新知识与旧知识衔接起来；教师要积极帮助小学生梳理其思维过程，在形成良好思维习惯的同时，不断获得认知能力的优化；教师应持续提升小学生的数学学习兴趣，从而提升小学生的学习动力。第二，教师应根据学生的情况、教学内容以及教师自己教学的特点来确立最佳的课堂讲述方式，从而达到最佳的讲述效果。第三，教师应正确理解小学阶段的数学术语和概念，然后精准加以运用，最终让学生形成正确的数学名词理解，应用在未来的数学学习中。

（二）利用准确、具体的课堂指令性语言

教师应具备精准而且良好的课堂指令性语言，依靠这些语言，教师就能发出精准的指令，课堂就不会那么容易陷入混乱，而且很多小学低年级阶段的数学知识需要小学生动手来进行操作，如此才能获得更好的教学效果。这些操作需要教师以精准的语言发出指令，对学生展开训练，然后学生才能取得更好的学习效果，如果教师的指令不精准，那么课堂就容易陷入混乱，教学也就难以继续进行下去。

（三）教师应科学合理地展开批评教育，改变学生的不良行为

小学阶段的学生需要数学教师循循善诱，这样他们才能从内心深处认识到

自己的问题，并认真加以改正，在教师和同学的帮助下取得进步。小学数学教师要从"一切为了学生"的教学目的出发，科学合理地对学生展开教学。而且数学教师应根据每个学生的不同特点来展开有针对性的教学，在最适当的时机对学生的问题进行化解和引导，从而获得最佳的教学效果。

（四）了解学生特点，接纳学生情感

数学教师应深入研究本班小学生的差异性，深入挖掘他们的个性特征，从学生的身心特征出发制订有针对性的教学计划，从而获得最佳的小学数学教学效果。数学教师还要积极分析不同阶段学生的心理特点，从促进其身心健康发展的目的出发，深入他们的内心世界，用爱来打开学生的心门，让学生在平等的师生关系、同伴关系中获得人格的建构，激发他们的学习动力，建构他们的数学知识体系。

（五）丰富提问技巧，生成课堂资源

首先，在课堂教学的提问环节，教师应将难易适中的问题抛给全体学生，先查验学生对问题的了解，并给予恰当的引导，最后再让学生来回答，而不能唐突地将问题抛给学生，在学生还未能理解问题之际就让学生进行解答，这样很难启发学生的学习动力，使他们形成良好的学习习惯。其次，数学教师要善于进行预设课堂流程，比如教师应从学生思维发展的角度进行课堂流程预设和创造，这样才能让自己的教学变得更有针对性，课堂教学才会更有活力，学生的学习效果也才会变得更好。

第四节　课堂提问与讨论技巧

一、课堂提问及其技巧

（一）课堂提问

根据《西方教育词典》等辞书、研究专著，所谓提问，就是教师对学生已经学到了哪些内容，以及在此基础上如何展开教学，然后对学生展开了解的一种手段。提问是课堂教学的一部分，因此教师要认真对待提问环节的内容。对此，教师应让学生就问题展开明确回答，这样教师才能获得最精准的信息，同时教师还能通过提问环节培育学生的洞察力。[①]

从心理学的角度来分析，教师依靠提问能激发学生运用自己的语言对问题进行反馈。这些反馈是教师了解学生学习状态的重要步骤。提问的方式有很多，既可以通过口头语言来进行，也可以通过肢体语言来实现。只要学生能够即刻明白问题，并做出有效回答，那么教师的提问就是成功的。对此，教师应灵活采用提问的方式，让学生更好地参与到教学进程中来。[②]提问一般由四个"链节点"组成。具体为：第一，组织。即数学教师直接提出要解决的问题。第二，引导。教师以巧妙的方式引导学生进行回答，或者就此展开下一轮的延伸性发问。第三，回答。也就是学生对问题进行回答，学生的回答不仅是解决问题的关键，也是表明学生是否已经掌握了该知识点的关键。第四，反应。这主要是教师对学生的回答进行的反馈，教师必须对学生的任何回答都做出恰当反应，如果教师不加以反馈，那么学生的学习积极性就难以调动起来。[③]在完

---

① 浪特里：《西方教育词典》，陈建平等译，上海译文出版社，1988，第79页。

② 加里·D.鲍里奇：《有效教学方法》，易东平译，江苏教育出版社，2002，第209页。

③ 施良方、崔允漷：《教学理论：课堂教学的原理、策略与研究》，华东师范大学出版社，1999，第204页。

成这些教学步骤之后，教师还要从以上四个环节进行知识或问题的分析，以便教学能更好地展开。

通过以上分析可以看出，提问概念的内涵是非常深广的，所以很多研究者觉得这个概念是难以界定的。笔者从教师的角度对这个概念进行了界定。即所谓提问，就是在数学课堂教学中，数学教师从既定教学目标、教学任务出发，将一系列问题呈现到学生面前，以有条理的、符合逻辑的方式指导学生展开回答，最终实现对小学生数学思维的发展。从流程上来说，提问主要由以下四个步骤组成：一是发问，二是候答，三是叫答，四是理答。

（二）课堂提问技巧

从范畴上来看，技巧是"方法"领域的一个概念。从这个角度来说，技巧就是对某种生存方法、工作方法等的巧妙运用。数学教师在课堂上应巧妙设问，从技巧性出发来考虑如何进行教学安排。数学教师在进行教学时，为了让自己的教学达到最佳的效果，应积极展开课堂设问研究，从教学内容、学生等角度出发来进行提问，从而更好地实现教学目的，促进教学双方的不断成长。

二、课堂讨论及其技巧

（一）课堂讨论的内涵

课堂讨论是师生、生生之间发生在课堂教学过程中的一种教学方式，兼有课堂和讨论两个方面的含义。关于"讨论"，《现代汉语词典》解释为"就某一问题交换意见或进行辩论"。《新华字典》则解释为"就某一问题进行商量或辩论"。

在著作《学生为中心的课堂讨论》中把以学生为中心的讨论定义为学生

们通过对话探讨开放式的问题。教师作为对话的辅导者或向导，学生之间彼此回应，而不是回应教师。课堂讨论是师生共同解决型教学方法中的一种基本形态，所谓共同解决型教学方法，是借助于师生对话、生生对话，共同思考、共同探求、共同解决问题、共同获得知识的教学方法。

课堂讨论的观点同样适用于数学课堂讨论。所谓数学课堂讨论，就是指在数学课堂教学过程中，经过教师前期的组织与设计，针对教师选择的课题，以学生为中心，在学生独立思考的基础上，围绕选择的话题在教师的启发引导下通过师生、生生之间的讨论、辩论和交流，使学生获取知识、强化知识获得过程的教学方式。这种教学方式在宽松的情境下，能够激发学生的思维，让学生主动获取知识，使得学生互相启发、各抒己见、互助合作，从而全面提高学生的综合能力及素质。

数学课堂讨论主要有以下三点含义：首先，数学课堂讨论是发生在师生群体之间的一种平等、自由的观点交流和情感沟通，与以往教师讲学生听或者师生一问一答的教学方式不同，数学课堂讨论发生在民主、和谐的课堂情境下。其次，数学课堂讨论的目标更加明确，更加具有教育的价值意义。数学课堂讨论不仅可以使学生获取知识，还能在某种程度上让学生对数学知识的理解更加深入，能够拓展知识和思维，发现、探究、解决数学问题，激发学生学习数学的兴趣，培养学生的情感态度价值观。最后，数学课堂讨论是动态的学习过程。数学课堂讨论是在开放的情境下进行的讨论活动，这就需要学生的思维活动始终处在比较高的水平，能够创造性地发表自己的观点，善于怀疑他人的观点，批判性地评价他人的观点，及时反思自己的观点。总之，讨论的目的不是追求统一的答案，而是每个人不断地根据别人的意见修正自己的观点，最后求同存异。

（二）课堂讨论技巧

1.精心设计讨论的问题

要使课堂讨论取得实质性效果，教师首先应精心选择与设计讨论主题。具体可遵循下面四个原则：

（1）问题本身具有价值

课堂教学的时间是宝贵而有限的。就此角度而言，课堂讨论可以被视为一种奢侈而必要的教学活动，教师应保证每次讨论都能促使学生进行有意义的学习。现在关于讨论式教学存在这样的误区：教师将讨论作为课堂氛围的调节器，片面地追求讨论的形式，只要有疑问就组织讨论，甚至一些毫无讨论价值的问题也要进行讨论。一切教学方式都必须经受有效性的检验，课堂讨论不是教学的"点缀"，它自身就应该是有效的教学。因此，要保障课堂讨论的质量，首先就要保证讨论内容本身具有一定的思维价值，能促使学生大胆质疑、主动思辨与广泛交流。

（2）问题应当契合学生的兴趣

讨论问题的前提是要关注问题，产生探索问题的动机和欲望。教师在设计问题时应站在"教"和"学"的双重视角。一方面，问题必须与所教内容有机结合，但不宜过于理论化。晦涩难懂的理论只会让学生混沌一片，丧失讨论的兴趣。故而，讨论的问题在紧扣教学内容的同时还应突出它的实用性和启发性。另一方面，问题应有利于唤醒学生"想知道"的心理冲动，可选择贴近学生生活实际的问题或大家共同关心的时事热点话题等，这样的问题会让学生兴味盎然，迅速地参与到讨论进程中，做到有感而发、有论可议。

（3）问题的设置须难易适中

在课堂讨论中要让全体学生都参与并且有所收获，教师在设计问题时须遵循"难易适中"的原则，使不同水平的学生都能有思考点。问题的设置要遵循学生的认知规律，不能脱离学生原有的知识基础，在此前提下尽可能做到难易兼顾。问题应具有一定的挑战性，让学生有讨论的余地。若过于简单，低于学生的认知水平，则无法激发学生的讨论热情。问题不但要有适当难度，也要有较大的理论拓展空间和较好的知识丰富度，以利于学生在讨论过程中不断地消化和吸收理论知识。当然，问题设置也不宜太难，要讲究科学性。当学生所储备的知识不能满足其讨论需求时，他们只会表现得茫然无措，找不到思考的切入点，探索的动力便无法被激活。

（4）问题应当具有争议性

问题能够引发讨论的关键之处在于它本身是富有争议的，这样才能够引起学生之间意见的分歧、观点的争鸣。如果教师所提的问题是关于事实性的知识，或是简单的"是与否"问题，可能会导致学生的观点高度统一，这是无法引起热烈讨论的。

没有差异就不会产生实质性讨论，只有学生所持观点具有差异性才会引发争议，这种争议正是课堂讨论的基础。教师在设计问题时应充分了解学生现有的知识水平，找到教学目标与学生现有知识水平之间的断层，即认知缺口，并基于该认知缺口设计要讨论的问题。这类问题将会引起学生的认知失衡，从而激发学生想要补全缺口、缓解认知冲突的内在驱动力，思辨自然发生。此外，能够引起争议的问题都具有一定的开放性，一般没有固定答案。开放的问题能够给学生的思维提供广阔的空间。

2.合理地引导与调控讨论过程

课堂讨论质量的好坏、内容的深浅以及学生的参与程度等与教师对课堂的管理水平紧密相关。在整个讨论过程中，教师应充分发挥主导作用，实施精细化的课堂管理和调控。首先，教师需要为讨论掌舵、把脉、定准、定标，让讨论过程按照预期设定的轨迹进行，以达成所设定的教学目标。其次，教师要深度介入讨论进程，作为讨论活动的成员之一积极参与其中。

课堂讨论创造了师生共处的交往场域，教师要引导学生倾听彼此、进行对话，将个人化的学习活动置于群体之中，实现生命互染，体现教学的教育性，这是一切教学活动应追求的最高境界。因此，教师必须清晰地认识到自己在组织课堂讨论时所肩负的教育责任，对课堂讨论进行有效的引导和调控，而非简单地布置任务。下面是引导和调控讨论过程中常采用的三类技巧。

（1）倾听及复述

倾听是教学的基础，学生和教师拥有较强的倾听能力是获得较好的教学效果的保障。无论是课堂提问，还是组织小组讨论，教师首先要做的就是倾听。教师耐心真诚地听学生陈述观点是基本的教学素养，往往可以起到事半功倍的效果。一是传递给学生"我在听你讲"的信息，学生会受到鼓舞，增强学生继续表达观点的勇气和自信；二是教师洗耳恭听的态度也感染着在场的其他学生，通过率先垂范来提升其他学生的倾听能力；三是教师只有认真地听才能及时准确地了解学生的知识储备情况及对学习内容的理解和思考程度。当然，只有倾听没有回应也是不合理的，在学生讲到精彩处时，教师应复述学生的观点。一方面，教师的复述代表重视学生的观点，让学生感受到被尊重；另一方面，复述说明教师能够理解学生表达的意思，师生的思维同频共振，传递出一种"教师对学生思维闪光点欣赏"的信号。教师有效的倾听和复述是开启学生思维的金钥匙。

（2）点评及质疑

课堂讨论是一个动态的观点生成的过程，学生随时都会有新思想和新问题生成，若不及时地加以引导和解决，讨论的进程便会受到阻力，难见实效。倾听和复述旨在营造一种利于学生积极思考的民主氛围，宛如一种"蜻蜓点水"式的引导技巧，但并不能引发学生的深度思考。课堂讨论的宗旨是让学生在观点的碰撞中实现知识的自我建构，而建构是通过新旧知识的同化和顺应来实现的。换言之，学生在讨论过程中需要整合他人观点、修正自身观点才能实现知识的建构。

教师应致力于促成学生在课堂讨论中的深度与高阶学习，可从以下两个策略着手。策略一是点评学生的课堂发言。点评要兼顾两个原则：其一是注重人文关怀，对学生的观点进行建设性的评价和反馈，以保护学生主动思考的积极性。其二是尊重客观事实，传递探索真理的科学精神。点评不能一味赞扬，一定要基于科学事实。教师对学生不合理的观点应予以中肯的评价，并站在更高的认知层面进行补充。应尽量将理论与生活现象、热点话题整合在一起，以引领学生深度思考。策略二是在必要的时候提出自己的质疑，例如当讨论很平静、学生的观点"一边倒"时，教师以温和的态度进行质疑或追问，可以采取调侃的方式，既能让学生觉得幽默，也能让学生去检视自己思维的漏洞。

（3）方向与节奏的把握

准确地把握课堂讨论的方向与节奏是有效调控讨论过程的总原则，它决定了整个课堂讨论的效率与效果。

首先，教师要为课堂讨论掌舵、把脉，确保讨论过程是为所设定的教学目标而服务的。在讨论之初就应明确讨论的任务及要求；在讨论过程中要注意引导学生围绕主题进行发言，避免游离于主题。其次，教师须把握好讨论时间及节奏，尽量提前设置好讨论各环节的时间节点。教师在提出讨论问题后，要给学生一个缓冲的时间，让学生先有一定的独立思考、酝酿观点的空间。开启讨论后，教师要关注时间及讨论的进程，建议根据讨论话题的难易程度、讨论的形式来调控留给学生讨论的时间，尽可能让各个层次的学生都有足够的准备和讨论时间。

当然，教师对讨论节奏的把握应当是灵活、有弹性的。在有限的课堂时间内，让所有学生各抒己见是不现实的，这需要教师在实践中寻求一个平衡点，通过对讨论过程的调控和驾驭来保证课堂讨论的效率与质量。

3. 重视小组讨论后的课堂总结

课堂讨论切忌"戛然而止""仓促收场"，必须有一个严谨而郑重的结尾。好的总结可谓是课堂讨论的画龙点睛之笔。笔者认为，教师可采用阶梯式总结策略。

第一步是对讨论的观点进行梳理和归纳。归纳的形式可以是多样化的，例如教师带领学生共同总结，让观点系统化、结构化，可以用板书的形式展现出来。如果是小组讨论，可安排小组内进行归纳，然后在班级进行汇总。归纳应紧扣讨论主题，汇集集体的思维成果，凸显讨论内容的结构条理。归纳是对课堂讨论成果最直观的展示，会让学生拥有学习的成就感和收获感。

第二步是教师基于归纳的成果引导学生展开更高阶的思考，使新知识有效地纳入学生已有的知识结构中，达成有意义的学习。同时，积极鼓励学生进行拓展延伸，举一反三，将讨论成果与实践应用相结合，让学生产生继续深化讨论成果的浓厚兴趣，以促进学生知识迁移与应用能力的不断提升。

第三步是教师高屋建瓴地做最后总结。一方面，总结要有深度，略高于学生认知水平，既有利于巩固知识，又能将经验升华为理论。另一方面，总结应具有引领性，它应能反映当前讨论主题的最新发展动态。教师最好能引入一些学术界的前沿观点或研究成果，开阔学生的知识视野，激发学生探索未知领域的热忱。

一个好的课堂讨论的总结不是即兴发挥，它需要教师课前充分的准备与长期的积累。但无论如何，总结是课堂讨论的重要一环，教师一旦决定开展课堂讨论，就应该准备一个精彩的"谢幕"，为讨论画上完满的句号。

第五节　课堂教学组织调控技能

一、技能

首先，从教育心理学的角度来看，所谓技能就是教师积极地开展某项教学任务，并加以完成，所采取的智力性行为方式或操作性行为方式。智力性行为就是主体所采取的智力技能和认知技能。这些技能主要是通过主体的心理活动来体现的，比如主体进行阅读时的心理行为，主体进行记忆时的心理状态等。操作性行为则是主体更为实际性的行为，体现为一种操作性的技能，具有更多可以看得到的行为规则和标准。比如，主体在展开绘画、写字等行为时所遵循的规则和标准。其次，这两种行为方式不是截然分开的。以学习状态中的学生来说，他们在完成一项学习任务时，要想顺利地完成，就一定要以某些智力性的行为来进行应对，同时也必定会采用一些操作性的行为，依靠这两种行为方式的整合，学生的学习就能获得更好的效果。再次，在智力性行为方式与操作性行为方式整合的过程中，一般是前者主导后者，依靠前者的主导与后者的协调，主体的教学或学习行为就能达到更好的效果，不仅教学和学习行为更为合理，而且行为效果和结果都会更加显著。最后，需要注意的是技能并不是天然就具有的，需要主体通过后天的努力练习，不断实践来得到提升，从而获得更好的学习基础和能力。就任何一个个体来说，技能的提升在理论上都是无限的。

综合来分析，所谓技能就是主体以一定的方式与方法，遵循约定的操作准则与实施顺序，经过反复训练与习得之后所具有的能达成某项任务的能力。

二、课堂教学活动中常见的组织调控技能

（一）语言运用的技能

在任何一类课堂教学活动中，教师通常用到的语言有如下四种：一是提问用语，二是过渡用语，三是启发性语言，四是评价性语言。数学教师要能熟练地使用学科语言技能，这样才能让自己的课堂教学变得高效起来，也才能以生动的语言吸引学生的注意力，更好地将学生带入数学知识的殿堂。数学教师语

言应力求做到：科学而精准，鲜活而生动，逻辑性强。

第一，教师在运用提问用语时，要选好提问点，提问的点位必须是该知识的重难点以及该堂课教学目标的核心问题。然后教师在提问时要有针对性，从学生的需要出发进行设问和提问。因为学生之间的差异是很大的，即使是同一个问题，不同的学生所要解决的问题的层次也是有很大差异的，为此教师要体现出提问的差异性，这样才能更好地激励每个学生都投入学习中来。

第二，教师提问时要选准时机，提问的时机一般应设定在教学中的最佳时机。提问时机选得好，提问的效果才会最佳，教学的效果才会最好。一般来说，教师的提问时机应选在所讲知识的重点、难点和关键点。

第三，数学教师应善于对问题加以引申与拓展，这样才能将提问点设在学生对该知识点的疑难处。数学教师要善于展开启发式提问，这不仅能为教学注入灵魂，添加活力，而且要注意提问点所针对的学生对象，以及对提问时机的择取。教师在提问时要体现出不同的难度，对学优生的提问要难些，对学困生的提问则要简单些，这样才能更好地调动学生的学习积极性以及展开课堂教学。

（二）组织管理的技能

课堂组织管理能力指的是数学教师在实施课堂教学时，要从各种要素的特性出发展开微调，总体目标是让教学活动能以良好的秩序推行下去，从而取得最佳效果。组织管理技能的落实是建立在数学教师对课堂教学的管控上的，教师应掌握必要的调控课堂教学的技能，以便更好地调整教学节奏，让整堂课能高效地实施下去，并不断地促进学生主动展开学习。教师可以通过以下五种策略进行课堂管控，以便让课堂管理取得更好的效果：其一，目光注视法。数学教师应巧妙运用这种方法，以积极、鼓励的眼神对学生的需求作出反馈，以便更好地形成正面的课堂氛围，激发学生的学习动力。其二，声音调控法。数学教师要善于运用自己的声音，要体现出声音的起伏、语调的张弛、音量大小的变化等，这样才能更好地激发学生的学习热情，吸引他们的注意力。其三，行为控制法。教师的行为能对学生的学习产生巨大促进作用，因为教师恰当的体态能极大地激励学生的学习积极性。其四，情感暗示法。如果教师拥有丰富的情感教学方法，那么教师的课堂教学就会变得丰富多彩，对学生的吸引力也会很高。骨干数学教师不仅拥有丰富的情感教学技巧，而且知道在正确的时间采取恰当的情感语言来调动学生的学习兴趣和专注力。比如，教师兴奋时，学生的情绪也会被调动起来；教师沮丧时，学生的心情也会低落。其五，形式变换法。数学教师在进行课堂教学时，要善于不断转换教学形式，如果总是反复用一套教学方法，没有什么变化，学生就会产生厌学情绪，学习的效率也就难以得到提高。因此，数学教师需要不时调整自己的课堂教学形式，以便更好地调动小学生的数学学习积极性。

（三）专业技艺的运用技能

数学学科有着独特的学科特点，因此数学教师应从本学科的特性出发来展开教学，通常应巧妙设置教学内容，将教学内容和其他内容（比如其他学科的内容）结合起来，从而形成更好的教学效果。

（四）回应技能

所谓回应技能，指的是数学教师在成功将知识传授给学生后，再以观察、提问、练习等手段获得学生的学习情况等信息，并据此展开新的教学与学习反馈。回应技能对数学教师来说是一个巨大的考验，只有经验丰富的教师才具有较高的随机教学技能。为了更好地提升自己在这方面的能力，数学教师应从以下三个方面来加以落实：第一，数学教师要深入了解自己的学生，要对学生的各种表现在尊重的基础上展开回应。骨干数学教师在对待学生时总是平等的，会对学生秉持关怀、尊重的精神，在以极大的耐心对待学生的同时，还会激励他们对数学问题展开探索和研究。第二，数学教师要具有客观公正评价学生的能力和素养。只有客观公正地看待学生的各种信息，才能做出最佳判断，才能对学生的需求进行最适切的回应，并在后续的教学中做好进一步拓展。第三，数学教师应先确立自己将在教学中采取哪些回应措施，然后才能获得较好的教学效果。一般来说，数学教师常采用的措施有赞赏、质疑、探究等。就赞赏来说，指的是数学教师应在教学中对小学生进行适当的赞赏，对他们在教学过程中的提问、回答等行为做出积极的反馈，让他们在肯定中形成良好的学习动机和思维习惯，最终形成良好的学习习惯。

（五）结课技能

结课技能就是数学教师在一堂课完成的时候对该节课的教学内容、教学情况等进行总结，并加以适当升华的教学行为方式。结课技能一般可分为如下四种：一是概括性结课。数学教师在采用这种结课方式时，应尽量使用简易的语言，两三句话对该节课的内容进行总结即可，这样更易于让学生对该堂课的内容形成较为完整而明晰的印象。二是悬念性结课。这种方式对数学教师来说具有一定挑战性，因为悬念的结课方式需要和该堂课的内容紧密结合起来，并且还要适合班级内大多数学生的水平，而且悬念性结课还需要家长的配合，因为学生在将悬念性结课问题拿回家之后，需要和家长一起来解决该问题。如果家长的文化水平不高，那么这样的结课方式则不一定会获得较好的教学效果。三是引申性结课。数学教师以引申性方式对该堂课进行总结，在进行这样的结课时，教师要注意引申的难易度，不能进行过多的引申，以免学生难以理解，造成教学失败。四是游戏性结课。这种结课方式是以学生能参与的游戏方式来进行的，教师在进行这样的安排时要将游戏的主题与课程内容结合起来。要知道，结课本身是对所学知识的总结，而非其他。

当前，对课堂教学技能的界定还处于不断发展之中，经典的定义有如下两种：第一，课堂教学技能是数学教师运用自身娴熟的学科知识以及教学经验，在达成教学目标的过程中所采取的必要活动方式。[①] 第二，课堂教学技能是数学教师在以熟练的数学知识、思想与经验展开课堂教学时，为了更好地将知识和其他信息传授给学生所采取的教学技术、能力，依靠这类教学技能，学生的数学成绩必将得到提升。[②] 总之，小学数学课堂教学技能可从以下五个方面得到呈现：一是导入型技能，二是提问型技能，三是讲解型技能，四是课堂组织型技能，五是结束型技能。

1. 导入型技能

第一，要想数学课堂教学成功，一堂课的开端就很重要。为了取得最佳的课堂教学开端，教师在课堂导入环节要自然且直接，这样才不会拖泥带水，含混不清，学生也才能更好地知道本堂课的学习目标是什么。导入型技能的手段有很多种，典型的有复习导入法、直接导入法等。教师要根据教学内容、教学场景择取最佳的导入方法来进行课堂导入。

第二，教师在导入时要尽量将新旧知识衔接起来进行设置。教师在导入时如果不能将新旧知识衔接起来进行设置，那么再好的开头也是无法达到教学目的的。

第三，数学教师可采用两种或两种以上的方法进行导入。比如，教师可将复习导入法和直接导入法结合起来展开导入，这样导入就会更加生动有趣，从而直接将学生的学习兴趣调动起来。

第四，课堂导入必须恪守导入能激发学生学习新知识这个目的，如果导入没有发挥这个功能，那么课堂导入就是无意义的。

---

① 马强：《基于实践教学背景下的未来小学数学教师培养》，《教学与管理》2011 年第 27 期。

② 保师佳：《明确教学任务练好小学数学教学技能》，《云南教育》1999 年第 9 期。

2. 提问型技能

提问型技能的最大价值在于其能在导入环节就提出本堂课所要学习的内容，而且该堂课会一直围绕着该提问来展开。这种导入方式对教师的教学水平要求较高。

第一，教师提出的问题要有鲜明的针对性。常见的情况是，要么教师提出的问题太过简单，与课堂新知识的联系并不紧密；要么就是教师提出的问题太难，学生答不上来，也难以达到预期的教学目的。为了让自己的提问更有针对性，数学教师在设置问题时可采用问题组的形式来进行这个环节的提问。即教师可先从问题的不同描述层面、难易度等来分解问题，用若干个小问题来进行导入，然后学生就能在教师的分解式问题导入下获得导入的成功。学生也能在教师的提问型导入中一步步深入下去，对本堂课所学习的知识有清晰的认识，并能在问题的逐步引入中进一步加深对知识的印象，获得良好的学习效果。

第二，教师要从刻意制造学生认知冲突的角度来进行提问。提问型导入是为了让教师的课堂教学能井然有序地进展下去，这就需要教师从引发学生认知冲突的角度进行问题设置，从认知逻辑上确立学生的学习进度和流程。这样才能让教师的课堂导入变得既具有学科的科学性，又富有教学语言的逻辑性，让小学生获得更优异的学习效果。

第三，教师应从形式多样化、问题多元化的角度来进行提问创设，这样既能增加问题的丰富度，又能提高学生学习的兴趣，还能不断增加提问的方式，使学生的学习新鲜感得到加强，不容易出现疲劳感。教师还要从问题多元化的角度来搜集提问的要素，增加提问内容的维度，进一步增强提问的丰富度。

3. 讲解型技能

第一，在小学数学阶段，学生的数学学习在很大程度上是需要数学教师耐心讲授的，因为小学生的数学知识还较为欠缺，需要教师从旁细心进行讲述和引导。从《义务教育数学课程标准（2022年版）》来看，小学数学教师要主动把握好教师讲授与学生自主学习之间的分寸，在教学中不仅要辅助学生学会如何进行独立思考，如何对问题展开主动探索，而且要辅助学生学会交流沟通，在相互交流中学习数学知识、感悟数学的美。在这种要求下，数学教师既要拥有精纯的课堂讲授技能，善于从各个层面辅助学生进行学习，还要有极强的变通能力，能及时对教学内容进行总结，帮助学生建构数学知识树。为了让学生形成融会贯通的知识结构，教师还要采用"变式"讲解法对庞杂的数学知识进行梳理，帮助学生巩固知识。

第二，教师不仅要注重讲解，而且要鼓励学生展开自主学习，也可以将这两种方法结合起来运用。在教学过程中，教师要控制好这两种教学方式的分量，从而达到最佳的教学效果。

第三，教师在进行知识讲解时要做到有条理性，小学生的思维习惯还不成熟，很多解题思路也不是很合理。对此，教师在讲述时应思路清晰，语言力求明白晓畅，这样有助于学生形成良好的思维习惯和解题思路。不仅如此，采用这种讲解方法也有助于教师对教学内容更好地进行统摄，把控教学内容的重难点。对此，教师要在平时努力学习，精研教材，将备课环节的工作做深做细。同时，教师还要勤于学习各种讲解技巧和能力，以便在教学过程中能更好地辅助学生的学习。

4. 课堂组织型技能

第一，教师拥有良好的课堂组织技能，才能确保自己的课堂教学有序地展开。一方面，数学教师应具有良好的调节课堂气氛的能力，创设有利于学生学习的良好氛围。另一方面，教师应从细节上来考虑各种问题，毕竟细节才是决定教学成败的关键，如果教师在细节上造成了失误，轻则打乱课堂教学的秩序，重则扰乱教学进度。为了防止出现这类问题，教师应在平时努力提升自己的课堂操控能力，以及处理各种问题的能力。

第二，教师应具有优良的数学活动设计能力，一般来说，数学教师可从具体的教学内容、教学目标等角度来展开数学活动的创设。

第三，教师在课堂教学时不能将课堂管控得太死，应合理调节课堂局面，在保持应有秩序的同时，还要具有活力。比如，在进行小组合作教学时，教师应协调好秩序和活动的关系，既要调动学生的自主学习动力，又要维持课堂的基本秩序，不能让自主学习流于形式。

5. 结束型技能

第一，总结式结束。数学教师可在一堂课的结束之际，以提问的方式进行总结，即引导学生来参与总结，这样不仅能再次提醒学生本堂课的教学重点，而且能帮助学生进一步梳理和巩固知识。

第二，留有悬念式结束。这种技术方式能极大地激发学生的学习欲望。在一堂课将要完结的时候，数学教师可以根据该堂课的教学内容展开提问，让学生能根据教师的悬念性问题为后续的学习预留下动力，给学生以巨大的思考空间和动力。

第三，回想式结束。数学教师通过提示，让学生回想该堂课所讲述的内容，以知识为线索将整堂课串联起来，帮助学生形成清晰的知识脉络。比如，教师可让小学生先闭目想想这堂课究竟学了什么内容，稍后教师再以慢速语调将本堂课的内容简述一遍。教师在这种结束方式中扮演着重要角色，教师的作用是辅助学生进行知识回放，帮助他们建立自己的知识树。需要持续加以留意的是，数学教师应从教学内容等出发来决定究竟采用何种方式，以便更好地结束该堂课的教学。

总之，小学数学教师课堂教学技能的掌控能力对其课堂教学的顺利实施以及对教学效率的保障起到了不可替代的作用。骨干数学教师不仅具有令人耳目一新的导入技能、提问技能，还有出众的课堂组织能力和课堂结束技能，这些技能对骨干教师的教学来说是必不可少的。熟练而丰富的课堂教学技术、能力是每一位小学数学教师都梦寐以求的东西，因此小学数学教师应从各方面加强自己的能力。以职前训练为例来看，数学专业的师范生对这方面内容要求是很严的，进入中小学成为数学教师后，很多学校的职后训练重点为对新任数学教师课堂教学技能的强化训练。比如，很多学校采用微格训练法对新任数学教师展开培训，这样有助于他们相互间展开沟通与评估，同时还可以将教学过程录制下来，以备后期进行学习。新任教师在观看这些培训录像后，就能进一步加强对教学的理解，从而对学生的学习情况、临场应变能力以及教师自己的状况有更多的了解，而且新任教师还能据此改进自己的课堂教学，不断优化自己的课堂教学技能。从这里也可以看出，无论是新任教师，还是骨干教师，都有必要在职后训练过程中，强化自身对数学思维、数学方法等的理解，并在后续的课堂实践中进行反思和改进。

第六节　板书与教学媒体的运用技巧

一、板书的运用技巧

（一）要有目的性和针对性

第一，板书是小学数学教学中实现教学目标的一种必要手段。板书不仅是教材编写思路的再现，也是数学教师重要教学思路的体现。板书不仅要准确体现教学内容，还要切实体现教师的教学思路。数学学科的板书不是教师简单地展示，而是对知识体系明晰化、精准化的升华。第二，为了实现这些目标，数学教师在制作板书时，绝不能简单照抄，而是要从明确性、精确性出发来进行板书设计和展示，同时要体现出知识的主次，以及教师的教学意图、重难点，要将本节课的教学精华都呈现在板书上，板书语言要精当、精确、明晰且详略得当，使人一看就能知道是怎么回事，不能繁杂不清、难以分辨。第三，从实际的教学情况来看，大多数数学教师的板书都是教学目标、自己的教学理解以及学生实际情况的综合性呈现。骨干数学教师的教材理解深度以及教学水平更高，体现在板书上则更为深刻、精准；新任数学教师则更多体现出对教材的忠实反映，因为他们刚成为数学教师，对数学教材的理解还不是很深刻。

（二）要有创新性和启发性

第一，教师要积极展开板书创新，不能总是用同一种表达方式、表达语言来进行呈现。在板书创新的时候，数学教师要从数学思想、数学美、时代精神、技术条件等角度展开创设。比如，数学教师可利用信息化技术进行板书创新，以丰富多样的形式呈现板书，增加对学生的吸引力。不仅如此，数学教师还应紧跟时代，积极学习最新的教学理念，并从这些理念出发展开板书探索和板书创新，以新的数学方法、数学思维来展开教学创新和板书创新，最终塑造出自己的板书特色。不过，数学教师的板书创设也不能被"创新"所误导，创新是在对数学教学大纲得到彻底执行的基础上进行的，创新并不是为了标新立异，而是为了更好地呈现该堂课所讲授知识的体系，有利于学生更好地进行数学知识学习和应用。

第二，为了更好地展开教学启发性，数学教师应采用启发式板书，这种风格的板书能更好地对小学生进行启发，更好地塑造他们的数学思维，开启他们的数学智慧之门。在进行启发式板书设计时，数学教师要从该堂课的教材实质、教学主题来展开分析和创造，从这个方面来着力启迪学生的数学智慧。依靠启发式板书，教师不仅能更好地塑造小学生洞察问题的能力、分析问题的能力和解决问题的能力，而且能更好地发展学生的联想能力、判断能力和统合能力，更好地帮助学生形成数学知识树。比如，数学教师可采用比较法来进行启发式板书设计，将不同时期同一研究课题的数学人物展开比较分析，或者就类似的数学事件展开比较分析，等等。这样就能让学生获得对数学事件、数学理论的清晰认识。

（三）要有直观性和艺术性

第一，数学学科的板书要具有直观性。所谓直观性就是板书的内容要通俗易懂，让小学生一眼就能看懂，不晦涩难懂。数学教师在进行板书设计时，要将艰深复杂的数学知识简易化处理，然后通过口授讲解给小学生，让他们明白板书上的知识究竟是怎么回事，通过口授和板书能让教学效果变得更好。比如，教师可采用图表的形式来进行板书制作，让知识变得更加清晰，更容易辨识，让学生看了一目了然，很容易就能懂。

第二，数学学科的板书要具有艺术性。板书的艺术性是从板书的审美特征来说的，其主要通过板书采用的文字、结构、色彩等来得到体现，最终呈现出美观、大方、简洁、易懂的效果。从文字字体来说，数学板书书写不仅要做到字体规范、精准，没有错字、别字，还要做到字体美观大方，能巧妙设计出不同字体的板书来吸引小学生的注意力。通过图形丰富的板书，小学生的学习动力和数学课堂教学气氛都将调动起来，学习效率也将得到极大提升。

（四）要有简练性和准确性

第一，数学教师的板书应尽可能精练，要以缩微型的教案思想来展开板书创设。在高强度的教学过程中，数学教师不能将时间全部耗费到板书上，进行板书创设时，抓住本质、核心教学内容即可，应少而精，而不是面面俱到，但也不是越少越好，不然难以使学生跟上教学进度，不利于小学生在课堂上记笔记。精练是建构在数学教师对知识的深度理解和纯熟应用上的，这样小学生才能通过数学教师的教学和板书留下深刻印象，良好的数学知识学习和核心素养能力才能获得提升。

第二，数学教师的板书应准确，准确性是压倒一切的。如果教师的板书不准确，那么小学生获得的知识就是错误的，这样的教学就是失败的。不仅如此，教师的板书用词也要精准、正确，这样才能帮助学生更好地获得数学知识内容，不会在板书环节形成疑难点，影响对数学知识难点、重点的理解。

第三，数学教师在进行板书创设时要从小学生的认知度以及教师自身的实际状况来展开创设。一方面，板书内容的创设不能比全班学生的平均认知水平低，如果太低就难以对他们的求知欲形成良好激励；反之，大多数小学生又会丧失学习的兴趣，学习动力大为降低。可以说，数学学科的板书设计应从小学生的数学"最近发展区"来展开设计和制作，这样才能达到最佳的板书创设效果和数学教学效果。

第四，数学教师在展开板书创设时要慎重择取内容和方式，要从自己所擅长的方面来进行创设，这样才能做到事半功倍，不然就可能陷入板书设计的陷阱，难以达到自己所预想的教学效果。

二、教学媒体的运用技巧

（一）教学媒体的概念

媒介在知识的传播过程中发挥了不可替代的作用，它不仅拓展了知识信息传递的深广度，还极大地扩展了教学的深广度和形式。就数学教学领域来说，媒体的含义体现在两个方面：第一，媒体是对数学知识信息加以承载的必要载体；第二，媒体是对数学信息进行存储与传递的良好实体。数学教学媒体指的是，数学教师在进行教学时，对数学知识信息加以传递的工具与手段。数学教学媒体有广义与狭义之分。前者不仅指黑板、图片等传统教具，而且包括投影、电子计算机等现代化的教具。后者则在前者的基础上还囊括了数学教师的讲授行为，以及数学实验和课堂讨论等行为。[①]

综合来看，数学教师应恪守以下两个原则来发展自己的教学媒体体系：第一，只有各类媒体被用于储存、传播以教学为目的的数学知识信息时，才能称之为数学教学媒体；第二，各类媒体被运用到数学学科的教与学活动中时，才可以说其将被发展成为数学教学媒体。简言之，本书所说的数学教学媒体是以传递数学学科教学信息为终极目的，以及其能被用于数学学科教学活动过程的媒体。

（二）创设课堂情境和提高教学知识的形象性

1. 教师应积极运用现代媒体技术创设课堂情境

对数学教师而言，积极创设各类极富吸引力的教学情境，才能激发学生的学习兴趣，强化他们的数学学习动机。不仅如此，数学教师还要运用各类媒体技术，以音频、视频的方式将数学教学过程生动展现出来，更好地发挥各类教学辅助工具的作用[②]，将数学学科的情境教学潜力发挥到最大。

首先，数学教师应善于创设学习情境。比如，数学教师在进行"轴对称图形"教学时，应择取一些有代表性的建筑物、图形等图片，然后用多媒体制作成课件在课堂上播放，如此小学生就能对轴对称图形形成较为清晰的印象，并将他们的学习热情激发出来，为后续的教学环节打下良好的基础。

其次，数学教师应积极展开对问题情境的设计。数学学科是充盈着各种问题的导向性的学科，因此骨干数学教师总是通过问题情境来展开教学，这样能更好地展开对小学生逻辑思维的发展，从小学生内心深处激发他们的数学意识，促进数学思维的形成。可以说，正是问题情境的积极创设成就了骨干数学

---

①　张祖忻：《教学设计：基本原理与方法》，上海外语教育出版社，1992，第199—200页。

②　黄有生：《用活用好教学媒体　提升数学课堂效率》，《学苑教育》2021年第26期。

教师的教学过程，塑造了骨干数学教师的成功教学模式。

最后，数学教师应灵活设计各种应用情境。数学学科的重要属性就是具有强烈的应用性，检验数学学科教学成功与否的重要指标就是小学生对数学知识的运用能力，是否能熟练解决各类实际问题。为此，数学教师要积极利用各种多媒体技术展开这方面的创设，努力提升自己的教学真实度，以逼真的教学情境激发学生的探索欲，积极引导小学生在日常生活中验证数学知识，塑造自己的数学能力，从而最终促进自身数学应用能力的快速形成。

2. 运用现代媒体技术提高教学知识的形象性

首先，数学教师要将多媒体技术的特性发挥出来，将多媒体技术的直观性、形象性与数学学科的属性融合起来，以这种方式来展开教学，能促进小学生逻辑思维能力的快速成长，并积极运用其逻辑推理能力来化解学习和生活中的各类数学问题。

其次，以小学生的逻辑推理能力发展而言，数学教师以多媒体技术的动态演化特性，能更好地将数学知识的发生、演化以及最终成形展现出来，让抽象的数学知识变得更加具体可感，从而促进小学生对数学知识的吸收、内化以及数学能力的形成。

最后，随着信息技术以及最新教学思想的不断涌现，小学数学必将在教学改革的深入发展中进一步获得长足进展，数学教师必须广泛吸收先进的数学教学思想、教学模式，并将各类多媒体技术与教学任务等整合起来，逐步形成富有个人特色的信息化数学学科教学体系，如此才能将小学数学核心素养培育的既定目标切实贯彻到自己的课堂教学之中。

第七节　勤于关注学生学习的过程

一、数学教师应从小学生的认知水平出发，调控讲课进度

第一，数学教学的过程是教师将各种要素整合起来，并将全班小学生的学习积极性加以充分调动的过程。为此，数学教师应从小学生的生活实际出发，积极发挥他们的自主探究精神，以小组合作学习的教学模式，将小学生的认知潜力发挥出来。在此过程中，教师应采取生活化情境与合作学习教学模式相结合的原则贯穿学生的学习过程，这样就能将小学生数学核心素养的培育落实得更好。

第二，数学教师在执行课堂教学之际，应将小学生的学习状态、知识接受度等置于重要位置，同时要从教学进度、教学节奏等方面控制授课进程，以便让学生更高效地融入课堂，更有效地吸收数学教师在课堂教学中所传授的知识。

二、教师应关注小学生学习，展开全过程监测

数学教师应从具体的数学课堂教学内容、学生的学习情况等条件出发，对学生的学习展开全过程监测与评估，这样才能让相关教学安排变得更加高效，学生的数学学习也才能变得更为高效。

（一）给足时间让小学生自主学习

数学教师在执行课堂教学活动时，要给学生留出宽裕的自主探索时间与空间，这个环节不能流于形式，成为简单的"走过场"。数学教师在给出问题后，不能只留给学生三五分钟的时间，就立即给出答案，这样就丧失了最佳的教学效果。数学教师要给小学生预留出一定的思考时间，在他们进行了一番探讨

后，然后加以提示，在小学生们进行了深入探讨、交流与答案的展示后，再将最终结果给出。这样的教学处理就能让小学生的知识印象更深刻、各项数学思维得到更好的锻炼。

（二）给足空间让学生展开合作讨论

第一，数学教师应先按照一定原则将全班学生进行分组，然后让他们以小组为单位展开项目性的学习、交流与探讨。在这种项目性、主题性的学习过程中，小学生的分析能力、问题解决能力都将得到快速提升。数学教师应从尊重差异性的角度出发来协调小组中各成员之间的问题，这样才能更好地让合作学习教学模式的教学价值发挥出来，并让组内成员的数学能力都得到成长。

第二，数学教师要从各方面为小学生的学习创设空间，比如数学教学可从教学内容的择取上给小学生的学习创设空间，也可以从数学教学方式上拓展学生的自主学习空间。这样就能将小学生在教学中的主体地位凸显出来[1]，让合作学习教学模式得到更好的发展。需要注意的是，数学教师应采取全过程的方式来贯彻生生之间的自主学习模式，并认真对学生进行监管和评估，以便在随后的教学中加以调整。

（三）引导小学生做好学习反思

第一，数学教学中的反思是必不可少的，反思不仅能强化学生在教学中的主体地位，而且能提升知识学习的有效性，为后续的学习确立更高的起点。小学生的自省能力并不是很强，特别是学困生，教师应积极辅助他们形成良好的自我反思意识和反思能力。通常学生的反思要安排在课后，这样不仅有助于学

---

① 凌怡春：《论合作学习在小学数学教学中的实施策略》，《科学大众（科学教育）》2019年第5期。

生在对课堂教学内容加以内化后进行反思，让反思变得更有效果，而且有助于教师对学生心中的问题加以解决，提升解决问题的效率。

第二，学生在反思时，并不具有成熟的模式，而是具有延时性和临时性等特点，这时数学教师应从每个小学生的特点出发，逐步建构其反思体系，鉴于小学生认知能力的特点，数学教师应随时抓住学生理解上的小问题、小突破口等展开点评，将他们的个性化认识提升到反思的高度来加以塑造。为此，数学教师要积极控制自己的节奏，要将各种反思贯彻到教学难点和重点上，要让学生在知识学习和理解上有足够的缓冲时间，不然就会造成难点的积压和反思体系的建构滞后。通过积极的反思体系建构，教师就能帮助学生个体形成良好的数学知识体系，让小学生的认知能力、情感能力等得到长足发展，富有创造性的数学核心素养能力体系也将在这个过程中得到建构。

第四章
小学数学课堂有效教学策略

第一节　备课思路是有效教学的重要保证

一、厘清备课思路是有效教学的重要保证

数学教师在进行备课时，不仅要围绕"教师怎样教"来展开备课，而且要从"学生怎样学"这个环节来展开备课，特别是要对学生学习活动的环节展开深入思考。第一，数学教师在备课时，要将该节课的具体活动内容以及参加对象罗列出来，并展开具体的推演。第二，数学教师要清楚自己在教学活动中的指导角色是什么、如何展开指导、如何与小学生进行互动、就哪些内容展开互动。第三，数学教师对教学过程中的管控问题要有预案，要想到可能会出现哪些问题，并以什么措施来加以补救。第四，数学教师要将以上这些环节诉诸文字，并撰写出来再精心调整，这样就可以更好在课堂教学中加以认真执行。

二、有效备课才能确保有效教学

（一）备学生

数学教师在开展自己的课堂教学时，自己只是课堂教学的组织者，要将学生的主体地位发挥出来。基于这一准则，数学教师的备课应将学生作为课堂教学活动的主体来加以对待，这样才能让自己的备课变得更有针对性。数学教师

"备学生"要从小学生所处的年龄阶段、既有知识水平及其他一些详细情况来加以考虑，这些内容不仅包括教学方法的选择，也包括对教学情境的创设等。为了实现对"备学生"的更好落实，数学教师应从以下两方面来加以贯彻。首先，了解小学生的思想、情感以及对学习的兴趣。数学教师应从小学生个体的思想特点、兴趣特征等出发来展开备课，将他们的这些特点整合到自己的教案中来。比如，数学教师可从所在班级学生喜欢玩的游戏出发，将该类游戏整合到自己的课堂教学中来，这样就能让学生兴奋起来，学习欲望得到了激发，教学效果必然大为提升。其次，了解学生的实际水平。这对于采取教学方法、补充教学内容等都是至关重要的。在了解学生实际水平的同时，要对班上每个学生的情况有一个具体了解。有了这些了解，教师在进行教学时，就能根据实际情况选择合适的教学方法，让学生轻松、主动地投入学习活动中。

（二）备教材

首先，数学教师要做好"备教材"，就要搞好隐性备课环节的工作。比如，数学教师不仅要搞好钻研教材、查阅资料等工作，将搜集信息、备学生等工作落到实处，而且要将课堂教学所采用的教法等想清楚。由于这些工作都是隐性的，难以让人看见，因此教师必须平时努力下功夫，这样才能让自己的备课能力快速得到提高。

其次，以一堂课的数学内容为例来看，数学教师要努力钻研这堂课的教材内容。教材内容是数学教师展开教学活动的基本根据，为此，数学教师应深入挖掘教材内容的特点，在获得熟稔的知识之后对该堂课的教学内容展开创造，将新课程教学理念的创新要求努力加以贯彻。按照新课程的要求，数学教师是对教科书进行"用"，而不是进行"教"。可见，数学教师在很大程度上要对教材内容展开二次创造或改造。数学教师可采用以下步骤来落实自己对教材内容的改造：一是要深度了解教材内容，不仅要对每本教材的结构以及每单元的教学知识有清晰认知，而且要能精准讲出每个知识点所涉及的铺垫性知识内容，这样才能让自己在进行一堂课的设计时，既能深入下去，也能跳脱出来；二是数学教师应具有较高的思维品质，能对教材和教学内容展开科学合理的分析，挖掘教学内容中的难点、重点，并展开精准剖析；三是数学教师应具有高超的教材和知识运用能力，能从一堂课的讲解要求出发对知识加以灵活运用和调派。

最后，数学教师要先掌握教材中的内容，而且要远远高于学生的水平，这样才能更好地对学生展开教学。数学教师的"备教材"要从以下四个方面来展开：一是数学教师要能就教学重点展开分析，能根据小学生的真实水平来设定教学难点，而不是主观臆测教学难点。二是数学教师要清楚一堂课中所讲教学内容需要哪些铺垫性的知识内容以及其他辅助性的东西。三是数学教师要能从一堂课的教学内容出发来配置相应的练习内容，并按照自己所需的标准来展开改造。四是数学教师要能精准运用课后练习内容，并将其创新性地整合到课堂教学中。

（三）备教学方法

首先，数学教师在"备教学方法"时，要从整合性的原则出发，从一堂课的教学目的出发，将恰当的教学工具以及教学模式统合起来进行考虑，这样就能更高效地完成教学任务。数学教师"备教学方法"的来源不仅包括教师角度的教学方法，而且包括学生角度的学习方法。对这两类方法，教师应按照教学内容巧妙加以整合，从而形成适合自身和本班级教学所需的教学方法。

其次，由于小学生的学习不仅是数学教师的单向灌输，更是小学生个体对知识的建构。小学生能够自主对来自外部的数学知识信息展开加工和建构。为此，数学教师应主动将传统的程序性教学转变为开放式教学。在开放式的课堂教学中，小学生的学习主动性、自我管控能力和自我反思能力都将得到尊重与发扬。

最后，数学教师在"备教学方法"时，要采用多样化、灵活变通的原则，按照"教无定法，教必得法"的思路将各种要素整合起来，从而达到最佳的教学方法设计与运用。数学教师要具有较高的预测和统摄能力，能在实施环节随时调整教学方法，以现代教学观念和思想将学生的主体地位发挥出来，从创新精神出发着力发展小学生的数学核心素养能力。

（四）备资源平台

首先，进入 21 世纪，信息技术在数学学科资源平台的建构中发挥了巨大作用，甚至已经演变为数学课堂教学中的关键环节。在这一情况下，数学教师必须从人性化的角度展开资源平台建设，并从该角度来"备资源平台"，将资源平台的教学要素和催化作用整合到教案中来，从而促进小学生学习方式的转变，实现自主学习。

其次，数学学科的课件资源平台本身能为数学教师提供丰富的教学案例以及其他可资采用的教学工具，比如动画制作与视频内容等，依靠这些工具或内容，教师就能更好地"备学生""备教学方法"等，从而赢得更大的教学空间，促进个性化教学的发展。

最后，教师在进行以上三个环节的备课时，不仅要注意对内容与方法的"准备"，而且要从教学理念、教学思维方式等展开深入发掘和整合，只有这样数学教师的角色才能得到升华，学生的学习主动性也才能得到强化，课堂教学才会出现革命性的变化。[①]

---

① 彭敏：《问题引领，促进备课更深更实——谈小学数学教师备课新思路》，《科学大众（科学教育）》2015 年第 12 期。

（五）教学反思

首先，数学教师要积极展开二次备课，随时调整自己的备课体系，这样才能更快速地将不同的教学思想、教学经验整合到自己的教学体系中来。在不同知识主题下的教学实践中，课堂教学总会有很多突发事件发生，因此教师应敢于打破自己预设的教学思路，将很多来自自身和学生的突发性思路整合进来，将教学反思以即时的教学行动加以呈现，以高效的方式来完成教学反思和课堂教学进程，力求做到两不耽误。

其次，为了对教学体系进行升华，教师应将教学反思进行文字化处理，通过结集成册的方式，将自己珍贵的教学经验储备起来，以便以后备课时可以采用。实际上，认真总结教学经验，认真落实教学反思环节的教师会更快成长为骨干教师。总之，对数学教师而言要做到"教学有法，教无定法，贵在得法"，才能达到理想的教学境界，才能更好地将数学核心素养培育工作落实下去，将小学生培养成为富有创新精神的人。

第二节　教学必须深刻认识教材

一、深度解读小学数学教材内容

进入 21 世纪 20 年代，小学新教材的内容在很多方面都做出了改进。与以前的教材相比，各个版本的教材主要呈现出以下特征。

（一）新教材在内容上更加贴近学生的现实生活

通过比较分析，新教材不仅在教学案例等的选择与编排上发生了改进，还在课后练习题的选择和编排上也呈现出了诸多变化。新教材将教学内容发生的环境设置在学生所熟悉的场景上，这样既能缩小学生与课本内容间的距离，又能促进学生理解能力的发展，提升对数学知识内容的理解。

（二）新教材更加关注对小学生数学能力的提高

新教材从当前教学的要求出发，不仅加强了对基础数学知识的学习要求，而且更加强调对学生主动学习能力的培育，强调教学应在各个学段对学生认知能力的培养，要从认知规律的角度来设置各种适合小学生的教学活动，以便更好地激发学生的学习动力。而且新教材也非常重视对学生数学核心素养的培育，并从学生的思考能力、分析能力等方面进行了强调。

（三）新教材倡导多样化、差异化的教学方式

新教材在知识点难易度的安排上拉开了更大的距离，并通过小组合作学习的教学方式来加以展开。小组合作学习的教学方式能更好地兼顾学生间的差异，有助于教师以多元化的方式来实践以组内、组间为单元的合作教学，让学困生和学优生之间形成更好的良性互动，以学生间互助的方式激发班级学习动力，促进学生个体学习能力、认知能力等的增长。此外，教师还应以多样化的方式来展开分层教学，让学生在这种教学模式下获得差异化的学习，让不同水平的学生都能获得更好的学科能力成长。

二、深入解读教材，优化小学数学教学方法

教师应准确把握数学教材的内容，从学科和知识本质上深挖教材内涵，然后才能更好地进行教学方法的确立和创设，让学生更好地感受到数学学科学习的乐趣，激发他们主动学习的动力。

（一）积极创设教学情境，激发小学生的学习兴趣

新教材更多地围绕"以生为本"来展开，这样的教学理念是紧扣新时代的精神来展开的，相对于既往的教学理念有着极大的变化。从以往的小学数学课堂讲授来看，数学教师往往在其中扮演了一种说教者的角色，课堂教学也因此变得沉闷，对学生的吸引力不高，学生的学习兴趣也难以激发起来。新教材在这方面做了很大改进，首先教师的教学理念必须进行很大程度上的改进，其次教师应将自己的课堂设计与实际生活联系起来，让小学生在轻松愉悦的氛围中展开数学学习，这样才能获得更好的学习效果。比如，数学教师在讲解数量、计量单位时，可以将教学内容与学生的实际生活结合起来进行讲授，让学生通过自己的观察、分析来发现这两个单位在生活中是如何运用的，这样就能更好地促进学生对这两个单位的理解。

（二）以差异化课堂教学提高学生的学习效率

学生之间存在着巨大的差异，因此教师应据此展开有效的差异化教学，才能从理解能力、学习动机等角度展开有针对性的个性化教学。这样既能更好地调动学生的学习动力和积极性，又能更好地将有限的教学资源整合到学生个体身上，以获得更好的教学效果。实际上，既往的"一刀切"教学模式对学生的伤害很大，造成了很多粗暴的教学后果，并不利于小学生的发展。教师不仅要在课堂教学上进行差异化教学，在课后作业的安排上也要贯彻这一思想，对不同的学生要进行差异化安排，并在作业评价等环节也要如此贯彻，这样才能更好地提高学生的学习效率，最终实现整个班级数学能力的提升。

（三）重视合作化探究，培养小学生数学能力

从新课标的要求来看，小学生的数学学习应成为激励其学习积极性、主动性的实践性学科，让学生在不断学习中养成良好的动手能力、自主探索能力和

合作学习能力。可以说，各种形式的合作学习教学模式都应是教师积极探索和发展的教学形式，以便形成富有成效的合作教学体系，更好地调动学生的学习积极性，养成开放、互动的学习习惯和数学实践思维方式，让他们形成良好的数理思维和创新习惯。教师要在这个思想指引下深研教材，以合作学习教学模式来展开教学设计，让学生们在不同形式的合作学习中更好地形成数学能力、数学思维。

综上，教师在进行小学生教学时应从素质教育出发，深入研究教材，将教材的核心素养教学潜力挖掘出来，结合自己的教学特点和学生的学习特点，设计出科学、合理、生动活泼的课堂教学模式，从而更好地实现自己的小学数学课堂教学活动，达到更好的数学学科教学效果。教师只有学习创造性地运用教材，才能发展出富有自己特色的教学模式，才能让自己的课堂教学进入良性发展的阶段，步入科学融合的发展轨道。①

第三节　教案是实施教学的蓝图

一、小学数学教案设计时的关注要素

（一）确定恰当的教学目标

第一，数学教学目标不仅是数学教师实施教学活动的基准，还是数学教师经过精心策划与创设的预定教学结果。第二，小学数学教学目标是通过数学知识、数学技能、教学过程与教学方法等多方面的内容共同组建而成的。不同的数学教师对教学目标有着不同的理解，所以他们所创设的教学设计也有着巨大

---

① 严昌发：《读懂数学教材　提高教学效率》，《新课程学习（中旬）》2014年第8期。

差异，最终呈现出来的教学水平也有高低之分。

（二）合理分析组织教学要素

1.分析学生情况

小学生是数学学习活动不可或缺的主体，数学教师要根据学生的具体情况展开自己的教学设计，并成为对学生展开教学的切实可行的蓝图。为此，数学教师应进行科学的学情分析，从小学生学习的起始能力、既有知识水平等来展开调研、分析与总结。

（1）小学生数学学习的起始能力诊断

由于学生学习的最终成绩是通过智慧技能、言语信息等来得到体现的，所以教师也应从这些角度来展开对小学生数学学习起始能力的诊断。具体来说，数学教师可从概念的辨别、规则的辨析等来进行诊断。小学生通过概念的辨别，能认识数学概念的基本内涵，从而建立起自己学习数学的基础，这些基础形成了解决更高级（更难）数学问题的规则。比如，在讲授"长方形和正方形的认识"一课中，小学生就要自己动手来进行图形的操作，以便认识和理解长方形和正方形的特点，并进一步展开总结，最后在实际问题中进行应用，验证自己是否已经掌握了这方面的规律。这个过程就是对该知识点所属规则的深入学习，这个学习过程是在对有关概念的习得之上的，这些前提的条件已经在前面的学习过程中获得了。从平行四边形的面积公式来看，其由"平行四边形""面积""等于""底""高""乘"这六个子概念组成，一旦小学生未将六个子概念熟稔于心，下一步按照规则展开的学习就难以推行。而且小学生在这个过程中还应将"剪""拼""转化"等策略加以熟练运用，反之，也就难以自主地将平行四边形的面积计算公式推导出来。可见，数学教师要具有精准对小学生展开数学知识起始诊断的能力，因为这是其展开有效教学设计的基准。

（2）学习者背景知识分析

小学生是以既有数学知识为基础来展开数学学习的，既有的数学知识在其中扮演着关键角色，然后通过吸纳各类知识来建构其知识体系。小学数学教师在进行学情分析时也要按照这个轨迹来展开，即既要对小学生既有的能促进新知识获取的旧知识展开研究、分析，又要对制约新知识吸收的背景知识展开剖析与研究。

（3）学习者思维分析

不少小学数学教师在展开教学设计时，倾注最多精力的是自己如何展开教学，而非从学生的角度来考虑如何学习数学知识，塑造数学能力，以及数学思维如何提升等。为此，数学教师应从小学生的学习者角色出发来分析其在教学中的地位、作用，然后才能更好地开展教学。

2. 组织教学内容

组织教学内容在小学数学教学中，是数学教师进行教学设计的关键工作之一。数学教师应从"教什么、学什么"的角度来展开教学内容的组织。数学教师应从以下三个角度来展开落实：第一，数学教师应着重研究所采用教材的编写特性，深入挖掘编者的各种意图；第二，数学教师应着重把握不同知识点内容在不同教学阶段内的价值与功用；第三，数学教师应精准剖析教学内容中的重点、难点，并以恰当的方式、最佳的内容加以呈现，并切实加以突破。

3. 选择教学方法

不同阶段数学教学目标的实现，在某种意义上来说是由教学方法所决定的。数学教师不仅要从教学目标、教学内容、小学生的年龄特征等来择取教学方法，让教学方法与教学对象得到最大程度的融合，而且要从小学生的学习主动性来进行教学方法的选择，让小学生的学习主体地位得到真正彰显。从"可能性"的教学实践来看，很多教师都能通过"猜测—实践—验证"这个流程将教学重点加以呈现，让小学生以自己的经验来感受事件发生的可能性，但是其实教学的不确定性是很大的。为此，有些教师就改变思维，从将学生放在教学主体地位的角度展开了教学方法的选择与教学设计的再创造。

（三）教学效果的正确评价

数学教师的教学设计能否按照其所预想的思路来完成教学目标，最终还是要看教学效果如何，然后才能据此展开评估和做出结论。教学评估的核心目的是针对小学生来展开的，不仅要从小学生个体的数学学习过程来得到体现，而且要从小学生个体学习水平、学习情感、学习态度等方面来得到呈现。

二、小学数学过程设计呈现的策略

（一）教学目标需加强数学方法和思维能力的设计

从很多数学教师的既有教案来看，他们通常会在教学目标这个层面将知识性目标呈现出来，但是在该内容下对小学生展开具体数学素养、数学能力的培养却着墨不多。可见，数学教师在展开深入的教学目标设置与创造时，要将小学生在数学教学中所要达到的能力目标以及对数学素养的培育目标加以切实呈现。比如，数学教师在实施"认识东南西北"课时目标的创制过程中，不仅要通过指南针等对"东、南、西、北"这几个方向加以辨认进行教学设计，而且要能够说出物体的具体位置等。通过对"东、南、西、北"等方位词的学习，小学生不仅能将现实生活中的诸多生活问题加以化解，而且能形成初步的空间观念，对"方位的绝对性""位置的相对性"[①] 也有了一定的了解。

---

① 甘火花:《小学数学单元说课的要领与策略》,《中小学教材教学》2016 年第 3 期。

（二）阶段主题呈现需具有教学内容的针对性

数学教师在确立阶段性教学重点时，要从阶段性主题与阶段性的学习内容来综合加以考虑，不能说些大而不当的"情境导入"的话，而要从教学主题上来加以认真确立。数学教师在进行"认识东南西北"的教学设计时，可采用以下五大阶段性主题来具体落实：其一，数学教师应结合主体来创设情境，然后对"上下前后左右"进行复习，并根据内容进行问题设置，展开教学引入——在何方；其二，数学教师引导小学生学习四个方向，主要是以活动方式来切身感受"方向的绝对性"和"位置的相对性"；其三，数学教师应引导学生展开教学记录观察与教学体会，引导学生进行简易平面图的绘制，让学生掌握简单的绘图技巧；其四，数学教师引导学生进行绘图作品展示，并就学生个体的绘图作品展开基本特征的点评；其五，数学教师就本堂课进行小结与提升，然后就所学内容展开简单应用，进一步确立学生脑海中的空间观念，巩固本堂课所学的知识。

（三）问题串式的步骤应设计成推动重难点的解决过程

第一，数学教师在进行阶段性教学设计时，要以划分小步骤的方式来实施教学设计内容，以提出问题的方式将教学内容引领出来。第二，数学教师在进行问题性引导时，是按照该问题下的师生间的教学行为、教学主题活动来加以细化的，这样就能让整堂课在教学任务、教学问题以及教学条件的相互融合下达到圆融的境界。第三，为了更好地实现这个目标，数学教师应按照问题带动师生教学行为的方式将教学条件与教学过程呈现出来。为了表现得顺畅有序，数学教师可采用序号的形式来呈现问题串。

数学教师在进行阶段一的教学时，可采用课件形式将校园布局图展示出来，然后抽一些学生回答"教学楼所在的位置"来引出下文，接着数学教师将"体育馆在教学楼的哪个方向"这个问题抛出来，由此进入教学的阶段二。

步骤一：如何确认这些建筑物在教学楼的哪一个方位？

要成功回答该问题，数学教师可采用下面这四个问题来设置问题串。

设问一：应怎么确认某一个方向？

设问二：应怎么辨别剩下的其他三个方向？

设问三：你能将所见建筑物的具体位置表达出来吗？

设问四：你从以上问题的研讨中获得哪些结论或认知？

这样看上去一目了然，教师先抛出一个总问题，接着以四个分问题形成问题串，在学生完成具体情境条件下的东南西北四个方向的辨认后，教师再让学生以"……在……的……面（方）"结构进行方位描述。另外，教师还可以教小学生做一些游戏，从而获得对"方向的绝对性"和"位置的相对性"的直观感受。

（四）过程的展开需使教的设计与学的设计对应

数学教学过程可以说是教师与学生对特性数学问题加以解决的共同学习过程。那么，数学教学设计则最好从问题式教学和问题式学习的相互对应中得到设计与落实。[①] 本书认为应在阶段性教学主题下，由数学教师将系列问题抛出来得到展示，从而使教师与学生的行为在具体的教学步骤中得到呈现。根据前文问题的模式，笔者认为可按照以下模式来创设数学教师与学生的行为。

步骤一：怎么才能确认出这些建筑物在教学楼的哪个方位？

设问一：怎么才能明白与确认某一个方位？

数学教师的活动：你有什么办法帮助大家知道某一个方位？

学生的活动：凭借自身的生活经验展开自主发言，比如，小学生可采用太阳升落的方向、指南针、河流、手机等各种方法来进行确认。教师首先引导学

---

① 朱德全：《基于问题解决的处方教学设计》，《高等教育研究》2006年第5期。

生将事先准备好的工具（如指南针、手机等）拿出来，从指南针、手机的功能出发来进行"北面"方向的确认，然后确认出教学楼所处"北方"位置的建筑物。最后教师与学生共同确认"体育馆在教学楼的北面"这个结论。

设问二：怎么辨别其他三个方向？

数学教师的活动：在确认了教学楼"北面"的方位后，同学们自然就能辨识出教学楼的"南面"，教学楼的"东面"以及教学楼的"西面"，对吗？

小学生的活动：小学生以小组形式展开相互讨论，然后确认教师所说的其他三个方向。

小学生展开汇报：小学生极可能提及东和西是相对的，南与北也是相对的，不过他们对"东、南、西、北"四个方向的顺序应怎么加以确立，仍有可能会存在一定困难。

数学教师可根据小学生的汇报加以板书呈现，并对学生困惑的地方进行辅导。辅导的难点在于，很多学生在知道了北和南或东和西这两对方向后，仍然对第三个方向难以进行确认。教师可引导学生自主展开化解，比如，让学生们通过地球转动来确立"东、南、西、北"这四个方向的顺序。教师还可以鼓励学生通过其他方法来进行验证。

全班学生将自己发现的结论轮流自由发言说一遍，数学教师聆听学生的回答，看是否全都正确。

游戏体会环节：让学生面向太阳，那么前面则为东，后面则为西，左面则为北，右面则为南。

数学教师的活动：数学教师与学生一起来理解"面向太阳"所说的含义究竟是什么，然后教师引导学生做出动作，亲身感悟脸所面对的方向就为东方，这时教师还要把已学习过的"前面"这个概念引入进来，让学生进行深入辨析、感悟，并展开比较和联想；教师和学生共同展开总结，获得"面向太阳，前面是东"这个结论。

学生的活动：全班分成小组展开自由练习，总结出"面向太阳，前面是东，后面是西，左面是北，右面是南"的结论，并开始加以吟唱。

（五）学习过程应重点呈现小学生的独立思考或协作探究方法

数学教师在讲授"认识东南西北"一课时，要将本节课的难点和重点罗列出来，即小学生对其他三个方位的认识与辨别，以及用这些方位词对相关物体展开位置描述，对平面地图的一些简单特征的认识。虽然人教版教材对这部分内容进行了简化处理，难度已经下降，但对小学中段（三年级下）的学生而言，该堂课的内容还是具有很大挑战性的，教师在教学过程设计环节时，应适当增加一些内容，以便学生能更好地理解这部分知识。数学教师可采取活动教学的方式，将学生带到操场上，在向学生以操场为参照点进行"东、南、西、北"四个方向的位置说明之后，就校内的其他建筑物的方位进行知识延伸，然后让小学生返回教室。这时教师向学生提出以下问题，进一步展开教学。

设问一：从你刚才所看到的画面和教师所描述的内容，来确认图书馆等建筑物分别位于操场哪个方位？请将你的答案在作业纸上绘制出来。

数学教师的活动：数学教师巡视教室，学生则安静地思考和绘制答案，教师在巡视过程中可以给感到困难的学生一定指导。

学生的活动：每个学生都应独立思考，尽量独立完成答案的绘制。

设问二：你们在将彼此的答案相互比较后，可以就彼此的答案说出差异吗？

数学教师的活动：数学教师将学生分为四人一组的小组，组内学生先比较答案，并找出其中的异同点。

学生的活动：在进行相互比较后，每位学生都应说出一个以上相同点或不同点，并立即记在自己的作业纸上。

设问三：同学们能将自己发现的异同点分享出来吗？

请每个同学用自己的话加以表达。

数学教师的活动：数学教师将学生典型的绘制图张贴在教室内的黑板上。教师进行规则制定：当一名学生在阐述自己的观点时，其他学生应认真倾听，该名学生阐述完毕后，其他学生可进行补充。发言时，声音要洪亮，吐字应清晰。只有前一名学生发言完毕，其他学生才能接着发言。发言应依次进行，不能乱了顺序。

教学过程表明，小学生的回答有如下几种：位于同一方向的建筑物都是一样的，例如，学校东面的为教学楼，西面的则为操场，等等。不过，小学生绘制在纸上的答案却并不一样。

设问四：这种记录方式能给每个人的生活带来何种影响？你有何看法？

数学教师的活动：数学教师将小学生分为四人一组的小组，组内学生进行交流。

学生的活动：在小组内交流，每人都说出自己的看法，并汇总。

（六）过程的预设应具有一定的开放性和弹性

不少数学教师会在师生互动环节，采用教师如何、学生如何的模式来展开实录性对话展示。但是，在真实的教学过程中却并不一定会采用，可见，过程预设要维持一定空间，以便在真实的教学操作中拥有发挥的空间，维持教学的开放性与弹性。总之，数学教师在过程呈现之际，一般应通过巧设问题来实现教学引领，数学教师要将学生学习过程中的学习行为和条件都设计到，能让教师更好地注意到教学的实施过程，能更好地把控教学过程中的动态变化，并进行相应的管控。为了更好地落实过程呈现，数学教师应在教学设计中突出学生的心理和行为，比如学生对学习条件的准备，对具体学习方法的择取，对学习难点的预测，等等。对小学生学习心理、学习行为的把控，能促进教师教学设计工作的提升，将数学核心素养培育更好地落实到教学设计环节上。

第四节　教学机智如何运用于课堂教学

一、机智及教学机智概述

（一）机智的概述

学者们对机智的典型定义表现如下：其一，机智为主体经过较长时期的理论和实践统摄之后达成的成果，其能对人们的各种行为给予理性化的引导，可以说，机智成就了各个主体的实践行为。其二，机智具有头脑灵活、灵动机变的含义，是某些个体自身对特定经验的归纳与总结，并且这些个体还能根据周围条件的不同而进行自主性的提升与品质上的优化。其三，机智是一种超拔性的精神指引，能对个体进行天赋般的策略指引，以便其更好地开展某项工作。其四，机智是对各类问题加以有效应对的能力。

综上所述，机智为多种能力的综合性表现，集中体现为个体在特定环境下的合理处置各类问题的应变能力。

（二）教学机智的概述

从《教育大辞典》的定义来看，教学机智指的是教师在各种教学场景中对问题加以快速处理的应对能力，而且其应对之法是精准而合理的。对学科教师而言，这是其教学能力的集中体现。其他较为典型的看法还有如下四种：一是认为所谓教学机智是一种偶发性的应变能力。二是教学机智为个性化的行为，并不具有普遍性。三是教学机智是学科教师在不同教学场景下规范性智慧的呈现。四是教学机智为学科教师以特定方式对其教学能力加以提升及对自身的情操加以熏陶的典型方式。[1] 可见，教学机智从很大程度上呈现出实践性，即

---

[1]　叶上雄：《教育学》，人民教育出版社，2009，第51页。

教学机智必须在教学实践中才能产生，并具有对教学主体的能力加以提高的作用。

总之，教学机智是学科教师在处理各种教学突发情况时的一种应变能力，因此其具有迅速性、精准性和即时性的特点。

二、课堂教学机智的主要特征

从数学学科的教学实践情况来看，教学机智具有以下四个层面的特征。

（一）情境性

数学教师在进行课堂教学时，须苦心营造出特定的情境和氛围，然后才能更好地实现自己的教学目标。数学教学情境可划分为两类：一是物理情境，二是心理情境。前者源自数学课堂的物质环境，后者源自数学课堂的教学氛围。数学教学情境具有变动性的特征，数学教师可从教学环境上展开调整，进而促进教学机智的改变。可以说，数学教学机智是建构在数学教学情境之上的，两者之间形成了相辅相成的关系。在教学过程中，教学情境总处于演变之中，可以说没有全然相同的两种教学情境存在。可见，教学机智总是处于动态变化中，教学机智会因为课堂情境的演变而进行相应微调。教学机智与教学能力是两回事，前者需要教师具有强大的动态性管控能力并发挥潜能，如此才能更好地操控教学情境的演绎，让教学秩序始终处于动态的和谐之境。

（二）创造性

基于前文所说的教学机智具有变动性，学科教师需要将自身的创造性发挥出来，以便维持教学处于良性循环之中。学科教师由于其自身的不同，所以在课堂教学中也会表现出巨大的差异。不仅如此，同一个教师因为自身内在因素的变化，也会在课堂教学中表现出巨大的不同，创造性就是这样巨大不同的重要表现。从本质上来看，课堂教学就是一种持续的创造性行为。这种创造性的行为既是教育现实改变使然，更是教师自身本能性的自主实现使然，因此增强自身的创造性才是最为核心的教学制胜法宝。处于教学机智中的教师正是以自身殚精竭虑的创造性来实现自身教学水平的升华。具体来说，教师可采取学科知识的学习与运用来持续提高自身的教学水平，或者学习相关理论知识来提高自己的教学素养，进而提升自己的综合能力。教师的教学实践能力是有限的，对此教师必须不断将实践经验与理论知识融入当下的教学行为中，以便能如期实现教育水平提升。这个过程自然需要教师在创造力上投入，而这个过程也是教师教学机智得以体现的过程，进而，教师的课堂教学水平也就得到提升。

（三）智慧性

从课堂随机应答的场景来看，教学机智需要教师具有显著的随机应变能力，并以有效的措施来提升课堂教学的效率。这是教学机智具有智慧性特点的深层次原因。骨干教师总是具有授课的连贯性、有效性，这是因为他们具有熟稔管控课堂氛围的能力。在实际的教学过程中，骨干教师能将其智慧在关键的节点上得到体现，但不会将教学时间、教学精力耗费在不必要的环节。他们能从容应对教学中的各种临时问题和挑战。这既是其智慧的体现，也是其良好情绪管控能力的彰显，幽默感就是这种情绪管控能力的典型体现。

（四）教育性

教学机智的教育性主要表现为德育作用，教师的教学机智在很多时候会彰显为个体性的德行宣示和熏陶。从教师的角度来说，教育性是通过教师的个人魅力对学生人格的熏陶来得到体现的。体现在课堂上，则为教师在教学时的综合性行为对教学目标实现的巨大宣导性、促进性，最终表现为教学质量的稳步提升。自然，那些教学机智强烈的教师会将这种能力通过很多手段逐渐地转化为对学生的教育作用。

三、小学数学课堂中的教学机智类型

（一）及时改变数学教学思路的机智

数学教师所拥有的教学方法总能获得相应的教学效果。可以说，数学教学效果需要教师及时展开微调，如此才能达到教师所想要达到的教学境界。不仅如此，数学教师还要随时留意学生的听课状态，假设学生反应迟钝，或者学习效果不佳，此时数学教师就应对自己的教学即刻做出微调。

（二）及时纠正错误的机智

数学教师的教学过程难免出现谬误，不过当出现这种情况时，教师的正确做法应是敢于承认错误，并即刻补救。这样才能对学生形成良好的示范效应。

（三）及时向学生学习的机智

新时代的小学生由于接触的新事物很多，学习能力强，在很多场景下确实会发现教师都难以发现的新颖解题方法或解题思路。因此，数学教师在很多时候要勇于向学生学习。这不仅会对小学生产生巨大激励作用，而且确实能在很大程度上弥补教师自身能力的欠缺。

（四）适时激励评价学生的机智

小学生分析问题、解决问题的能力和数学教师既有的教学水平是紧密相关的。教师在设置问题以及抽取学生来进行问答时，一定要考虑到学生的特点和潜能，要将学生的机智发挥出来，这样才能对教师自己的教学机智起到良好的促进作用。数学教师在引导学生学习的时候，要善于表扬和奖励学生，从精神和物质上巩固学生的学习动机。

（五）适时启发引导的机智

数学教师应以教学主体的身份来帮助学生，帮助他们维持积极的学习状态，让学生的学习机智处于良好的状态。当学生在学习中遇到困难时，数学教师要及时加以辅导，从教学机智的角度对学生展开启发，不断提升小学生的数学问题分析、问题解决能力等，通过这些措施，将学生学习自主性以及自我管理能力发挥出来。

（六）适时点拨释疑的机智

第一，数学教师应及时对学生进行学习技巧的点拨，以便更好地促进学生学习。这些点拨的内容既可以是平常的知识性问题，学习方法的问题，也可以是其他生活方面的问题。第二，数学教师要重点对学习中的重难点问题进行点拨，以便学生能更好更快地进行学习。第三，在对学生展开释疑的过程中，数学教师应随时反省自己的教学方法，是否因为自己的教学不适当造成了难点和问题的出现，从重难点释疑下的教学机智来展开教学反思，这样能更好地提升数学教师的教学水平。

四、教学机智在课堂教学中的作用

（一）处理课堂偶发事件的必要工具

第一，数学教师可以用不同的备课方式来估测课堂中可能会临时出现的问题，并对课堂可能出现的变化加以预测，做好相关预案的设计。但实际上，数学课堂中有很多突发情况发生，不是任何事情都是按照最初的预想发生的。不过无论是哪种突发情况，数学教师都要以有效的措施加以应对，不然教学就难以进行下去，这对教师的教学机智是很大的考验。总体而言，只要教师具有较好的综合性素养就能巧妙地处理很多突发情况，而且教学机智的良好发挥也需要教师拥有良好的心理素养，这样才能更从容地应对那些不良情况。

第二，数学教师应建立积极的教学信心，这样才能将教学机智的效果发挥到最大。教师的自信心越强，教师的教学机智张力也就越大，对突发情况的处理也就越从容。

（二）生成课堂精彩的有力手段

第一，数学教师的教学机智不是事无巨细，而是以数学教师超强的能力，全过程地体现在教学活动中。当在教学活动中出现意想不到的情况时，数学教师应以自身的主动性、创造性来应对这些问题，以良好的教学机智化解问题，并为下一步课堂教学营造良好的氛围创造条件。第二，教师不能让自己的教学变成为问题而设置的教学机智，这样会让教学显得突兀，难以达到最佳的教学效果。第三，教师应从增强教学精彩性的角度出发来进行课堂创设，这样就能将教学机智更好地应用到教学过程中，先期性地防备不良问题的发生。从这一点来看，教学机智能够成功地化解课堂教学中可能涌现的问题，能将教学氛围加以先期性营造。

（三）维持课堂秩序的重要途径

第一，数学学科的课堂教学过程是处于动态演变中的，这种动态变化既是数学课堂内部元素之间互动的体现，也是教师的主导性行为所致。即使如此，任何一名教师都不能预测到自己的课堂上究竟会发生什么，但依靠教学机智教师就能维持课堂秩序的总体平稳。为此，无论是新任数学教师还是骨干数学教师，都要努力提升自己的教学机智素养，以便能在需要时信手拈来，及时将出现的问题加以化解，从而确保自己的教学质量水平不滑坡。第二，在小学阶段，教师的教学机智尤为重要，这是因为小学生的自制力不够，对教师的教学要求更高，特别是对教学机智的要求可谓是颇为显著。当课堂上出现突发情况时，如果数学教师茫然不知，就会对小学生的学习积极性等造成巨大打击，难以在短时间内弥补回来。可以说，小学课堂良好氛围的营造，需要教师具有充分的教学机智，能够从不同维度展开教学机智的拓展。第三，数学教师应巧妙运用教学机智，促进课堂中出现的各种新情况向正面的课堂教学氛围转变，在确保课堂气氛活跃的同时，进一步激发学生的学习兴趣。① 第四，在核心素养培育目标下，小学数学课堂教学是以学生为本展开的，因此教师应将学生置于最核心的位置加以考虑，这在教学机智的运用上也是如此。基于教学机智的精准运用，数学教师就能以寓教于乐的形式，实现小学生能力的转变，进而将其转变为对自身教学品质加以提升的客观手段和要素，最终使教学能力得到质的飞跃。总之，教学机智的良好运用能获得多赢的局面，教学主体各方面都能在积极昂扬的氛围中获得数学知识和数学能力的提升。

五、新任教师与骨干教师的课堂教学机智比较

（一）新任教师教学机智的特点与形成原因

1. 新任教师课堂教学机智的特点

第一，数学课堂教学是一项极具挑战性的实践性工作。该工作需要数学教师将自身的主动性、创造性与其他要素整合起来加以认真执行。因此，数学教

---

① 朱丽娜：《浅谈高中课堂教学机智及养成》，《当代教育科学》2006 年第 16 期。

师要积极从理论上、教学机制上展开学习，通过多元整合的策略不断提高自己的教学机智融合能力，最终实现数学课堂教学整体水平的提高。第二，数学教师在进行教学机智发展的时候，要从全面发展的角度来观察教学机智的发生、发展与成形，如此才能让教学机智在处理教学突发状况时发挥巨大能量。第三，数学教师的教学机智不是凭空或短时间就能获得的，而是需要不断地潜心修炼才能逐渐臻于佳境，登上巅峰。第四，数学教师在获得了良好的教学机智能力后，其教学水平就会得到显著提升，教学也变得从容多了，这一点对新任教师来说特别明显。

2. 造成新任教师课堂教学机智的特点的原因

首先，教学机智具有独创性。一方面，教学机智必然体现为显著可积累性，所以很多骨干教师的教学机智要明显强于新任教师。另一方面，教学机智也不仅仅是通过积累得来的，而是有很强的独创性，很多新任教师在这方面比骨干教师还要显著。这是因为新任教师敢于创新、敢于尝试，他们常常会临时产生一些新的想法，特别是教学机智的新点子、新念头，从而催生出了独具自身特色的教学机智硕果。

其次，数学教师的教学机智是建立在仿效机智之上的，具有再创性特点。一般来说，教学机智是建立在显著的灵感基础上的，因此教学机智的出现并不是那么容易的。不过，对很多新任教师来说，他们的教学机智还处于纯粹的模仿阶段，只要将既有的骨干教师的教学机智学到位，就会取得颇为不错的教学效果。虽然这种教学机智还不是发自新任教师内心深处的机智，还处于伪机智的阶段，距离真正的教学机智还有相当距离。[①]

再次，新任教师是以差异化策略对待教学主体而形成的教学机智。由于年龄阶段的不同，教学机智的体现以及对教学机智的感受都颇为不同。比如，小

---

① 林崇德:《教育的智慧》，开明出版社，1999，第25页。

学阶段的学生更加看重教学机智的互动性，表现为小学生对教师所实施的师生间互动性教学机智更感兴趣，更能激发他们的正面反馈。而对高年级学生而言，他们更感兴趣的是教师所采用的教学机智是否对自己有显著的引导作用。这体现在教学素材的选择是否是自己所关注的、是否能对自己的学业成绩有显著提高等。可见，教师在选择教学机智及其使用场景时，要从不同年龄段来考虑采用哪种教学机智。

最后，新任教师由于对教材内容不熟悉而错失教学机智。由于很多新任教师对教材内容不是很熟悉，所以他们就很难产生自己所想要的教学机智。一方面，新任教师先要对课堂教学内容加以熟悉，这影响其对既有教学机智的发挥，难以对既有教学机智加以整合和提炼；另一方面，新任教师在教材上花费了大量精力和时间，很多知识在新的时代背景下，需要新的应景的教学机智，但新任教师的知识还处于生疏境地，难以将知识与时代背景等结合，达到融会贯通的状态，所以新任教师难以创造应景的教学机智，并加以娴熟运用。

（二）骨干教师教学机智的特点及形成原因

1. 骨干教师教学机智的特点

首先，骨干教师的教学机智具有强烈的实践性。任何一种教学机智都是各种教学理论与教学实践行为的整合，是教师们集体智慧的产物。只有经验丰富的教师才知道哪种情形下运用哪种机智才能达到最佳的效果，不然效果会大打折扣。如果没有教学实践，教学机智也就难以妥帖地出现，而且教学机智对教学实践有着巨大的推动作用。数学教师在对教学规律加以归纳总结后，就能对教学过程中涌现的诸多问题加以巧妙处理，长此以往，数学教师就能拥有一套成形的化解各种教学实践问题的教学机智。如果长期不使用那些看似已经成形的教学机智，那么其不仅会逐渐落后于时代，而且不能称为该教师的教学机智了。因为教学机智是动态的，不是静态的。处于动态中的教学不仅能更好地激励教师不断进行教学创新，找到最佳的教学方案，而且数学教师还能在不断的教学机智实践中，优化自己的教学体系。可见，数学教学机智是建立在实践性基础上的，是维持在动态中的。

其次，教学机智具有情境性，而且是在不同的情境性教学中生成、发展和完善的。可以说，教学机智与教学情境之间有着相互依赖的关系。由于教学情境受到教学环境、学生心理因素等的影响，所以教学机智也会受到这些因素的影响。教学机智的这种情境性也与其动态性是一致的。数学教师为了获得高层次的教学机智，应广泛收集信息，将多元要素整合到新的教学方案中，这样就能在更高水平的情境性教学演绎中，获得富有生命活力的教学机智"活力"。

数学教学机智的情境性需要数学教师能统摄各种不确定性要素，将各个环节的突发事件整合到课堂教学中来，并在不断精准捕捉细微动态的过程中，获得教学契机的转化，觅得教学机智生发的良机。

2.骨干教师课堂教学机智特征形成的原因

在各种情境的数学教学过程中，骨干数学教师会积极处理各种教学变故，以有效措施化解教学突发事件，甚至以巧妙的教学机智来转化不恰当的教学行为。骨干教师知道教学应变与教学机智的巨大差异。前者既有消极的内容也有积极的内容，骨干教师能娴熟地加以区别。后者则几乎都是积极的，其是从有效性的角度来看待教学中的各类现象，或者是以积极心态来化解各种消极的问题，由此所产生的机智结果。

六、影响教师课堂教学机智形成的因素

（一）教师原有知识的影响

1.知识经验的巨大作用

首先，教学经验为教师个体以自身的精力对当前的教学任务展开的反思，

以及对这些反思结果加以汇总的过程。可见，数学教师总是遵循某种经验来实施自身的数学课堂教学，并随机地规制自身教学活动中的各种问题或行为。教学经验体现为时间性的叠加，随着在教育行业时间的增加，个体的经验也就越发丰富。此外，数学经验的累加还受到很多其他因素的制约，如数学教师的既有知识水平等。通常而言，数学教师的教学机智是与其个体的教学经验成正比的，一旦数学教师对教学内容、教学环境等越发熟稔，其更多精力就自然倾斜到了对教学机智的寻找和创设上来。

其次，任何一个经验丰富的数学教师都会将其既有的教学经验运用到后续的教学行为中，而且骨干教师都会将自己的教学经验运用到完全不同的教学方式上，并形成良好的教学结果，极大地提升教学效果。从这里可以看出，教学经验与教学机智之间是辩证关系。通常而言，骨干数学教师的教学经验和教学机智总是成正相关关系。骨干数学教师会将自己的既有教学经验创造性地运用到后续的教学活动中，这样就能促进教学机智不断出现，呈现为教学水平的明显提高，讲课受到学生的欢迎。

2. 知识经验对课堂教学机智的具体表现

在大多数情境下，小学数学教师的知识经验和教学机智之间成正相关关系，并会在后续的教学活动中持续得到巩固。不过，在实际的教学过程中，小学数学教师的知识经验对教学机智的影响可以说是千变万化的，它们之间的正相关关系是以繁复的作用力得到体现的。这里简要从两个方面来加以阐述。

（1）通过小学数学教师教学活动的组织影响课堂教学机智

不同的小学数学教师拥有的知识结构是不同的，即使是同一个数学教师的知识结构也是处于不断演变中的。小学数学教师可通过对自身知识经验的重组来完成对教学过程的改变，进而以此形成对教学机智的改进。比如，新任数学教师总是想着怎么给学生以"下马威"，这样就能保证自己的教学活动顺利得到实施。在新任数学教师的眼中，顽皮的小学生就是扰乱其教学计划顺利实施的负面因素，因此其总会想到以"下马威"的方式来处理这个负面因素，让自己的教学能有效实施下去。受这种思维惯性的影响，新任数学教师几乎难以察觉到小学生所处年龄段的活泼特性，难以想到自己在碰到顽皮学生引发的突发情况时，自己会变得如何偏激，进而对课堂秩序造成巨大打击。可见，新任数学教师由于自身缺乏理性的教学处理方法和行为，会让教学过程中出现的突发情况变得更为复杂，最终将导致课堂教学难以执行下去，形成课堂教学的败笔。对任何一名数学教师来说，当出现突发情况时，正确的做法是引导和疏解不正常的突发情况，让教学再次顺利实施下去，而不是激化矛盾，让课堂秩序彻底走向崩溃。骨干教师总是采取巧妙的手段将这些突发情况一一化解，最常用的手段就是教学机智，将尴尬的局面轻松转化为促进教学的契机，以幽默有趣的手段将不利情况转化为促进课堂教学的小插曲，让自己的课堂教学质量再次得到提升，教学机智能力再次得到升华。

（2）通过教学活动的具体实施影响课堂教学机智

小学数学教师在执行教学活动时所具有的知识结构差异，自然会形成对其教学机智运用的巨大不同。总体来说，任何一名数学教师所具有的知识都是庞杂的，不是局限于某一个或几个学科，而是处于不断拓展之中的，这样他们的知识水平和知识结构才会变得越来越好，讲课的能力才能得到不断提升。毕竟，当前的数学教育和教学模式，已不能仅局限于教材上的那些知识，而且在讲课的过程中会涉及很多其他领域的知识，这些知识是远远超越教材上的内容的，这需要数学教师自身不断充电，只有数学教师有一桶水，才能倒给学生一碗水。这个道理可以说所有小学数学教师都知道。为此小学数学教师要在日常闲暇不断提升自己的知识领域，拓展自己的知识水平，以便在未来的教学中能游刃有余，传授给小学生最好的精神食粮，娴熟地处理各种突发情况，将教学机智更好地彰显出来，逐渐成就自己的教师素养。为此，小学数学教师还应对自己既有的教学实践展开有效总结，在条理化的梳理中逐步提升自己的教学实践能力，进一步促进自身教学机智的运用层级。

（二）教师个性心理品质影响课堂教学机智的生成

1. 个性心理品质及其作用

小学数学教师的心理品质总是处于成长的状态，是其在各种环境下的持续积累，并会在特定情况下以某种方式展现出来的特性。不同小学数学教师的心理品质会因为其从教经历的不同而有所差异，并最终再次反馈到新的教学活动中来。在应对不同问题之际，不同心理品质的数学教师有着明显不同的处理突发情况的手段，最终所达到的处理效果也自然不一样。简单来说，处于较高心理品质状态者，在处理各种突发情况时更能从容不迫，获得效果也更好。而心理品质越差者，在处理类似突发事件之际则更显得不知所措，甚至难以收场，导致教学失败。可见，骨干教师之所以拥有优异的教学机智水平，是因为他们拥有较高的心理品质，并处于不断提升之中，从而最终呈现出良好的数学课堂教学机智状态。

2. 教师个性心理品质对课堂教学机智的影响

心理品质是小学数学教师综合性能力的重要表现形式，通过对心理品质的不断优化，数学教师的心理品质对教学机智的提升形成巨大的正面促进作用，并在其他很多方面都进行了正面巩固。下面将从两个极具代表性的心理品质来说明其是如何对教学机智的形成产生影响的。

（1）直觉对教学机智形成的影响

首先，直觉概念自身具有难以界定的特性，笼统来说，其与数学教师在各类课堂教学中的那些知觉行为及接触行为紧密相关。小学数学教师在教学过程中会将其所知觉到和接触到的各类事物，以自身特有感觉方式加以映射，并以极富个人特性的方式凝练成一种纯粹的判断，从而影响其他相关的教学行为和教学结果。

具体来说，数学教师的直觉在很大程度上，就是其充分运用个体化的教学经验对各类问题加以判断，进而迅速获得相对适切的问题解决方案。可见，所谓直觉就是一种典型化的思维过程，数学教师通过该典型化的过程就能为当下的问题找到较为适切的化解之策。

其次，数学教师教学机智的塑造不仅可从思维过程上加以贯彻，而且可从思维模式上得到实施。数学教师可以以自身持续生发的直觉来促进教学机智的成长，这种成长过程既有突发性的特点又有创造性的特征。教学机智并不像直觉那般具有显见的即兴创作特性，因为前者的临机应变性是建立在长期而大量的教学经验积累之上的。自然，从形成机制上来说，数学教师教学机智的呈现是教师良好直觉的纯粹彰显，是在课堂情境与临时突发事件的瞬时联系中即刻产生的。

（2）幽默对教学机智形成的影响

小学数学教师在实施课堂教学时，总会以一定的幽默手法或途径来尝试调动课堂教学氛围乃至其他一些问题。可以说，幽默这种事物是任何一个数学教师所倾向于运用的教学手段。因为这种手段能显著提升数学课堂的氛围。实践证明，天性幽默的人在遇到各种课堂突发情况时，常常会更好地处理这些不寻常事件，进一步协调彼此之间的关系，使教学双方的关系处于和谐状态。

可见，数学教师的幽默品质是促进教学机智呈现的强效催化剂。要想拥有成功的课堂教学，就要将幽默元素运用进来，以恰当的方式加以呈现，才能让自己的课堂教学变得富有感染力和吸引力。总之，直觉与幽默都是数学教师必备的良好心理品质，能从各方面促进教学机智的形成，并在很大程度上进一步促进教学机智不断优化和升华。

（三）课堂教学环境影响教学机智的生成

1. 课堂教学环境及其作用

首先，小学数学课堂环境是该阶段课堂教学情境的核心构成要素，甚至有些人认为课堂教学情境在某种意义上可直接归纳为课堂环境。基于此，本书认为，数学教师在化解实际教学问题时，应善于运用课堂环境这个要素。比如，数学教师可以将课堂环境要素的作用发挥出来，从而促进教学机智的良性生成。从成分上而言，任何一个学科课堂环境的构成都是繁复的，数学课堂也不例外。一般来说，课堂环境既包括物理层面的因素，如当时课堂所处的空气质量等；又包括很多精神层面的因素，如教师的心理状态，小学生的心理状态，以及他们彼此间的关系等。

其次，数学课堂环境对于课堂教学的作用是极为繁复的，很多时候需要从量化的角度加以研究。比如，当课堂环境陷入沉寂时，教师与学生之间不仅较少有视觉的触碰，也少有听觉和声音上的交流，这时的课堂教学就是很危险的，教师应该采取措施，避免这种不良情况持续下去，如此才能确保教学能够有效进行。比如，数学教师在此时可以采取教学机智的手段来加以化解，从而调动学生的注意力，并再次集中到教学内容上来。

2. 课堂教学环境对小学课堂教学机智影响的具体表现

第一，良好的课堂环境对数学教师教学机智的激发作用是显著的，反之亦然。比如，当课堂环境处于良好状态时，师生间的情绪就处于昂扬向上的状态，这种状态有利于知识传授与教学机智、数学核心素养的形成。反之，师生处于情绪恶劣的状态，就难以将教学行为实施下去，更遑论教学机智与数学核心素养的塑造。可见，良好的课堂环境是数学教学顺利开展的必备条件，是数学教师不断提升自己教学质量，确保数学核心素养持续得到提升的重要前提。

第二，良好的课堂环境本身就是数学教师教学设计的重要内容。数学教师可从以下两个方面着力塑造课堂环境，让其激发出良好的动力：一是从物理环境层面展开塑造，虽然这方面努力的空间有限，但是数学教师如果能巧妙运用还是能够获得事半功倍的效果的。二是从心理环境层面进行塑造，数学教师不仅要对自身进行这方面的提升，而且还要对小学生的心理状态加以调控，从而更好地为教学目标服务。总之，数学教师要运用教学机智等手段，将促进优异课堂氛围的要素激发起来，为教学双方共同完成的教学任务营造出良好的环境，从而顺利地达成既定教学目标。

七、促进教师课堂教学机智的生成策略

（一）丰富知识经验，加强教学反思

首先，数学教师的知识经验是其教学得以执行的不可或缺的要素，这对新任教师来说尤为重要，因为新任教师的知识经验在促成教学机智的形成上比骨干教师更为凸显。在大多数教学条件下，拥有较多知识经验的教师更容易催生出教学机智。很多骨干教师之所以拥有大量教学机智，就是因为他们有着丰富的教学经验和知识经验。其次，现代教育和教学的目的不仅是让学生获得一些学科知识，更重要的是让他们在教育教学过程中获得思维方式、核心素养等方面的全面发展。数学教师必须不断提升自己的素养，这样才能确保自己所教的学生能得到全方位发展。笔者认为，数学教师可从以下两个方面来提升自己的教学机智，从而促进学生的数学核心素养不断提高。

1. 丰富知识经验，为课堂教学机智的发生做准备

数学教师知识经验的增加能确保教学机智的不断提升。那么数学教师应如何来积累数学以及其他方面的知识经验呢？笔者认为可从以下两个层面来加以实施：一是数学教师自身应不断展开数学学科知识和教学能力的提升，不断

提高自己的数学教学能力。二是数学教师要不断拓宽自身的知识面,提高自己的教学机智运用能力。数学教师应努力学习同行的教学经验和知识经验,在相互的学习活动中不断提高自己的教学水平。数学教师应根据自身的既有条件和状况来确立知识经验等的学习计划,而且教学机智的实践行为本身就是有效促进数学教师这方面能力的成长捷径。只有亲力亲为的实践行为,才能让数学教师更迅速地发现自己在教学机智塑造上存在的缺陷,并在后续的教学活动中加以弥补。实际上,数学教师的教学实践行为本身就是强化学习的有效途径。正是课堂教学实践促进数学教师努力加以应对,让自己在一线教学中不断提高自己。数学教师应将自身的实践和学习对象放在学生身上,要从学生的学习过程、学生的反馈等角度来展开对教学机智的发现、塑造与习得,这样不仅能确立学生在数学教学中的客观性身份,让教师更好地调整自己的教学行为,而且能进一步改进数学教师的教学机智塑造方向。

数学教师在教学机智的塑造上还应努力向同行学习,从他们的经验与言行举止中获得帮助。数学教师应从以下几方面来展开对同行的学习:首先,数学教师向其他教师学习并不是进行原封不动的"抄袭"。数学教师要积极向其他同行学习有益的教学机智经验及其生成机理,但并不是说一字不变地照搬其他教师的教学机智运用案例。原封不动地照搬是难以将他人的成功运用心得内化到自己心里的,这样不仅不会收到良好的效果,甚至会在很大程度上产生负面效果。[1] 这是因为,数学学科教师与其他学科教师之间存在着根本性的差异,这些巨大的不同决定了照抄其他教师的做法必然会导致教态等的不自然、不贴切,造成生硬的教学结果,最终只会让学生或其他听课者一头雾水,甚至觉得可笑。不仅如此,课堂教学环境是随时变化的,如果生搬硬套他人的做法,是

---

① 王卫华:《教学机智:教师即席而作的创造艺术》,《湖南师范大学教育科学学报》2013 年第 2 期。

难以让与课堂环境以及其他要素以适切性方式生成的教学机智产生，或顺畅得到塑造的。

其次，数学教师要从自身预设的教学情境需要出发来展开借鉴，这样才能有效促进教学机智的生成与完善。数学教师要将他人的经验积极运用到自己的教学实践中，只有亲力亲为地进行教学实践，才能让经验变成自己的能力，才能让不可能出现的最佳教学机智呈现。在艰辛的实践过程中，数学教师要深入认识自身的特性，要科学合理地展开教学实践，不能好高骛远、一口吃成个胖子，否则是难以获得良好的教学实践效果的。总之，数学教师要大胆尝试，小心求证，逐步将他人成熟的教学机智做法内化为自己的教学经验，逐步创建出自己的教学机智运用体系和发展体系。

2. 加强教学反思，完善课堂教学机智

数学教师不但要加强对其他教师教学经验的积累，而且要及时展开反思，从理论逻辑的高度进行这方面经验的内化与深度融合后的生发。只有展开有效的自我反思，才能将外在的他人的东西糅合到自己的知识体系、能力体系之中，才能成为自己教学机智的一部分。比如，数学教师在进行教学机智主题下的反思时，不能只痴迷于简单的表面的原因，而忽略深层次的问题，这样的反思并未深入骨髓，难以达到效果。正确的做法是，数学教师应从不断完善自身教学机智的目的出发，将大的问题细化，以一小步一小步的方式展开检讨、评估，然后在获得切实的有效反思信息后，再制订出改进计划，切实加以微调和改进。在具体操作过程中，数学教师应结合自身的内外在条件来认真加以执行，如果觉得自己所订立的计划不是很科学和合理，数学教师还可以请求其他同行或专家进行指点，以便切实提升自己的教学机智能力。换言之，数学教师要从共同反省的角度来展开反思。以下是数学教师与他人展开共同反省时需要加以认真研究和分析的内容。

其一，数学教师需要注意分析教学机智时容易出错的地方。对任何一名

数学教师来说，教学生涯中难免会出错，即使是经验丰富的骨干教师也会有失误。但数学教师应能善于捕捉自己教学中的那些失误，当察觉到失误时，数学教师应立即引起注意，记下自己所犯的失误，反思导致失误的原因，避免在未来的教学行为中再犯。对教学机智的运用问题，数学教师也要照此办理，将可能的教学操作上的不规范、行为上的失当等加以积极防范，不让不必要的错误再次出现。数学教师要以积极心态来对待实践中的教学机智问题，不放过任何一个小问题，这样才能将那让人看起来、听起来就耳目一新的教学机智生成并最终在心里生根发芽。不然，相同的小错误就会不断出现，难以根除，畅想中的教学机智愉悦幽默之境也是水中之花、镜中之月，数学学科的教学水平也是难以得到提升的。①

其二，数学教师应将教学中的教学机智点睛之笔着重记录下来，以便后期查阅和学习。任何一名数学教师都会有一些让人喝彩的教学成功片段，这些片段甚至包含了教学机智的真实场景。对此，数学教师应积极加以记录，不能说是自己偶然迸发出来的运用妙境就觉得没什么大不了。其实只要勤加记忆，然后抽空加以整理、回顾和反思，就能让自己的潜能不断得到激发，能力得到提升，在持续的升华中让教学机智运用之境臻于至善。

其三，数学教师要积极关注教学机智发生之际学生的反应，从他们身上获得有益启发。数学课堂教学毕竟始终是围绕学生的核心素养教育来展开的，数学学科下的教学机智生发、运用等的终极目的也是植根在小学生身上的。为此，数学教师应紧密观察教学机智发生之际班级学生的各种反应。一方面，从学生情绪、神态上的变化，数学教师能更好地感受教学机智在他们身上的作用过程，能发现哪种教学机智的效果较佳、哪种教学机智的效果并不好，等等。

---

① 张素雅、田友谊：《"教学机智"研究误区的多维辨析——基于现象学教育学的视角》，《现代大学教育》2013年第3期。

这样就能更快知道教学机智实践的效果，并立即加以调整。师生之间的互动本身就是教学机智得以运用的直接对象，在相互的感应、激励之下，教学双方的教与学就能得到更好的催生和升华。另一方面，学生在课堂上的反应是对数学教师课堂教学状态的最真实反馈。数学教师要积极面对学生的疑问，为了不让学生的疑问影响教学的进行，数学教师应以高度洞察力观察学生的变化，并以自身良好的教学机智来处理由学生的疑问引发的突发情况的发生。比如，数学教师应主动和有问题的学生展开各方面的沟通，从眼神、言辞上进行交流与反馈，引导有问题的学生顺着自己的教学节奏学习，从而化解他们的疑问，甚至以教学机智的输出来解决小学生将要产生的疑问。实际上，学生的各种反应才是确认数学教师教学机智运用是否得当的终极裁决者。

其四，数学教师要善于捕捉瞬间灵感，并以此展开教学机智创设。由于数学教学机智的出现时常都是在教师、学生的互动中生发，并以教师刹那间的灵感得到实现。因此，数学教师应精准抓住这些灵感生发的片刻时间，展开积极的教学机智转化，让其成为课堂教学的点睛之笔、妙笔之花。任何学科的教师都不可能完全按照先前的教案来展开课堂教学，数学教师也是如此，这些超出备课思路之外的精彩瞬间，体现了教学双方互动的程度及广度，灵感也在最切合的时间自然而然产生，数学教师要紧紧将其抓住，升华为教学机智产生的最佳时机。总之，教学机智催生的灵感可能发生在任何时机，但总体来说还是需要数学教师善于把握、敢于尝试。①

其五，数学教师应对自己已运用过的教学机智展开再设计，不仅能让既有的教学机智再次发挥作用，而且能让数学教师的教学机智之树成长起来，数学教师也将在这个过程中逐步成长为学科名师。任何学科中的任何一个教学机智都不是死板的，而是多元要素不断生发的灵魂精粹的体现。随着教学机智个

---

① 王卫华：《论教学机智的判别条件及分类》，《江西教育科研》2007 年第 4 期。

案的不断演化，小学生的思维空间得到了拓展、创新精神得到了培养，数学学科核心素养也得到了切实培育。如果数学教师总是运用同一个或同一类教学机智，那么小学生就极易陷入课堂疲劳，难以将学习的兴趣维持下去，导致学习效率降低。为了避免这种情况的出现，数学教师应及时对已有的教学机智展开反思、评估与再创造，从根本上再度确立自己的教学机智体系。此外，数学教师在反思自己的教学机智体系时，要积极将社会背景因素考虑进去，加大与同行、专家之间的共同反思，从共同体的意识出发来展开教学机智的塑造和体系性建构。总之，所有的教学机智都是有其教学价值的，并无根本上的优劣之分，只要教师能慧眼识珠，敢于将其进行升华与萃取，它就能发挥出应有的教学能量，这种教学及机智就是最佳的教学机智。

（二）培养良好的个性心理品质，重视直觉和幽默

1. 强化直觉训练，提高对课堂教学机智的敏感度

第一，小学数学教师应从课堂突发情况的属性以及自身的教学经验丰富度出发解决问题。如果数学教师从这两种因素的本质属性出发来加以判断，就能为自己提供不可多得的处理时间，以及科学合理的处理方法。

第二，数学教师不可能事事具备，凡事都考虑得那么周到，突发情况更是在教师的预想之外，但是数学教师应该勤练基本功，特别是直觉能力，从而应对可能出现的各种课堂突发情况。正如前文所说，如果数学教师拥有良好的直觉能力，就能对突发事件保持较高的反应敏感性。拥有较高直觉能力的数学教师，能在教学实践中，激发出应急性的直觉能力和直觉思维，能较为精准地就某些课堂上的突发事件想出应对之策。实际上，数学教师可在自己的日常生活中进行积极直觉能力的锻炼，从随机的直觉场景中找到有益于教学机智生发的契机、实现的情境以及实现的方式等，让数学教学机智的催生与直觉的发展在

融汇中得到协同共进。①

2. 适时的幽默，提升课堂教学机智的艺术性

首先，数学教师要具有一定的幽默感，这不仅表明该数学教师的心理状态较好，而且幽默感也是教师的必备技能之一。数学教师在课堂上以一定幽默技能来展开教学能让自己的课堂教学更有吸引力，让知识阐述过程变得更为通俗易懂。数学教师富有幽默感，其营造的课堂就鲜少有压力，学生也就能以更加轻松闲适的心态展开学习，学习效率也必然更高。经验丰富的数学教师必然会将幽默元素运用到教学机智中，这不仅体现为在突发情况发生时以幽默来化解尴尬和问题，而且也体现为系统性的以幽默元素为核心推演开的教学机智的塑造。②

其次，数学教师具有幽默技巧就能对其课堂教学形成巨大激励，促进教学效率的提升。如果数学教师具有幽默感，能表明其教学态度的良好与积极向上，而且教学机智能够发挥更高的水准，这样的数学教师教学水平必定是很高的，对课堂的掌控能力也是很强的。数学教师能以自己的幽默感为支撑来带动小学生更好地投入教学之中，从而获得良好的教学效果，还能以幽默要素为核心来建构自己的教学机智体系。实际上，很多数学名师就具有这样鲜明的特点，并建构出了极富个人特色的教学机智体系，赢得了学生的普遍认可。③

3. 驾驭课堂环境，注重应用

首先，数学教师应不断提升自己的课堂管控能力，只有把课堂的一切都统摄起来，才能让尽可能多的课堂内外要素被整合起来，为教学目标服务，并在高效课堂的生成预期下，形成对教学机智生发机制的培育。其次，随着数学

---

① 刘徽：《教学机智与教学预设矛盾吗——兼论剧本式教学计划和愿景式教学设计》，《教育发展研究》2007 年第 22 期。

② 赵兴奎：《教学反思：生成教学机智的必要条件》，《中国成人教育》2013 年第 20 期。

③ 甘火花、潘静薇：《新教师课堂教学机智探析》，《教学研究》2009 年第 2 期。

教师教学能力的升级、驾驭能力的提升，新任数学教师逐渐成长为骨干数学教师，在此过程中，数学教师的教学机智不断生发，形成机制也逐渐走向成熟。

（1）驾驭课堂环境，促进课堂教学机智的生成

第一，不同要素整合下的课堂环境是数学教学情境得以构建的核心要素。一方面，数学教师要以自己所拥有的教学技巧来提升自己的教学方案，这样就能更好地达成师生间的互动，进一步促进融合性课堂教学的生成。另一方面，数学教师与学生间的沟通也是教学方案形成的重要因子，教师要根据这种互动性来设计教案，特别是应将学生的学习主动性发挥出来。

第二，在主题性的教学环节中，数学教师应将教学双方的主体性发挥出来，让他们在彼此的沟通中形成有助于教学机智产生的氛围。与此同时，小学生的知识水平也在多元沟通中得到提高，核心素养能力也不断得到增强。身处主题性课堂教学中的小学生，在获得集中性的知识的同时，还能赢得思维品质、思维能力的迅猛生长，这样相得益彰的形成机制甚至能够让小学生在某些时候帮助教师催化出教学机智生发的因子。数学教师要善于利用这种因子，让处于教学中心的小学生成为自己课堂教学的受益人，也让他们成为教学机智体系打造的负责人。通过这种积极的驾驭，良性互动的教学机智不仅得到了实现，而且在这个过程中不断壮大。

第三，数学教师应从问题出发把握好课堂情境，并先期性地找出各种可能的应对之策，以便更好地展开教学。因为数学教师只有对各种课堂环境要素进行了精准把握，才能让自己所要创设的教学机智得以顺利生成，让小学生在富有创新性的氛围中获得数学知识的增长、数学能力的扩展以及核心素养的整合性形成。

（2）注重应用，让课堂教学机智成为习惯

第一，任何一名数学教师在经过艰苦探索之后都能逐渐进入教学机智创设的佳境，让点燃课堂教学的教学机智如其所愿的发生。对大多数数学教师来

说，只要经过一段时间的一线教学实践，就能在教学机智上获得一定的积累，然后就能据此展开更为精进的教学机智型教学，并在师生互动中将其有效地反馈到学生以知识、思维与能力为支撑的数学核心素养体系建构之中。

第二，数学教师在具有了初级教学机智体系后，还不能放松下来，应继续朝着更高层级的教学目标与教学机智目标推进，让自己的教学之树进一步茁壮成长。教学机智体系的成长是一个漫长的过程，数学教师不仅要在新的教学内容中实践既有的教学机智，还要不断优化教学机智，力求让自己的教学机智提升到更高层级。

第三，数学教师的教学机智体系得以形成并不断得到精进之后，数学教师的教学就必然是围绕教学机智体系来切实展开的，教学机智运用的圆融之境就此开启，学生在这样的课堂之下必然得到快速成长，数学核心素养也能得到更好更快的培育。

第五节 课堂教学的"谋略"艺术

一、数学谋略的分类

所谓"数学谋略"，又叫作"数学策略"，从字面意思来看，指的是处于解题状态的主体，基于一定的理论、思维与手段对题目所展开的分析与解答。骨干数学教师能够娴熟地将恰当而有效的解题谋略或策略传授给学生，让他们在持续的践行过程中获得解题意识、解题能力的提升。常见的解题谋略有如下三种。

（一）数量关系分析法

其指的是解题主体方在对题目展开求解时，从题目中所确认出的已知数量、未知数量以及这两者之间的关联性。依靠这种方法，解题主体方（小学生）就能将题中的问题快速算出。比如，四则运算等算法就是这种谋略的体现。

（二）问题中心倒推法

其指的是解题主体方从最后的问题出发一层一层进行逆向分析，经过层层剖析，以逆向思维方式最终获得对问题的解答。

（三）线段、图示分析法

其指的是解题主体方在分析问题时，首先将题目中的已知条件、所求问题等罗列出来，其次用线段、图表对这些已知条件、所求问题等进行展示，最后以线段、图表来求解的方法。

还有很多其他谋略，如假设法等，这里不再一一列举。

二、小学数学课堂教学中的谋略

（一）活化学生的数学谋略意识，有效培养学生解决问题的能力

第一，意识是促进小学生自主探索数学知识，展开创造性学习活动的重要内在观念与动机。小学数学教师要将学生的意识教育作为自己数学教学的重要支点来加以对待。换言之，小学数学教师应侧重从意识角度来培育学生的数学谋略，应将学生的数学谋略从意识的角度进行活化和激发，以便有效提升自己的数学教学对核心素养的培育。第二，数学教师对小学生意识的培养以及相

关能力的激发，不是短时间内就能完成的，这需要数学教师进行科学合理的规划，并按照一定计划来加以进行，如此才能在努力探索之后获得解题能力的提升。第三，在培育的过程中，数学教师要积极引导学生以自主学习的方式展开学习，不能一味采用灌输的方式来进行教学。如此，数学教师才能让小学生逐渐拥有科学合理的数学思维模式，也才能将有益的数学谋略内化到小学生的心里，实现从谋略角度对数学核心素养能力的提升。

（二）数学教师应加强对基本数学谋略应用能力的引导

数学教师在提高小学生数学谋略的过程中，要在班级内树立良好的榜样效应，在"你追我赶"的氛围中促进小学生对创新意识的自主发展，让他们成为具有自我学习、自我监控、自我反思的众生型学习者。数学教师不仅是课堂教学的最高组织者，还是课堂教学的引导者。小学数学课堂是教师才艺的集中呈现平台。在这个平台上，数学教师的才能可以通过组织能力、教学能力以及谋略规划能力等来得到体现。依靠上述这些能力，数学教师就能对课堂教学展开有效管理，营造出积极和谐的课堂教学氛围和环境。以下是三种常见的数学课堂教学中的谋略及其在解题中的应用示例。[1]

1.数量关系分析法

实际上，数量关系分析法这种谋略几乎是解答小学阶段数学题的起点。总体来看，这种数学方法在解答应用题方面运用得最多。例如，小学数学教师一般会以等量关系来实施对小学数学应用题的分析和解答。

2.图示分析法

从前面的分析可以看出，这种方法对培育小学生的思维品质、思维能力有着很大帮助。该谋略不仅对抽象性的问题有着直观的阐释，而且对图像化的问

---

① 孟庆赢：《浅谈小学数学应用题教学策略》，《课程教育研究》2020年第6期。

题也能起到良好的引导性分析作用。小学数学教师以这种方法展开简单的图示表述，就能将问题中的要素清晰地挖掘出来，将不同要素间的数量关系进行精准展示，帮助分析能力有限的小学生快速找到解题思路。凡是题干中数据比较多，数量关系也颇为庞杂的问题，很多小学数学教师就倾向于采用"图示分析法"。小学生在数学教师的引导下很快就能找到问题实质，小学生的注意力会随着教师的笔触移动，在教师图示下，题干中不易察觉的数量关系得到清晰表达。比如，"在飞驰中的火车正前方有一面绝壁，火车目前的速度为 102.2 千米 / 时，火车鸣笛 3 秒后司机才听到回声。请问：火车司机听到回声时，火车距离绝壁多远？"这样的求距离问题就能采用图示分析法来加以解答。

3. 问题中心倒推法

倒推法也是在小学数学课堂教学中常用到的策略，这种策略是从问题结论出发来展开倒推，从而得出答案的一种方法。比如，"某建筑公司修一座桥，第一年修建了全长的 2/5，第二年修建了余下的 4/7，还剩 400 米，求该座桥全长为多少？"这类求"原来数据"的题目就可以采用这种问题中心倒推法来进行解答。

第六节　创造真实有效的小学数学问题情境

一、问题情境创设的教学依据

第一，问题情境创设教学就是从小学生的实际生活出发展开相应情境设计，并在此基础上实施的与小学生认知能力、认知特征一致的教学手段、教学策略等。

第二，在小学数学教学领域内，教师可通过创设"问题型情境"来确立特定的模型，以便更便捷地对教学内容展开更好的分析、更有效的应用以及更广泛的拓展，让小学生更容易对一些基本概念和核心的公式进行理解，促进小学数学的顺利实施[①]。

第三，《义务教育数学课程标准（2022 年版）》提出，小学阶段的数学教学要力求和小学生的现实生活密切联系起来，教师要从小学生既有经验、知识等来展开相应的情境创造，从而以富有趣味性的教学方式引导小学生展开自主性的数学学习以及其他相关交流。这些富有生活气息的情境有助于小学生对数学问题加以分析、操控、估测、思考等，进而实现相应内容的深刻认知与感受，最终获得对数学思维、数学方法、数学技能和数学美等的掌控能力[②]。从这些阐述中可以发现情境教学从教学目的、教学地位和教学作用等方面对小学数学课堂教学提出了非常清晰的要求，而且是该学科展开问题情境创设教学的前提条件。

第四，数学教师要从问题情境教学的要求出发来发展小学数学核心素养，从而满足小学数学教改的诸多要求。数学教师在进行问题情境创设时，要按照以下特性来加以落实，才能获得更好的效果。首先要满足小学生的趣味性。数学教师在教学时要从激发学生学习兴趣的目的来进行情境创设，这样才能更好地激起小学生的学习兴趣[③]。其次要满足小学生的启发性。小学数学课堂教学的重要目的是要不断塑造小学生的思维，让他们早日形成能够高效解决问题的能力，所以数学教师在进行问题情境创设时要从思维迁移的角度来展开。再次要满足小学生的思考性。数学教师在进行问题情境创设时要坚守思考性的原则，要善于引导小学生展开思考，要能激励他们自我探索等。最后要满足小学

---

① 郝洪忠：《小学数学教学中问题情境的创设》，《学周刊》2012 年第 8 期。

② 陈希超：《浅议小学数学教学中问题情境的创设》，《中华少年（研究青少年教育）》2012 年第 11 期。

③ 陆敏雅：《小学数学教学中创设问题情境的几点思考》，《小学教学参考》2012 年第 5 期。

生的开放性。数学教师应从多元化的原则出发来进行问题情境创设，以便更好地展开对小学生思维的开发。

第五，数学教师在展开问题情境创设时应当坚持以下原则。首先要遵循诱发性原则。小学数学教师在进行创设时，要从悬念制造、兴趣创设、疑问诱导等来展开设计，从而实现对数学知识的传授。其次要遵循真实性原则。小学数学教师要从真实性原则出发让小学生在现实生活的场景中学习数学知识，学会解决问题。再次要遵循接近性原则。小学数学教师在进行问题情境创设时要把控好知识水平的难易度，要给小学生预留一些发展空间，这样才能最终通过努力解决问题。最后要遵循合作性原则。小学数学教师要从合作意识出发展开问题情境设计，从而更好地实现数学知识的学习，达到对综合性数学素养的培育。

二、问题情境创设的意义

第一，课堂教学的实质就是对小学生进行思维能力开发的过程。人的思维发生的过程一般是沿着"问题—观察—假定—推理—检验"这五个环节来实施的。小学数学的学习过程必然也是循此过程来得到推演的，数学教师在进行教学安排的时候也要按照这个思路来落实，这样才能获得最佳的教学效果。一旦数学教师不能设计出最适切的问题情境，小学生的知识接受过程就会不那么顺利，学习效果也不会很好。数学教师应从启发性的角度来展开问题情境创设，要让小学生在与他人的交流中获得知识和能力的提升，这样才能让他们的思维品质和思维能力得到全面发展，最终实现数学应用能力的提升，从知识学习过程中获得实际价值。

第二，数学教师应从小学生的求知欲来着手数学课堂教学设计以及其他教育计划的开展，这不仅体现在新课讲授上，也体现在其他综合性素养的培育上。数学教师要从兴趣激发的角度来落实情境氛围的营造，以便能更好地激发小学生的好奇心和探索欲。在导入环节，数学教师也要从情境角度展开设计，从情感色彩等角度拉开层级，在调适最佳知识难易度的同时，还要激发他们的探索与学习动力，以便更好地促进他们在数学知识、数学能力水平上的提升。

第三，数学教师应积极促进小学生学习兴趣的发展，从各方面创造条件让学生自己去进行挖掘，发现知识魅力，拓展自己的能力，数学教师只是从旁加以辅助，帮助学生在情境中增强学习的动力，提升学习的方法。在进行问题情境创设时，数学教师要将问题情境与教材紧密结合起来，从提升兴趣的角度展开创设，这样就能更好地在情境体验下进行数学知识学习。与此同时，数学教师还要尊重小学生的教学主体地位，从多元化的角度出发进行自主意识下的课程开发和教学设计，以便促进小学生多元化思维及开放性认知品格的形成。

第四，数学教师在进行问题情境教学创设时，要始终将和谐的师生关系置于核心位置，要在传统的师生融洽关系得到巩固的前提下，展开两大教学主体之上的创新。从教的方面来看，数学教师要让教学成为自身引领学生知识学习、情感发展的过程，要从情境创设中赢得自己对学生人格上的引导和知识的传授。从学的方面来看，小学生要从对教师的尊重出发积极学习数学知识，提升自己的数学思维能力，从与教师以及同学的互动中获得综合性能力的拓展，最终让自己的数学核心素养以及其他学科的核心素养都得到显著提升。总之，在教学双方的相谐相生关系之下，数学教师和小学生都应发挥出自己应有的作用，在互动交流中成为相互协调、相互生发的知识的构建者，能力的塑造者，教学的合作者，在彼此平等的教学活动中成就对方，实现彼此最大的价值[①]。

三、提升小学数学教学问题情境创设效果的对策

（一）正确认识创设有效问题情境的内涵

第一，作为新课程改革的重要实践内容，数学学科的问题情境教学已经受到很多数学教师的重视，并从不同主题下的创设展开验证，其中最为重要的是对问题情境教学创设有效性内涵的认识。这里所说的"有效"，一方面指的是问题情境教学创设在数学学科范畴上对"问题情境"创造、设计的"有效"；另一方面指的是在数学学科范畴下以"问题情境"创设所进行的核心素养培育的"有效"。前者是狭义上的有效，后者是广义上的有效。同时，这里的"问题情境"是从数学学科的课堂教学来说的，教师应根据课堂教学的标准来展开问题的安排，以及情境的创设，这两者是紧密联系在一起的。通过这些分析可以发现，数学教师在进行各类问题情境创设时，不能为"问题"而创设"问题"，也不能因"情境"而创设"情境"，而要在核心素养培育以及多元融合的原则上来展开创设，不然就会陷入问题情境创设教学的误区，难以实现对数学核心素养培育以及对小学生数学能力提升的教学目标。这部分常见的教学设计错误是未能正确理解问题情境创设中的"有效"问题，让数学教师在所创设的"问题"与"背景内容"方面出现了地位颠倒的现象，表现为无效问题。

比如，在"异分母分数加减法"这一课的问题情境教学中，数学教师就可采用以下步骤来加以完成。

第一，数学教师可先让学生以折纸等方式来对涉及的算理尝试进行理解，学优生很快就能说出其中所涉及的算理是什么，学困生也能在教师和同学的辅

---

① 刘强：《小学数学教学中有效问题情境的创设》，《教育科研论坛》2012 年第 5 期。

助下认识到"异分母分数加减法的方式"这个算理。

第二，数学教师将下面这 3 道题展示出来：1/2+5/6=，3/4+7/9=，1/5-1/8=，学生可任选一题来做。

第三，在大部分学生都做完并订正后，数学教师再将以下 4 个问题抛出来：①在解答这 3 道题时，都要将异分母分数转化为同分母分数，然后才能开始下一步计算，在转化过程中你发现了什么现象？②你觉得你将它们转化为同分母分数的原因是什么？③从以上两个步骤，你觉得异分母分数的加减法计算方法的核心是什么？④在以上这些计算过程中，你觉得需要留意哪些问题？

以上这个案例所进行的问题情境教学创设就是有效的，实现了对"问题情境"创设的有效，也实现了"问题情境教学目的"创设的有效，双重有效确保理论对小学生思维品质塑造的成功，小学生以自主探索的方式实现了对数学核心素养的培育，感受到了数学的美。

（二）提升问题情境教学创设的针对性

数学教师应秉持科学理念来进行问题情境的创设，从而以合理的方式促进小学数学课堂教学的发展。教师在进行创设的时候要让自己所选择的素材和教学方式有针对性，这样才能确保教学能取得成功，获得自己所预设的实效。

第一，数学教师应从自主性的角度来展开问题情境的创设，从而让小学生的自我学习能力、自我管控能力和自我反思能力等得到快速提升。小学生的自我能力体系是数学学科核心素养培育的重要目标，数学教师从"问题情境"角度展开的教学创设也是为了实现这个目标。比如，在进行"因数和倍数"的问题情境创设时，数学教师就可先对小学生的阅读与理解能力展开学情调研，如果小学生对这部分需要的背景知识了解得比较好，那么教师就可采用问题情境创设的方式展开教学。首先，数学教师应以小学生自主学习为原则来展开教学设计，以问题串的形式来具体加以实施。其次，教师应以递进关系来创设问题。问题一，"因数"概念和"倍数"概念各是什么，这个问题教师是不用去讲的，目的就是通过小学生的自主学习对这两个概念有深入的理解和记忆。问题二，以列举一系列数字的方式进行设问，让学生来确认哪些是"因数"，哪些是"倍数"，通过小组学习的方式来完成这个问题，同时还能锻炼他们的互动交流能力。问题三，以小学生自己举例来确认谁是谁的因数，谁是谁的倍数的形式进行设问，然后让小学生以小组探讨的形式对问题进行解答。问题四，就"因数""倍数"在现实生活中的应用价值和意义等展开设问。对这个问题的回答，教师可让学生先思考，最后由教师来归纳和拓展。通过以上的问题情境创设，四个问题都围绕着自主性学习的原则巧妙展开，小学生的思维在层层推进中得到了发展，这样就既达成了对本节数学知识的学习，又实现了对小学生自主学习能力的培育。

第二，数学教师应从对小学生解决问题能力的培育来展开对问题情境的创设。数学教师应从洞察力的角度来展开问题创设以及操作设计，这样才能将小学生的观察能力进一步培养出来，同时以颇为直观的方式将知识陈述出来，从而达到了对知识形成过程的探究。其实这一点是小学阶段很多知识性问题情境创设的关键。数学教师对此应重点加以对待。比如，在进行圆柱体的体积计算问题情境创设时，数学教师就可采用"让小学生动手来解决问题"的方式来展开问题情境创设。其大致流程如下：其一，教师开始布置准备任务。教师按照体积公式的算理，让小学生分组准备一系列教具，包括：一个同底等高的圆柱体、若干个圆锥体、一些河沙、一个适用的量具（量杯和量筒都可）。其二，数学教师引导小学生展开数学实验，根据以下思路进行操作：通过用量具测量圆柱体、圆锥体中的河沙，确立圆柱体和圆锥体之间的体积关系；然后进一步获得圆锥体的体积公式。其三，教师进一步推演，将自己准备的形状各异但同底等高的若干个圆锥体拿出来，当堂进行装沙测量实验，从而验证体积计算公式是否正确。其四，圆锥体的体积计算公式再次得到了确认，然后数学教师可创设这样的问题："所有的圆锥体体积都为圆柱体的 1/3 吗？"再次让小学生反复动手进行验证，并分组进行讨论，最终获得了一致意见，即"仅等底等高圆锥体体积才为圆柱体体积的 1/3"。通过这样的问题情境创设，数学教师既实现了预想的教学目的，又达成了对小学生数学操作能力的实践，以及自主探究主题下的核心素养目标的培育。

第三，数学教师要从小学生自己发现与提出问题的角度来展开问题情境的创设，这样创设才更有针对性，即让小学生自己来展开。在很多时候，提问能力最强的是学优生，而且他们的思考能力和洞察能力都很强。对标这种现象，数学教师应对班内的所有小学生都提出这种富有针对性的要求，从这个角度展开对数学核心素养能力的培育。

第四，数学教师的问题情境创设要从小学生的学习兴趣来展开，这样才能更好地培育他们的核心素养能力。小学生的学习兴趣需要不断强化培育，通过不断夯实他们的这种能力，就能让其在问题探究环节中更富有探索精神，更专注地解决问题。毕竟，正是兴趣给了小学生持久的动力，才让他们不会被知识中的难点所吓倒、所打败。其实，从很多版本的教材来看，数学教师都应对其中的大量内容进行基于学习兴趣的再改造，将教材内容与学生的学习兴趣紧密结合起来，并将学生的潜能激发出来。

第五，数学教师在进行问题情境创设时要搞好新旧知识之间的连贯性，既不能让知识间脱节，又不能难度太大。任何学科教学的知识都是在既有知识的基础上展开的，都是在旧知识基础上的拓展。数学教师在进行不同主题下的教学设计时，要从知识间的代际差异、时间跨度以及难易度来进行精心择取，而不是随心所欲地胡乱安排，不然就很难实现对教学效率的提升以及对数学核心素养培育的目标。

（三）提升创设的有效性

数学教师在进行问题情境创设时要从有效性的高度高屋建瓴地统摄整个创设过程，要对其中的细小环节切实加以把控，这样才能让"有效性"得到真正落实。笔者认为，数学教师在进行创设时，应从以下五个方面来确保创设的有效性。

其一，数学教师应从教学主体的生活中来寻找问题情境创设的素材。一方面，这是因为数学知识在本质上也是对现实生活的反映，在内在逻辑上有着一样的存在属性，新课改在这一点上的诉求顺应了这种内在本质。从解决问题方式来看，数学学科的数理方式是化解现实中诸多难题的最为核心的方式。数学学科的数理方式将人们的生活原型——解剖，小学阶段的数学学习在本质上也是遵循这个道理的，只不过数学教师要从简单的道理说起，从生活场景出发说明冰冷的数理关系问题。另一方面，为了更好地展开生活化的问题创设，数学教师应展开深入的分析、探究和提炼，只有将生活素材加以萃取，才能更好地将问题情境加以呈现，让小学生明白生活现象中的数理实质，让数学教师更好地实施课堂教学。数学教师在进行素材萃取时，既要充分利用自己和其他同行的经验，也要充分发掘小学生所具有的经验，并加以利用。这不仅是对小学生作为教学主体的绝对尊重，而且是让小学生从素材打造环节就参与进来，让小学生以全过程参与的方式接受数学核心素养的培育，使综合性能力得到快速提升。

其二，数学教师在进行问题情境创设时要注重形象性，确保小学生各项合法权益得到切实维护。小学生正处于长身体的关键时期，他们对自身的形象特别敏感，数学教师在进行角色创设以及数学实验操作时，要注意对小学生这些特点的保护以及正面培养。

其三，数学教师在进行问题情境创设时要始终坚守数学学科的固有特点，不能改变数学的学科属性。数学教师在进行各种创设时，不能本末倒置，让其他学科的学科性压制了数学的学科性。在同样的情境中创设，要充分体现学科的特点。如"组织春游"这个情境，在语文教学中能够进行学生表达能力的培养，而在数学教学中则应当通过学生坐车的合理安排、人员的分组、门票的购买等环节，设计更多的数学问题，从而在引发学生学习兴趣的基础上，达到数学教学目的的实现。

其四，数学教师在进行各类主题下的问题情境创设时，在所设置的问题情境中一定要包含一系列数学问题。问题情境创设的形式大都是以问题串来呈现的，只有一个接一个紧扣在一起的问题才能激发小学生强烈的探索欲望，才能将"问题情境"创设的"有效性"得到体现，如果缺少了问题，或者问题设置得不合理，那么就不能说这样的问题情境创设是成功的。为此，数学教师要从不同学段小学生思维特点等出发来进行科学合理的创设，这样才能在兼顾小学生特点的情况下，让他们更投入地展开对问题的探究，切实提升自己的数学能力与核心素养。

其五，数学教师在进行各类既定主题的问题情境创设之际，要将自己和小学生的情感融合进来。问题情境教学及其创设本身都是将教学主体双方的情感融合进来的过程，而且在问题情境创设类课程教学得以实施的过程中，教学主体双方的情感也必将产生深度的交流和共鸣，如果未能实现情感的共鸣，那么这样的问题情境创设教学就是失败的，相关教学目标也难以得到真正实现，小学生的探究欲也难以得到真正满足。

（四）把握好创设的巧妙性

数学教师要从巧妙性的角度来展开对问题情境的创设，为此数学教师应从以下三个方面来进行落实：首先，数学教师要善于以讲故事的形式展开问题情境创设。几乎所有的小学生都喜欢听故事，数学教师要将问题情境融入故事中，这样进行创设就能将小学生的注意力吸引到教学内容上，达到最佳的教学效果。比如，数学教师在讲解"0～9数字认识"一课时，就可设计成五个小矮人一家到森林采花的奇幻故事情境：五个小矮人到森林里采花，因为小矮人甲太笨一个也没采到，就以"0"来表示；可小矮人乙、小矮人丙、小矮人丁、小矮人戊各自采到了数量不等的花。如此小学生就对0～9这几个数字有了更为深刻而生动的印象。其次，数学教师要善于以游戏的形式进行问题情境创设。几乎所有的小学生都喜欢玩游戏，这与他们处于儿童期紧密相关。为此，数学教师应设计一些适切性强的游戏情境，以此展开对小学生核心素养能力的培育。比如，可以设计分西瓜游戏来进行问题情境的创设，教师可分别给3个、5个、6个小学生分一个西瓜，在提问每个小学生能分到这个西瓜的多少时，就顺便将分数概念引出来，然后教师引导学生对西瓜进行不同人数下的平均划分。通过这种方式，小学生对较难理解的分数就有了更为清晰可感的认识，让小学生在游戏中加深了对分数知识的深入理解与记忆，并且印象非常深刻。最后，数学教师要善于以学生认知上的冲突来设计问题情境。比如，数学教师可利用学生对知识认知难度上的冲突来设计问题情境，如此不仅能将小学生内在的学习动力激发出来，而且能让小学生在深度欲望被刺激起来的背景下更想一探究竟了。

（五）把握好创设的技巧

为了将问题情境创设得更好，数学教师要将技巧灵活运用到问题情境的设计工作之中。其可从以下四个方面来加以操作。

首先，数学教师可采用类比来创设问题情境。一方面，教师要先从两种或两种以上的素材中找出它们的相似之处，从而确立这些素材是可以用到该主题下的问题情境创设之中的。另一方面，教师还要进行科学合理的推测，这些素材还在其他某些方面具有相同或相似的属性，比如在思维方式上具有相似性等，然后也可就此展开问题情境创设。由于小学数学教学内容都源自小学生的生活，所以要在生活中找到富有类比性的素材是很容易的。数学教师只要将这些不同教学素材之间的关联点发掘出来，以问题串的形式讲清楚，这样就能让小学生在这种教学形式下获得数学知识、数学能力等的显著提升。

其次，数学教师要让小学生展开对创设问题情境的操作。按照传统观点来看，数学教学就是讲道理、算题的学科，人们一提到数学就觉得那是抽象而枯燥的。为了改变小学生在数学教学中的被动地位，数学教师应让小学生参与进来，特别是应以操作的形式参与到数学教学中来，这样就能提升小学生的学习动力，以及对综合性数学核心素养能力的夯实。比如，前文所提及的"圆锥与圆柱体积推导"就属于这样的操作性强的教学。依靠这种实验性强、操作性强的问题情境，小学生不仅从数学学科的角度锻炼了动手能力，还加深了对相关知识的理解和记忆。可见，就小学数学知识而言，其实在很多时候是可以转换为操作性和实验性知识来加以学习和记忆的。而且依靠这类教学模式，不仅学生的学习积极性得到了极大提升，而且其实际技能也得到了巩固，拓展了知识的学科领域。

再次，数学教师要以学生的主动性的特性来设计问题情境。数学课堂教学呈现出必然的互动性，既可以是学生主导下的互动，也可以是教师主导下的互动，只是这两者的主导侧重点不一样。数学教师在进行问题情境设计时要将小学生的主动性纳入进来，将学生的主动性与不同素材的属性结合起来，从而实现问题情境创设的突破，通过这种创设性的突破，学生自身所具有的问题情境创设资源将得到深度开发，同时学生也将在这种融合中获得数学实验技能的提升。

最后，数学教师要善于将多媒体这种教学形式运用到问题情境创设之中。作为信息技术的重要类型，多媒体在小学数学课堂教学中发挥了不可替代的作用，并将在未来的核心素养培育工程中进一步发挥巨大作用。教师要将多媒体的声像技术特点运用到问题情境的创设之中，能够在问题串的设计中以图文并茂的形式展开场景的瞬时互换，进一步激发小学生的学习动力和兴趣。比如，很多低学段的小学生都喜欢看阿凡提这类型的故事，数学教师就可运用多媒体技术将这类动画中的内容剪辑到问题情境创设之中，进而形成富有动感的课堂教学内容，小学生在这种类型的课堂教学之中，学习兴趣必然大增，对知识的记忆也会更加深刻。

第五章
小学数学核心素养的教学

第一节　数学抽象的教学

一、核心概念界定

（一）抽象思维

从广义上来看，所谓抽象思维就是主体对人的思维方式、规则等的研讨和分析。从狭义上来看，所谓抽象思维则指的是主体对复杂事物展开剖析，探寻事物的本质属性，且对非本质属性加以摒弃的高阶性思维过程。在小学数学的教学过程中，抽象思维是该学科教学与学习时必然会用到的思维方法，依靠该类方法，教师和学生能更好地展开数学教学和学习，能更好地对数学问题进行概括和分析。实际上，在很多场合人们都会用到抽象类的思维方法，比如逻辑思维就属此类。

从发展来看，人们是先经历经验思维，然后才进入抽象思维的阶段。经验思维是建立在语言、符号等载体之上的，抽象思维也是建立在这些载体之上并展开后续的推理等思维行为的，这样主体才能更好地发现事物的内在属性以及与其他事物之间的关联性。就小学生而言，在思维过程中，他们主要采用的是具体性的形象思维，然后才会逐步进入抽象思维阶段，逐渐走入成熟的思维阶段。

（二）数学抽象思维能力

在不同阶段的数学教学过程中，教学双方所涉及的数学能力有很多种，其中最关键的有以下七种：一是抽象思维能力；二是逻辑推理与判断能力；三是空间想象能力；四是数学建模能力；五是数学运算能力；六是数据处理能力；七是数学语言与符号表达能力。可以看出，数学抽象思维能力占据着不可替代的地位，甚至是最重要的一类。处于学习状态的学生，不仅要通过对概念进行辨识，对问题加以判断，对过程加以推理等思维过程来对问题展开分析、归纳，而且要在对问题进行抽象归纳后展开清晰的、符合逻辑的表述，能将自己的思维过程阐述出来。换言之，就是学生还要将整个抽象思维的过程以简洁、高效的语言表达出来。当然这些能力是需要不断学习才能具有的。

二、基于调查发现的小学数学抽象思维能力培养策略

（一）教师应采用巧设问题，使数学教学情境问题化的策略

教师在导入数学概念，提出相应问题假设之际，可采用情境化问题的策略，将问题化解为更容易理解的方式来进行教学。这种策略需要教师精准设置教学问题，从学生的实际情况出发来创设数学教学中的问题情境，这样才能更好地激发学生的数学学习兴趣，让他们的思维调动起来，在生动、活泼的氛围中更好地对数学问题展开学习，轻松获得数学知识。这是因为将深刻的矛盾包含在问题情境中，并以此方式展示出来，能更好地激发与培养学生的思维[1]。小学生的抽象思维能力培养也要遵循这个规律。小学生能在具体化的问题情境中受到激励，将他们有限的思维能力倾注到数学问题上，并展开有针对性的思考，事半功倍地进行学习。数学教师应积极展开问题情境创设，让学生形成良好的问题意识，产生充足的解决问题的动力。

教师在设置问题情境时，先要确定自己在本堂课中的教学目的，然后再结

---

① 高彤彤、任新成：《多元智能理论与情境教育的发展》，《上海教育科研》2015 年第 3 期。

合其他因素进行问题情境创设。这些因素包括小学生的心理、教材内容等。教师在进行问题情境设置时应秉持生动有趣的原则，以便更好地将学生的学习动力激发出来。为此，教师应从以下四个方面来加以操作：一是教师应将素材的趣味性提炼出来，这样才能更好地调动小学生对数学知识的探索欲；二是数学教师应以主题性活动方式改变数学教学刻板的印象，更好地调动学生的学习动力；三是数学教师应引导学生以自主学习的方式展开学习；四是数学教师应秉持从学生的认知特点和心理阶段出发来选择教学方法和设计教学问题等，这样就能获得更好的教学效果。数学教师可从以下三个角度来展开问题探索和设计。

1. 由"奇"引思

数学教师要以小学生的强烈好奇心为着力点来进行问题情境的设计，并从探究能力的角度来打造问题情境，让问题情境的设计变得更加圆满。其中小学生主动置身于问题情境中并发挥作用的是他们的好奇心，以这种要素投身于问题情境中并让其得以顺利实施，小学生自身也能在此过程中获得能力的提升。比如，教师在讲授"三角形的内角和"这一堂课时，可按照以下思路来进行问题设计：第一，数学教师先将全班小学生划分为不同小组。第二，小学生以小组形式测量不同三角形的内角和，并在教师引导下做游戏。第三，游戏过程为：每个小组选出一个代表将本小组所测的三角形内两个角的度数之和说出来，然后由教师来猜测剩下那个角的度数。无论每个小组所说的度数为多少，数学教师总能将剩下那个角的度数回答出来。至此，全班学生必然会十分好奇，为何教师并未自己动手测量就能说出剩下那一个角的度数？全班学生由此陷入了热议。第四，教师在全班学生经过一阵议论达到一定的热度，甚至有些学生已经将其中的原因说出之后，再开始讲出其中所涉及的定律。总之，通过这种思路，教师就能很好地将小学生所具有的好奇心引入问题情境创设的过程中，为本次课堂教学服务。小学生也在这次游戏性课堂教学中，获得了抽象思维的训练，以及核心素养的培育。

2. 由"惑"促思

小学生心中的困惑本身就是问题情境创设中的重要因子，数学教师要将这种因子巧加运用，以便让问题情境创设下的课堂教学创造性地得到实施。数学教师在实施过程中应择取最佳时机，巧妙地将问题抛出来，以便在学生处于最佳的困惑之境时能获得良好的思维发展与综合性能力的拓展。比如，数学教师在教学年、月、日时，就可以按照如下思路来进行问题设计：花花刚过 12 岁，但她却只庆祝过 4 次生日，为什么是这样呢？全班学生看到这个内容会非常疑惑，每个人都是一年过一次生日，有多少岁就能有多少个生日，这再正常不过了，但是为何花花却是 12 岁过了 4 个生日？全班学生的强烈探究欲就被刺激起来了。

3. 由"做"导思

数学学科的操作能力也是非常重要的，数学教师应在问题情境创设中运用好这个创设因子。数学教师在讲授"三角形的面积"时就可以采取这个思路来进行问题的设计：第一，数学教师在课前让学生进行预习，正式进入课堂教学环节时，几乎所有学生都已经明白了三角形的面积公式。第二，数学教师引导学生就三角形面积公式展开主动提问，比如，有学生问"为何三角形的面积公式要除以二？"第三，数学教师并不马上将答案告诉学生，而是让全班学生自己动手做简拼，即通过折叠三角图形自己来探究问题的答案。众多小学生都能用两个一模一样的三角形组成一个平行四边形。于是他们发现平行四边形的面积是三角形面积的两倍。前者的面积公式为 $S = a \times b$，那么后者的面积公式应为 $S = \dfrac{ab}{2}$。第四，至此，绝大多数小学生已经明白三角形面积要除以二的原因，教师再进行讲解，进一步巩固这个知识结论。总之，通过这种教学模式，小学生能自己发现知识的产生过程，并确认其规律，在逐步认识的过程中训练自己的抽象思维能力。

（二）运用追问，引发学生深度思维的策略

首先，教师可在问题情境的全过程中展开对小学生抽象思维能力的培育，核心策略是以问题串的方式来进行。

其次，采用问题串不仅是因为小学生会将一些细微性的问题忽略掉，也因为必须设置成这种形式才能更好地调动学生的学习热情，一步步将最终结论引导出来，同时能激发小学生的质疑和联想能力，加深学习印象。这就要求数学教师要拥有相当高的敏感性，能将课堂内的各种要素挖掘出来运用到问题情境设计之中，如有必要就要及时微调，以便学生能更好地展开对知识的构造和汲取。教师应能适时适地地设置疑问，通过层层追问形成问题串，以语义的叠加、问题的升级来引发探索，获得最终答案。这种教学形式，能让学生进行及时有效的思考，在验证的过程中获得知识规律的结论。小学生就能在这样的自主性思维能力的培育过程中获得能力的提升[①]。

最后，数学教师在进行问题情境创设的过程中，应着重考虑小学生的应答可能，并将问题设置的时机等微调到最佳状态，层层追索，不仅能将知识导引出来，而且还能让班级内的教学达到最佳状态。比如，在"三角形的面积"这一节的创设中，当有小学生质疑说，两个三角形能否拼成一个平行四边形？数学教师就可拿出两个形状不同的三角形进行提问：这两个三角形能拼成一个平行四边形吗？学生会发现形状不同的三角形是不能拼接成一个平行四边形的，于是他们就知道必须两个完全相同的三角形才能拼成一个平行四边形。通过这样的层层追问，就能将小学生引导到知识内容上来，并不断塑造他们的思维能

---

① 宋秋前、袁优红、张晓辉：《智慧课堂：教学行动研究的探索与实践》，武汉大学出版社，2013，第19—22页。

力，拓展他们的知识结构。小学生也在这样的教学过程中，不断获得思维能力的提升，以及对知识内容记忆的强化。

（三）通过留白，扩展学生思维广度的策略

教师在创设问题情境时要对时间进行精准有效的划分，为了更好地得到实施，需要预留一定的时间，以便应对教学中可能发生的各种突发情况。特别是在抽象思维特点强烈的问题情境教学内容中，数学教师更要为学生自主观察、讨论等环节预留下足够的思索时间与空间，这样才能更好地对知识展开更为有效的探究，让小学生对抽象思维有更好的感悟与内化。如果数学教师与小学生都能恰当运用教学过程中的停顿间歇，就能获得良好的教学效果，不仅小学生对问题或答案的表述会变得更顺畅、语言表达更从容、答案更完善，而且教师对课堂的监控会更全面，教学机智的产生与运用也更自然[1]。这种策略运用的主要着力点如下。

第一，数学教师应预留给学生思考环节以充足的时间，以便小学生和教师都能更好地展开思索、反思等。一方面，预留给自己充足的时间，可以让教师对教学节奏的控制变得更从容，何时加快节奏，何时放慢节奏都能管控得更好。另一方面，预留时间充足，能让教师更好地帮助学生进行知识分析，以及答案的引导。

第二，教师在课堂教学中预留充足的空间有助于小学生展开思考。数学教师不仅要在问题串环节一开始就抛出大的问题引发学生的困惑，进行自主性探索，而且要在后续的环节持续地抛出各种小问题，将课堂教学的空间拓展开来，向外延范畴发展，拓宽问题的域度，从而让问题情境创设变得饱满。而这些都是建立在充裕的教学空间之上的。比如，在"两位数乘一位数"的问题

---

① 杰姬·阿克里·沃尔什：《优质提问教学法》，中国轻工业出版社，2018，第116—119页。

情境创设过程中，数学教师在写出 13×5 之后，让小学生展开自学，在时机恰当的时候，教师可抛出两个问题：第一，如果以竖式进行加法计算，然后将相应数位的数加起来就行，那么为何乘法竖式计算中，却要采用 5 分别乘 3 与 1 才行呢？第二，13×5 的乘法竖式是否可以将 5 写在十位上呢？教师以上述这两个问题的创设，就能让小学生自主展开探索，并逐渐清楚两位数乘一位数中所包含的算理。这就是预留出足够空间的好处，不仅能便于数学教师设置问题，而且能给小学生预留出一些空间用于发挥，从而达到更好的核心素养培育效果。

第三，数学教师预留出足够的空间后，小学生的各种思维能力都将得到更好的发展，联想能力也能得到更好的培育，并能在跨越时间和空间的效应中形成更好的统摄力，逐渐完善从问题的细微处着手来解决问题的能力。

第二节　逻辑推理的教学

一、逻辑推理

（一）逻辑推理的定义

当下，研究者们对逻辑推理的界定还未有定论，典型的定义有如下三种：第一，逻辑推理是表现在人们的日常生活、学习与工作中的，几乎所有的思维性行为都会涉及逻辑性的分析、归纳和综合。第二，逻辑推理专指数学领域或学生在学习时所涉及的行为，甚至狭隘到只有学生将问题解决了才会体现出应有的逻辑推理能力，换言之，逻辑推理是建立在主体以逻辑推理的概念等对其他事物展开清晰表达的基础上的，通过这种方式主体就能将两者之间所具有的逻辑关系找出来①，只有这时才会说逻辑推理确实发生了。第三，有些研究者从逻辑推理的分类上进行内涵的界定，这种观点认为，逻辑推理不仅能从形式逻辑的角度对逻辑推理展开方式、方法层面的定义，还能从抽象逻辑思维、概括逻辑思维角度展开类似定义和阐述②，而且依靠更为细分的方法，能更好地将事物的本质属性加以呈现，让人们对事物的本质有更为清晰的认识。

（二）逻辑推理的类型

从逻辑学体系以及其不同的分类标准来看，逻辑推理主要有以下这些划分思路：首先，从主体展开逻辑推理的思维属性等来区分，可划分为三类：一是归纳逻辑推理，二是演绎逻辑推理，三是类比逻辑推理。其次，从推理条件来进行划分，可划分为两类：一是直接逻辑推理，二是间接逻辑推理。一般来说，前者在很多时候都只拥有一个推理条件，这种推理过程显得较为单一和容易理解。后者则可能会包含多个条件，从而推理过程也变得复杂起来，难以一下子看明白。

二、数学逻辑推理

首先，自 20 世纪 80 年代英国的科克罗夫特率先提出"数学素养"一词以来，数学核心素养和数学逻辑推理等概念也在此背景下得到了快速发展，并日益成为教育界、学界研究的重点内容。不同于纯理性的演绎推理，数学逻辑推理有着一定的学科特殊性。其主要表现为：数学逻辑推理的推理过程是建立在

---

① 吴晓静：《推理的广义概念——推理理论的基本问题》，《自然辩证法研究》2016 年第 8 期。
② 王源生、刘佑生：《传统逻辑推理类型研究的现状及其教学的建议》，《湖南科技学院学报》2005 年第 12 期。

演绎思维、直觉思维的深度、有效结合之下的，缺少了任何一方都是不行的；此外，在推理行为实施的过程中，主体不仅要对所涉及数学问题的各个条件与问题展开深入而具体的剖析，而且要从直接数学条件和间接数学条件来对问题进行分析，这也是不可或缺的。从这一点来分析，数学逻辑推理其实也是一种数学方法论①。甚至可以说，数学逻辑推理是一种富有学科属性的思维形式，正是学科性导致了这种逻辑推理形式的出现。当前的数学新课程标准是将数学逻辑推理与其他要素如教学主体、社会背景等按照一定条件和规则加以整合得来的，在此背景下的核心素养培育就是按照数学逻辑推理原则展开的确定命题的过程。

其次，就当前的数学逻辑推理类型划分来说，人们大都是沿袭逻辑形式来展开相应的归类的，比如数学家波利亚就是按照这个思路将数学逻辑推理划分为数学演绎逻辑推理和数学合情逻辑推理这两大类型，前者是从数学事实、数学概念等来展开对相关问题的解决，后者则是从已知条件、隐含条件来对另外某个命题展开的分析和推定。发展至21世纪20年代，这种分类仍被很多人所认可或追捧②。因袭这种思路，人们从推理可信度的角度将数学逻辑推理分为了数学合情逻辑推理和数学论证逻辑推理两大类。其他这样的数学逻辑推理分类还有：一是从学科性培养与推理素质结构角度展开的划分，包含几何逻辑推理、概率逻辑推理及代数逻辑推理等，这种细分更容易让人从学科的角度来加以思考和探索，不过也让数学逻辑推理在某种意义上被割裂了。二是从数学问题解决的视域展开的划分，可被划分为以下两类，其一是数学顺向逻辑推理，其二是数学逆向逻辑推理。

---

① 吕世虎、吴振英:《数学核心素养的内涵及其体系构建》,《课程·教材·教法》2017年第9期。

② 马复:《数学推理的内涵与价值》,《小学数学教育》2015年第6期。

三、数学逻辑推理能力

当前，学者们对数学逻辑推理能力的界定还很少，对这个问题的研究也还未有定论。众多学者从各自的理解角度对这个问题展开了深入研究，并做出了相应阐释，典型的观点有以下五种：第一，数学逻辑推理能力是通过综合性数学思维展开的思辨活动所体现出来的能力。第二，所谓数学逻辑推理能力就是学生在对某一个数学问题展开正反例证时所表现出来的能力。第三，从行为主体的个性心理特征展开的定义，因为行为人的心理特点对数学逻辑推理能力有很大影响。第四，从具体的数学活动课程来展开的定义，即该能力是个体在以数学定义、数学公式、数学法则等为支撑展开的运算过程中，所提出的相应推定、猜测等，然后再根据题中所提供的条件进行科学合理的验证，进而得到的数学结论。第五，数学逻辑推理能力是以综合性的个性心理特征为核心建构起来的，并在实践过程中逐步发展为具有稳定性的综合性能力。总之，数学逻辑推理能力的定义为：在心理学、逻辑学范畴下，就数学学科诸多问题展开的研究，并在此基础上形成的综合性能力以及对问题加以推定的复合型能力。

四、基于核心素养的数学逻辑推理能力教学运用策略

数学教师在实施核心素养培育下的小学生数学逻辑推理能力运用策略时，不仅要恪守数学学科的那些规律和准则，而且要遵循小学阶段学生的心理规律和学习规律等。数学教师在进行课堂教学设计时，要从小学生的现实生活以及其他背景要素出发，以增强小学生的数学逻辑推理能力为目的来展开相应的创设。其具体可从以下三个层面来加以落实。

（一）在问题情境环节引导学生用"数学的眼睛"观察

第一，数学教师不仅要从小学生个体最感兴趣的素材来创设问题情境，将其数学兴趣激发出来，提升课堂教学的有效性，而且要从小学生个体的心理特点、认知特点出发，进行问题情境的创设，在对小学生感官进行刺激的过程中，最终实现让其潜心学习的目标，此时他们已经能很娴熟地发现问题、提出问题并解决问题。以"可能性"这一堂课为例，数学教师可在这堂课中设置一个问题情境，其流程为：第一，教师先准备一个口袋，上课后将 10 个蓝球、4 个白球装入口袋内，然后抛出"摸到哪种球的可能性大"这个问题。第二，小学生根据自己看到的情况展开分组讨论，自主给出答案。第三，教师在获得了每个小组的答案后，并不立即加以解答，而是抛出"为什么产生这个结果"这一问题。第四，学生再次展开讨论，并以小组的形式给出答案，然后教师进行点评和总结。在该堂课中，数学教师采用的教学逻辑为：先以问题为线索指引学生展开有针对性的观察，然后学生根据自身经验进行合理推定，并从逻辑上进一步得出科学的推理，这样就能在层层递进中逐步深入，实现对问题的解决。在此过程中，小学生的天性得到了释放，以数学核心素养为基础的综合性能力得到了培养；而教师则在学生的自主性学习和探索中实现了教学目标，验证了自己的教学思想。

（二）在归纳总结环节引导学生用"数学的语言"表达

第一，数学教师要从学科属性上来确立逻辑推理能力与课堂教学的关系，并以此展开教学设计，这样才能确保小学数学核心素养能力的培育能顺利得到实施，并以数学语言的形式确立。第二，在具体的教学操作中，数学教师不仅要在知识梳理环节以数学语言来进行核心素养能力的培育，还要确保在归类环节、迁移环节等也以数学语言的形式来落实对小学生综合性能力的培养。教师每次完成当堂课的教学内容后，都要引导小学生对当堂课的知识展开梳理，这样不仅能做好新旧衔接，温故而知新，而且能不断提升小学生的自主监测能力和自我归纳能力。第三，数学教师在完成每次课堂教学后，都要在结尾环节对当日所学的数学概念、应用等内容展开适当类比、总结，这样就能进一步升华小学生对该堂课知识点的学习，提升小学生的类比总结能力。第四，数学教师要以多种形式鼓励小学生进行交流，敢用并善用"数学语言"进行表达，这样不仅能帮助他们形成数学思维，内化当堂课学到的知识和能力，还能进一步提升小学生学习的自信心。[①]

（三）在探究推理环节引导学生用"数学的思维"思考

第一，数学教师要不断辅助小学生在其既有知识和感性经验上展开思考，并积极以"数学思维"进行问题的估测、推定与总结，这样才能更快地塑造小学生的数学逻辑推理能力，让他们能早日独立解决数学问题。第二，数学教师不仅要将数理知识作为重要内容来落实对小学生核心素养的培育，而且要从小学生既有的感性经验出发展开课堂教学设计，这样的多元结合策略才能更好地将小学生既有的潜能调动到学习上来，更好地促进对其数学逻辑推理能力以及其他能力的提升。

综上，数学课堂教学对小学生逻辑推理能力的培养是显著的，这不仅表现在对其思维能力、数学核心素养的持续提升上，还体现在对其学习态度等的正面促进上。

---

① 苏灼娟：《例谈小学数学逻辑推理能力的培养方法》，《新课程研究》2019 年第 4 期。

第三节　数学模型的教学

一、数学模型概述

1. 数学模型

数学模型在数学学科中的运用是以"外化成具"的方式实现的，这是由数学学科的属性决定的，同时也是因为很多数学问题太过复杂所致。数学模型的"外化成具"主要是以符号或图形来得到实现的。可见，数学模型指的是主体以简化思想为指导，以必要的数学语言、数学工具，然后对问题信息等进行估算、推定，并加以管控和决策，最后以实践加以印证。[①]要而言之，数学模型要从现实生活中的问题来加以分析，并以既定的数学语言对所包含的关系、规律等加以阐述，在此过程中，实际问题开始向数学问题转化，并具有了典型性，这就是所谓的数学模型。[②]此外，数学模型体现为类的事物及其运动属性，并被主体以数学概念、数学符号、数学语言等加以阐述，以便学习者能快速了解其中所包含的数量关系等，从本质上对其展开把握。[③]数学教师在实践中必须既要对现实生活的内在实质有深入了解，又要对数学模型有深刻认识，这样才能进行精准的基于数学模型的教学设计，而且数学教师还要对数学语言有深入了解，这样才能更好地贯彻自己的教学理念和教学模式，让数学模型下的课堂教学能为数学核心素养的培养服务。

所以，所谓数学模型，就是以被人们所共同认可的数学语言、数学符号、

---

① 王永春：《小学数学与教学思想方法》，华东师范大学出版社，2014，第261页。

② 王尚志、胡凤娟、张丹：《数学建模与儿童发展——小学数学建模教学的探索》，《江苏教育：小学教学》2011年第3期。

③ 张莫宙、郑振初：《"四基"数学模块教学的构建——兼谈数学思想方法的教学》，《数学教育学报》2011年第5期。

数学图像来加以表示，并根据即将解决的实际问题中所抽离出的数学信息为基础建构的数量关系。

2. 数学建模

所谓数学建模，就是主体以成熟的建立模型的策略、方法、手段等，为即将解决的问题所实施的数学活动过程。如果说数学模型关注的是由过程形成的结果，那么数学建模则关注的是形成结果的过程。从行为的目的来说，数学建模可被划分为两类：一是以数学教学为目的的建模，二是以数学教学为手段的建模。

数学建模不是单一的动作过程，而是以循环性方式存在的。换言之，主体在现实生活中，总是以一定的数学语言就某个问题以循环往复的方式来加以解决的。此外，数学建模也体现了任何人的现实生活都是可以用数学来加以表达或以数字思维加以转化的。

所以，本书所说的数学建模，就是将主体观照下的客观现实情形以数学问题的形式加以转变，进而以符号性、抽象性的模型加以可视化彰显的过程，同时主体还要以公认的数学算理来展开估算和评估，以便获得令人信服的结果。

3. 模型思想和数学模型思想

（1）模型思想

模型思想这一概念则呈现出了更多比较性，有人从抽象、推理和模型三个角度展开了探索，并认为，凭借抽象，主体就能获知那些适用于实际生活的数学概念与运算法则，这些萃取而来的概念与法则以"推理"的方式确认了数学学科的发展，并在循环往复中以模型的方式再次确认了数学和外部世界之间的关联性。[①] 在此过程中，数学思想得到了比较性之下的呈现，这种呈现不仅是学科内的，也是跨学科的，即体现为数学抽象、数学推理和模型思想三元合一

---

① 史宁中：《数学思想概论：数量与数量关系的抽象》，东北师范大学出版社，2008，第89页。

的融合性彰显，以及超越性表征。①

在长期的文本辨析之下，有关模型思想的定义甚至可以转换为：主体以一定的思想方法、意识形态、算理策略为基准对现实生活展开的数学形态的转化，并在以一定的问题展开的数学运算下的再次理论性推定、阐释等。

（2）数学模型思想

由于数学思想就是以数量关系来表征现实生活，并在不断推定、剖析等活动中反复确认，最终形成了公认的思维和思想性结果。这些结果主要表现在三个方面：抽象、推理、模型。所以，本书所说的数学模型思想，指的是主体以恰当的手段、策略对现实性的数学问题展开剖析，反复探索后所形成的为人所认可的模型，以及由此反映出来的意识、观念等。

二、数学课堂教学模型思想教学策略

（一）数学模型思想教学准备策略

1.教材深加工策略

其一，随着教学者与学习者认知水平的提升，数学教学方式已经得到了巨大转变，从最初的"物、人"关注发展到了"以生为本"的阶段。因此，数学教师对学生的精准发现才是教学成败的关键，同时教师也要从这个出发点来研究教材，挖掘教材的育人价值。其二，数学教师要将教材的育人依据确立出来，将其知识与思想渗透的准线确立出来，特别是要从数学核心素养的目标来加以确立，不然教材就会丧失了其既定的价值和功能。其三，数学教师要从编排体系上展开知识体系、思想价值的发掘，还要从不同主题的教学设计来展开

---

① 李国强、徐丽华:《基于SOLO分类理论的数学教师数学史素养水平划分》,《数学教育学报》2012年第1期。

深加工，以便使小学生核心素养能力的培育价值得到真正体现。在备课环节，教师要从多元整合的原则出发，但要重点突出，不能"眉毛胡子一把抓"。比如，教师在设计复习课时，就要从复习课的角度来有针对性地展开设计，要优先考虑教材中的那些练习题、例题等，将知识难点上的类型题挖掘出来，增强复习课教学的针对性，要从思想方法的高度来对不同类型的题目进行归类、分析和整理。此外，教师还要从变式模式出发展开教学设计，将"一题多变，一图多变"等现象整理出来，提纲挈领地展开题型的专题化教学，提升小学生的解题应变能力。其四，数学教师要在核心素养培育得到切实落地的前提下进行教材再改造。进入新时代以来，教育界对教材"用"的强调，需要教师具有超强的素材挖掘能力，具有先进的教育思想，这是教师敢于并善于展开教材再改造的重要因素。为此，教师要从学生和自身以及其他背景要素来确立自己的教学能力改进途径和策略。

此外，数学教师还要从数学核心素养能力发展的角度来看待数学模型及其思想的学习，要从这些方面来提升自己的数学思维、教学方法，并展开相应的素材挖掘与改造，这样才能让自己的教学紧扣数学学科核心素养，让小学生在教学中获得切实的核心素养培育。

2. 教学设计策略

"以生为本"教学理念的落实是建构在教学设计的效力，以及最终的教学效果之上的，因此数学教师要切实认识自己的教育对象，要让具有能动性的小学生的大脑得到开启，让他们从被动地吸收转变到主动地学，让他们的大脑能主动将核心素养加以塑造和内化。第一，教师要深入发掘教材内容的实质所指，并从教学设计上得到有效体现，以科学合理的原则将小学生的实际诉求彰显出来。第二，教师的教学设计要紧紧围绕问题来展开，将单元性、课堂性的针对性都落到问题上来。一方面，数学模型下的问题设计要符合小学生当前的认知水平，不能高于小学生的实力，也不能过分低于小学生当前的水平，而且要随时就此展开学情分析，即就问题的难易程度进行调整，使自己的教学设计对小学生来说是最适切的。这样基于数学模型下的问题设计才能真正击中小学生的内心，让他们一门心思地扑到数学学习上，成为自主学习数学的个体。另一方面，教师还要根据既有教材内容展开数学模型下的问题创设，比如可从教材内容的重难点来展开数学模型下的问题设计，对重点内容的数学模型下的问题设计，则强调为知识点下的各种变式进行演绎，而且可以从整个教材的角度来重新配置和引申；对难点内容的数学模型下的问题设计，则要从突破该难点的分散性视角来展开问题设计，特别是问题情境创设，这样就能在多元错合中形成超越性的教学机智和数学模型机智，并将难点问题加以化解。第三，数学教师应将小学生在教学中的主观能动性极力发挥出来，让小学生成为教学舞台的主导者和引领者。无论是基于教学机智在某些情况下的引领，还是具有数学模型的典型性创设，个性化十足的小学生都可成为操持者和主导者，基于此的课堂教学将成为创新性转化的典型，以及核心素养培育机智产生的正面动因。而且数学教师要以开放式、探究式问题来展开数学模型下的问题创设，以便在突破既有数学模型范式的同时，还能将学生导入数学思维的浩瀚时空，并在竭力探索的过程中，形成新的知识架构，并让新知识与旧知识得到紧密衔接，小学生的数学思维能力与解题能力等也将在此过程中得到提升和升华。第四，数学教师应在情境性的数学模型化课堂教学中获得数学探究能力的显著提升。数学模型指引下的情境化教学能极大地激发小学生的求知欲，并让他们在模型化的知识错合中获得知识重构与探索欲的激发。为了更好地落实这一点，数学教师应勤于收集、整理与发掘现实生活中的各种数学问题，并在数学模型的要求下进行科学合理的配置，从而激发出新形态的核心素养能力培养数学课堂教学范式，小学生也能在此进程中获得数学知识、数学能力等的级差性超越。不过，需要加以留心的是，教师所选择的教学设计要真正落实"以生为本"，难度不能超出教材规定的范围。第五，数学教师要随时弥补自己在教育思想上的不足，并积极与他人展开思想交流，不要让自己成为先进教学思想的落伍者。教学行为是教学主体、教学思想和教学工具的集合性体现，因此教师要随时从这些方面展开综合思考、探索，并积极在课堂中展开尝试，以此提升自己的教学能力，促进自身教学体系尽早成熟。在进行课堂教学活动设计时，教师还要展开多样化的数学模型教学形式探索，并以平等原则将教学双方的潜能统摄进来，让小学生在相互交流的过程中获得思维能力以及数学核心素养的提升。第六，数学教师在进行数学模型下的教学设计时，还要秉持高瞻远瞩的原则来进行各项内容的操作。其中，核心素养所涉及的各大要素是需要教师重点关注的设计对象，应将它们分别贯穿到数学模型之中，并通过能力培养的模式加以分解，让核心素养能力培育以高起点的方式在每节课中都能得到灌输，如此才能让小学生在拥有数学知识的同时，还能逐渐建构起良好的数学思想、数学思维等。

（二）数学模型思想教学实施策略

数学教师要让自己的教学设计从一开始就是有效的，因此教师要大胆展开数学模型思想指导下的教学设计，这样才能在后续的环节中逐一落地和确认，确保教学有序展开。

1. 组织教学策略

第一，数学课堂教学是确立在繁复的体系之上的，在课前、课中、课后都有大量的工作需要逐步落地，因此教师要从组织人、组织物、组织思想的角度来展开创设。其一，组织人的时候，教师要从人的能动性、动态性等来进行分析、归纳和设计，要让每个学生都在教学中找到自己的位置，让他们在数学模型的统摄下获得知识的感悟、生发与重构。小学生之间具有巨大的相互激励作用，教师要运用好这种儿童期的心理特点，让他们在班级上形成良好的帮扶的风气和机制。其二，组织物的时候，教师要先考虑好自己在课堂教学中将用到哪些教具，并安排这些内容；教师还要善于创造一些简单教具，或者能创造性地发掘出可以巧妙阐述自己教学思路的工具，这样才能更好地将数学模式下的课堂教学设计做到切实反映和真正落地。其三，在组织思想时，教师要侧重体现一堂课中所要表达的教学思想或其他相关的文化理论知识，这些内容不能太多，也不能纷乱不清，以免干扰小学生的学习，从而导致课堂教学难以得到顺利实施。

总之，这三者之间的组织是动态的，并没有截然的界限，教师要以先进的教学思想和教学理念统摄人与物，这样才有可能达到三元合一的教学境界。

第二，数学教师要在数学模型思想指导下的教学设计中积极实施问题串施教策略。这既要求数学教师能将素材的问题与具体的数学模型结合起来，层层分解其中的疑问，又要求数学教师能将这种分解尽量与班内每个学生的个性特点紧密结合起来，并加以调适，以便能切实落地和生根发芽。为了这一思想能真正落地，数学教师应从逻辑思维、抽象思维的角度展开数学模型与相关问题的分析，找出素材与所用数学模型之间的内在联系，从相似性出发来进行课堂教学设计，这样才能更好地进行问题串的设计和落地实施。一方面，在设计问题串时，教师要遵守及时性的原则，如果不能及时将学生心中的问题加以化解，那么教学效果就会大打折扣，所以教师在设计问题串时，要及时展开数学模型下的问题串设计，并反馈到教学中去。另一方面，教师在进行数学模型思想下的问题串设计时，还要从兴趣性的原则来加以实施。学生的兴趣是需要不断激发和强化的，只有进行正面的引导，他们的数学学习兴趣才会越来越浓厚，越来越正面，不然就会失去学习的兴趣，难以再次点燃他们的学习火焰。为此教师在进行数学模型思想下的问题串设计时要将兴趣置于非常重要的位置，让小学生对数学知识的兴趣以及学习的兴趣都能在问题的层层开启中得到塑造和升华。

2. 内容教学策略

数学教师必须在课堂上将所要传授的知识有效而全面地传递，不能有所延后，为了更好地实现该教学目标，数学教师要随着小学生学段的上升采取相应的措施，确保知识能够准时、准量、有效地得到传递。

其一，数学教师在进行数学模型思想指导下的教学情境创设时，所选择的内容应合理而有趣。教师所择取的教学内容要从现实生活出发来进行确立和再度开发，要从时代背景的要求下来进行模型化改造，要能在情境中焕发知识的生趣，要能积极反馈核心素养内容。

其二，在进行数学模型思想指导下的教学情境设计时，教师所选择的内容应确保有效，能有效提升小学生的数学思维和核心素养能力。有效是确立数学活动的根本和验证教学行为的最终归宿。为此，数学教师要让内容能吸引小学生的注意力，或者从这个角度去改造既有教学素材。比如，数学教师要在兴趣性和数学模型的双重要求下，展开互动性活动的创设，让小学生在有限的课堂时空中获得知识水平和思维能力的提高。

其三，数学教师要将数学模型思想内容准确而易行地传递给学生，让课堂思维主阵地的作用得到发挥。数学模型思想在某种意义上就是课堂教学的内容，数学教师要精于将其进行改造，并如实展现在课堂上。不仅如此，教师还要善于以此为因子将其他教学内容进行升华，从内容的不断递升中获得知识的增加，以及思维能力、思维品质的递变，进而在数学核心素养上获得显著的精进。

其四，数学教师要从"数学语言"的角度来锻造教学内容，作为自成体系的语言形态，数学语言能对素材起到画龙点睛的效用，能将平实、质朴的内容升华为极富感染力的内容，甚至成为生发教学机智的关键。在这种语言转换和升华的过程中，数学教师不妨将主导权交给学生，让小学生在"初生牛犊不怕虎"的冲劲中获得颠覆性的创设，锻造出极富学生个体性与课堂性的教学内容与典型案例。

3. 深化提升教学策略

第一，创新性的教学情境创设能给小学生全新的感受，因此教师应从这个角度提升自己的数学模型下的教学设计及其实施过程。依靠教学策略的创新以及超拔，不仅能让小学生大脑中的既有知识再次焕发新的活力，还能让新知识以创生性的方式与旧知识贴合在一起，循此思路，数学教师的教学思路必然会勃然生发，得到迅速发展，学生的学习效率也能在持续转变中得到显著提升。

第二，数学教师要从学生主动性的角度对数学模型下的教学活动策略进行提升，比如教师应让小学生的主动性在不同主题的数学模型问题中得到体现，让小学生的主导性在教学内容的课堂展示中得到体现，特别是他们的操作能力应该在数学情境教学、数学实验等场合中得到绝对体现，如此他们的数学动手能力和化解实际问题的能力都将得到极大提升。

第三，课堂小结环节也是教学内容再次升华的重要环节，数学教师要在数学模型主题的教学中积极在小结环节进行内容的升华与模式转换。这无论是对本堂课的知识提炼还是对下堂课的知识铺垫都是富有极大意义的。这种提炼者的角色既可以由教师担当，也可以由学生来负责，或许后者才更有动力。既有模式化的小结形式或许对教学内容的点拨与升华更有冲击力或颠覆性。比如，图表式小结在教学内容的升华与开启中扮演着非比寻常的角色。图表形态能对知识进行很好的归纳，而且数学模型对教学内容的反映，可以通过另一种方式来得以呈现。

（三）数学模型思想教学评价策略

1. 课堂互动策略

第一，数学模型引领下的数学知识的传授，对小学生思维的发展、人格的塑造都有极大的作用，为了更好地利用数学模型，服务于核心素养培育的目标，教师应充分利用课堂教学中的互动环节，将数学模式的教学方法以活动的方式加以分解，并让小学生在其中发挥出应有的角色作用。总体来说，小学生在互动策略的实施过程中就是主导者和实施者，教师要从策略上认清这种改变，才能更好地让他们的地位和作用得到呈现。[①]

第二，数学模型下互动策略的有效实施是建立在充分准备之上的，虽然整堂课只有40分钟，但是课堂内的每分钟都应进行精准设计，因为课外的准备工作是非常重要的。比如，学生不仅要在教师的组织下准备好物理工具，还要准备好思想工具，前者包括尺子、三角板等，后者包括学习理论、学习方法等，当然也包括数学模型及其思想本身。教师要准备的内容和上面学生准备的内容毫无二致，只是对教师的要求要高很多，比如，教师还要具有强大的知识等各种要素的整合能力以及其他一些软能力。只有准备了各种要素，课堂教学的节奏才会更和谐，学生在课堂上的学习效率才会更高，数学核心素养也才能在顺利的教学活动实施过程中得到稳步塑造。

第三，课堂互动策略的落实，需要教学双方甚至其他人士的多元参与。其中，小学生的积极主动性参与是数学模型得以创造性诠释和解读的重要原因。在此过程中，小学生的创造力将被整合到数学模型下的知识学习过程中，并在数学模型主题性的演绎中释放自己的生气，彰显自己的活力。教师则要积极引导学生，不能让小学生的活动偏离数学模型下的核心素养教学，要将每个学生的特长都尽量展示出来，融入课堂教学的过程中，不会出现学生被忽略的现象。

第四，数学模型下的课堂教学互动虽然有了更强的目的性，但其实还是难以说有什么真正的规律可循的。因此，数学教师应在数学模型所表现的常见范

① 李娜、李卓：《国外数学课堂互动模式的梳理及启示》，《天津师范大学学报（基础教育版）》2016年第3期。

式下，展开新的探索，特别是应从教学主体的不同互动方式中展开新的创设。数学模型下课堂教学的常见互动创设模式有如下三种：一是数学模型下的漏斗模式，二是数学模型下的聚焦模式，三是数学模型下的触发—回应—评价/反馈模式。所谓数学模型下的漏斗模式为小学生在回答环节出错时，数学教师应给出若干提示，指引该生找到正确答案。需要认真留意的是，数学教师不能将答案直接相告，而要让学生自己在教师的暗示下去发现。教师在采用这种模式进行互动创设时，要注意把握抛出问题的节奏，要尽量将小学生的兴趣激发出来，不能为问问题而问问题，从而丧失了漏斗的效应。所谓数学模型下的聚焦模式为，教师提问，小学生回答完毕后，数学教师要预留足够的时间让小学生表达、互动，只有知识的重点、难点都得到表达，才能说对这种模式的运用或开发是成功的。数学模型下的触发—回应—评价/反馈模式则是教学主体双方以轮流呈现的方式参与教学活动，问与答都是在相谐相生之间发生的，而且教师的即时评估是重要的促进和把控因素[①]。这种模式除了操作环节比前两种要多一些，而且需要教师调动小学生的积极性，要能即时对教师的行为做出反馈。不过，经过这种模式的长期锻炼，主要的特征是对学生的回应教师能即刻反馈回去，教师的反馈对学生的后续影响很大，因此教师的角色定位就显得非常重要。总之，以上三种数学模型下的互动教学模式，教师和小学生的作用都是不可忽视的，具体偏重哪种模式，则需要教师综合各种情况来加以决定。需要留意的是，数学模型下的课堂互动模式，互动才是关键，正是互动将各种要素整合了起来，并在多要素的碰撞中得到了灵感激荡，催化了教学机智的出现和生发。

2. 教学反馈策略

首先，数学教师要建立自己的教学反馈体系，这样才能将其教育思想、教

---

① 王新露：《试论英语教学中的反馈策略》，《江西教育科研》2005 年第 4 期。

学方式等进行体系化管理，让自己的教学水平不断进步。一方面，为了让自己的教学体系得到持续发展，数学教师就要随时对自己的教学内容进行规制和改造，让旧土发出新壤；同时教师还要对自己的教学形式进行调整，不时加以改进。因此，教师要从数学模型思想出发，及时对自己的教学体系、教学方式等加以反馈，根据不同的教学主题内容对教学思想、教学方式等加以提升，以便更好地促进学生核心素养能力的发展。另一方面，教学反馈不仅来自教师自己，还来自学生群体。作为教学中的重要主体，小学生掌握了诸多一手信息，教师要善于从小学生身上发现有用的信息，并将它们汲取到自己的信息库中，整合到自己的教学体系之中。通过这种主动的信息采撷，也会让小学生觉得自己在教学中的地位是非常重要的，能让他们据此建立起自信，激发他们的学习动力。其次，数学教师的教学反馈策略主要彰显于课堂教学环节之中，为此数学教师应从情感动态、设问答疑、板书编写、练习测评等环节来了解自己的教学状态，以及学生的学习状态，让自己的教学达到既定目标。下面分别展开说明。

其一，数学教师应从情感动态角度来落实反馈策略。骨干数学教师在数学模型主体的教学中总是能洞察秋毫，对每个小学生的心理变化几乎都能很快了解。通过掌握小学生情感的变化，数学教师就能从变化中觅得大量教学信息，及时调整自己的教学策略，如改变教学节奏、转变数学模型的应用等，以便再次调动学生的学习兴趣，将注意力集中到学习内容上来。

其二，数学教师应从设问答疑环节实践其反馈策略。在数学模型主体下的课堂教学中，数学教师不仅要设计好该主题下的问题，而且要根据课堂教学的变化随时加以调整，从教学机智的角度展开适时创造。这种调整很多时候都是在小学生问答的环节产生的，因为学生的问答环节会出现很多问题，这时教师就要从反馈的角度对既定的教学设计加以调整，让其变得更为适用，更加贴合教学环境的变化。

其三，教师应在板书编写环节落实反馈策略。从时空把握的效应来说，板书编写就是教师歇口气的时机，也是学生记笔记的时候。对教师来说，板书书写的过程就是将前面课堂上新发现的想法、思路加以记录的环节——毕竟很多教师的板书已经是记在了教案上的，对骨干教师来说，板书都写了很多次了，可以说是熟稔于心，但是再次在黑板前写板书，教师就可以将本堂课中新产生的奇思妙想或点睛之笔记录下来。对学生来说，教师的板书不仅是他们记笔记的对象，也是反馈的对象，既是对学生自己的反馈，也是对教师的反馈。教师应鼓励学生主动说出自己的想法，学生只有主动将自己的看法和建议说出来，才能在这个环节形成更好的来自小学生个体的反馈之思。

其四，数学教师要在练习测评环节实施自己的反馈策略。首先，数学教师应在练习环节进行有效反馈，这既表现为对学生课后作业完成情况的仔细检查，了解学生对知识掌握的程度，然后教师对自己的教学展开反思，并进行及时调整，又表现为对学生课堂作业或练习完成情况的了解，进而对自己的教学展开即时反馈等。教师在练习环节的反馈应及时有效，这样才能更好地落实对数学知识的提高，以及对核心素养培育的持续跟进。其次，数学教师还要从测评环节来进行对反馈策略的落实。测评环节不仅包括平时的小测验，还包括期中、期末的考试，这些考试内容是教师掌握学生学习情况的重要指标，而且教师还要通过一些问卷调研来对学生的学习及能力的发展展开评估。与前者相比，后者甚至更为重要。因为后者的统摄性更强，也是教师主动出击，对学生的整体学习情况和发展趋势加以把控的调查和摸底，为此教师要认真对待这些重要信息，将其价值发挥出来。

第四节　数学运算的教学

一、数学运算能力

首先，小学数学学科中所说的运算能力并非单纯的数学能力，而是一种综合性极强的能力集合的体现，它既包括基础性的运算能力、繁复的逻辑思维能力，又包括很多其他能力，如阅读能力等。其次，小学数学中的运算能力是小学数学核心素养的重要支撑性内容，是小学数学新课标着重强调需要加以培育的关键内容。数学教师应从以上指示精神出发来对待数学运算能力的发展，比如数学教师可运用课堂教学活动中的解题环节来发展小学生的这种能力。

二、提升小学生数学运算能力的有效策略

鉴于很多学校与数学教师从各方面对小学阶段运算能力实践的极度重视，笔者从创新的角度进行了总结，力求能将最有效的教学策略整合出来，以便更好地进行运算能力部分的教学。

（一）多元化解题

几乎所有教材都对这部分内容中的问题给出所谓的"标准答案"，但是教材也鼓励教师和小学生积极展开对更多新答案的探索。可以说，这部分内容的教学已经成为教师积极号召和实践创新性教学的重要内容。比如，采用传导解题法进行创新就是最典型的创新方法。教师在讲解涉及一元一次方程的问题时，就采用传导解题法，将题干中的各个已知条件找出来，然后根据数量关系列出等式。这里就体现了运算方法上的创新。

（二）游戏性互动

游戏性互动教学是数学教师展开运算方法教学的重要手段。整体创编思路为：数学教师以建立数学游戏的方式展开对运算能力的提升，这种方法中数学内容具有显著拟人化属性。或者以其他游戏为母体，将精心挑选的数学计算元素植入游戏母体中即可。一般来说，这种游戏缺乏协调的角色关系。总之，采用游戏的方式，是因为小学生的天性就喜欢游戏，将算理与游戏要素整合起来，不仅能成功吸引小学生的学习兴趣，而且能让小学生沉浸在游戏的愉悦氛围中，以积极主动的心态完成相关练习。在展开游戏性的运算设计时，数学教师不仅要将游戏的可玩性置于重要位置，还要将知识性作为重要的融合因素来进行考查，如果只有娱乐性，而没有知识性，那么这样的游戏性运算设计是没有意义的。

（三）总结性回顾

小学生的出错现象是很特殊的，最典型的为"常做常错"。这不是因为他们自查自纠的能力很欠缺，还处于快速的知识吸收学习阶段，而是因为他们的错误问题很多时候是以类型化的形式表现出来的，这种错误只有真正将知识融会贯通，内化于心之后才不会出错。为此，教师应从以下几方面来防范这种错误反复出现：第一，数学教师要引导小学生对错误原因展开系统性分析，可以采用错题本的形式将错误记下来，然后一对一地加以指导，指出学生的错误，并后期持续跟踪是否又出现了同一类型的错误。第二，教师应从小学生的具体类型性谬误来制定相应的强制纠错措施，并随时跟踪查看，以防再犯。第三，数学教师要对错误进行集合性管控，即让学生将自己所犯的同类错误试题集中誊写在错题本上，以便定期查看是否改正，同时这种强化模式还能强化学生的记忆，从内心深处引起对该类型错题的重视。

（四）指向性辅导

小学生对数学学科的学习不仅要通过课堂教学环节来实现，而且自身还要通过课后的大量时间来加以巩固，甚至后者才是最关键的，因为课后对知识和能力的内化是否成功才是决定数学知识学习结果的关键，也是决定数学知识应用水平高低的关键。为了弥补小学生在这方面的欠缺，数学教师应强化小学生课后环节的管控，应促进学生早日形成有效的自我监管能力和自我评估能力。其可从以下两个方面来着手进行。

第一，帮助小学生养成良好的复盘习惯。数学教师应在课堂教学环节就开始帮助小学生养成计算完毕再多验算几遍的习惯。具体而言，小学生在做完一道题后要再次进行逐步检查，从每一步骤上来确保计算没有错误；或者以将已知条件带入加以验算的方式来进行。第二，教师应帮助小学生养成积累的习惯。数学教师不仅要帮助小学生对好的想法展开积累，而且要帮助小学生对遇到的难题、各类错误展开积累，更要帮助小学生对自己的错误思路甚至错误的思想进行记录，加以积累。小学生在积累之后，教师还要进行有针对性的辅导，帮助他们改正，并对改进情况加以检测和反馈。为了强化管控效果，数学教师甚至可采取班级内分享以及其他更为有效的方式来根除小学生常犯的错误。①

（五）激励性引导

首先，数学教师可从兴趣的角度对小学生的运算能力进行激励。数学教师可从小学生的个人特点出发来展开运算能力的激励。这些个人特点对兴趣和学习动力都有很大影响，为此教师要从每一个学生在运算部分学习的难点、错误等小项来展开有针对性的激励设计，只有不打无准备之仗，才能让教师自己的

---

① 许志婷：《提升小学生数学运算能力的有效性策略》，《新课程》2021年第35期。

运算能力激励计划得到顺利实施，并取得良好的结果。

其次，数学教师要创建班级性的运算评估平台，并以该平台展开专门的运算能力提升、监测、评估与反馈活动，尽快促进小学生运算能力的成长。比如，数学教师应在每个板块设立"擂主"（如"运算擂主"），让擂主来主持该板块的运算竞赛活动。平台还应设立相应的评比环节，确立不同层级的参考值，并以"小红花"等形式来展开激励。通过该平台，小学生就能积极参与"擂台"（如"运算擂台"）上的比赛，提升自己的相应能力，而且小学生能通过自己每天在平台上的位置变化，持续增强自己学习的专注度，快速提升自己的运算速度和准确率等。

最后，数学教师应重视小学生的运算能力，因为只有学好这门基本功，后续数学知识的学习才能顺利展开，不然就会拖后腿。为此，数学教师应从案例教学等模式出发，积极展开教学创新，力求以生活化教学、游戏化教学等来促进小学生运算能力的快速提升。

第五节　直观想象的教学

一、直观想象素养的含义

作为构成直观素养的两个支撑性要素，"直观"与"想象"是等量齐观的。就直观想象素养的定义来说，其指的是主体以几何直观与空间想象这两种能力对事物所具有的形态及其相关变化加以感知，并以主体自身既有的空间感或空间形式对数学问题加以理解和解答的素养。从学习行为来说，其为几何直观与空间想象这两者的糅合，是主体自身从图形感知出发所展开的富有理性特色的想象。

二、小学数学教学中培养学生直观想象素养的策略

（一）结合生活经验培养直观想象素养

第一，数学教师应从核心素养培育的指针出发，深挖直观想象素养的培育策略，从这个方面来帮助小学生学习数学知识。数学教师要从现实生活出发，秉持实事求是的精神，将直观想象素养培育根植于小学生的日常生活场景中，这样才能更好地拓展这方面的素养。第二，数学教师要从不同学段小学生对想象的认知能力来进行教学设计和课堂教学。总之，教师要从小学生所处的背景环境（家庭环境、学校环境、社会环境等）来认识其想象认知能力，最好是在一定的摸底之后再进行直观想象能力的培育。这样才能让自己的培育变得科学合理，而不会流于形式。第三，数学教师在进行直观想象素养的教学设计时，要将所选择的素材与数学知识紧密结合起来创设，因为任何课堂教学都不能与数学知识本身脱节，不然就会与数学学科的教学目标南辕北辙，难以实现直观想象能力的培育。第四，数学教师在进行直观想象素养的专题性教学设计时，要积极从模式上展开创新，这样不仅能在直观想象素养的教学专题上形成良好的突破，而且也能对其他数学知识的教学创新形成良好的促进作用。

（二）结合数学活动培养直观想象素养

第一，数学教师要将小学生活泼好动的特性调整到直观想象素养培育范畴上来。比如，数学教师可采取趣味性浓厚、互动性强烈的活动来培养学生的专注力，让他们的直观想象能力得到训练。秉持这样的精神，小学生注意力不强的缺点就能得到改善，而且直观想象素养也与其他思维能力一起得到提升，小学生主动投身于课堂教学的动机和动力也会转到正面状态。在直观想象素养培育的活动创设过程中，数学教师应留意不要呈现出太强的理性化、抽象化特点，不然就会事与愿违，难以达到对直观想象素养以及其他思维能力的培育。

第二，数学教师在进行各类教学设计时，要为小学生直观想象素养培育活动的开展留下足够的时间和空间，这样才能更好地将他们的想象力、学习热情激发出来，并且还应适当增加互动性活动的环节，以便更好地促进小学生想象力的滋长。

（三）结合客观素材培养直观想象素养

第一，数学教师应积极发掘各类可用的客观素材，同时对直观想象素养展开培育的体系化建设。客观素材有很多，教师可从周围环境中广泛发掘，总体上教师应采取适切性的原则来进行素材发现与发掘，这样才能将这类素材更好地运用到教学之中，为发展小学生的直观想象素养发挥最大价值。当然客观素材的运用也要与教学对象的主观能动性结合起来。小学生在其中扮演了重要角色，只有小学生全身心地投入客观素材的运用中，这类素材运用的价值才能达到事半功倍的效果。第二，数学教师在对小学生展开有针对性的直观想象素养培育的时候，不能将其他数学思维能力的培养弃置一旁，而要从统筹兼顾出发展开综合性的素养培育，这样才能让小学生的直观想象素养真正得到提升。第三，数学教师要从科学合理的角度来展开直观想象素养的培育，不能"胡编乱造"，以"想当然"的手段来进行，不然就难以真正让教学目标得以实现。[①]这也是为什么直观想象素养培育需要客观对象来加以落实的原因。只有这样才能让直观想象素养的培养目标得以实现，而且小学生还能就此增加诸多学习数学知识的渠道。

（四）结合课外知识培养直观想象素养

首先，数学教师对小学生直观想象素养的培育要拓展到课堂外，从课外

---

① 卢绪祝:《小学数学教学中学生直观想象力的培养策略研究》,《教师教育论坛》2020年第10期。

活动中找到教学的生长点。数学教师要从模块的角度出发，展开基于直观想象素养的教学设计，既要兼顾数学知识内容，又要将数学知识内容与直观想象素养的培育内容整合起来。比如，教师可将课外环境要素及其所包含的数学知识与直观想象素养的素材整合起来进行教学设计，从而实现对直观想象素养的培育。其次，数学教师不能将课外知识盲目引入教学内容中，这不仅会增加小学生的学习负担，让教学设计难以得到执行，而且会导致教学设计难以用于直观想象素养培育的教学目标。毕竟，课外客观素材只是帮助催化小学生直观想象力和其他思维素养的辅助性材料。最后，数学教师要善于将课外知识引入直观想象素养的培育项目上来，因为课外知识具有鲜明的开放性和互动性，是培养直观想象素养不可多得的，能极大拓展小学生的想象空间，促进他们对抽象数学知识的直观性认识，有效地发展小学生的数学核心素养能力。

（五）结合数学游戏培育直观想象素养

第一，数学教师要以积极创新的精神来进行直观想象素养的教学设计，促使小学生以创新的方法和教学模式展开对数学核心素养的锻造。第二，数学教师应采取多元化策略来进行数学游戏设计，以便更好地培育小学生的直观想象素养。依靠这种策略，小学生就能在玩游戏的同时实现对数学学习兴趣的激发，在他们以探究式学习的过程中既实现了对数学知识的学习，又使直观想象素养得到提高。众多教学过程都表明，以游戏加想象的创新性教学模式能带动直观想象素养的发展，同时还能确保小学数学教学质量的提升。

综上，数学教师在进行创新性直观想象素养培育的教学设计过程中，可将不同教学主体、客观素材等创设因子整合起来，以不同类型的活动形式来展开创造和制作，这样就能在实现直观想象素养培育的同时，还能将小学数学知识也统摄进来，最终形成能通过不同板块激发小学生学习潜能的教学模式，并让直观想象素养在课堂上生根发芽。

第六节　数据分析的教学

一、数据分析的概念

（一）数据分析的含义

所谓数据分析就是主体以不同方式获取某研究对象的数据信息，并以统计方法就数据信息展开归类、剖析、测评与推断等，最终形成该研究对象的知识的素养。[①]

（二）数据分析能力的内涵

进入 21 世纪以来，数据分析能力变得越来越重要，是塑造个体现代性素养的必要内容。数据信息是数据分析行为的物质基础。这里所说的数据是广义上的，既包括文字、语言等，也包括数字等各种能加以量化的事物。数据分析对数学教学范畴中的统计来说是非常重要的，如学生不知道如何解决生活中的一些具体难题，这时如果知道用图和统计手段来解决问题，那么其就能很快摆脱困厄。这是因为，在任何情况下，数据都是不会骗人的（至少在逻辑上），所以小学生要学会用数据"说话"，要知道如何运用一些简单的统计方法来收集数据信息，以及对已有的数据信息展开简单加工、处理与分析，最后通过分析获得所需的知识。

（三）数据分析能力的外延

为了尽快提升小学生的数据分析能力，数学教师有必要通过各种手段从收

---

① 马增福:《小学数学"数据分析"中"核心素养"解读——以人教版小学数学为例》,《教育实践与研究（A）》2018 年第 12 期。

集数据、整理数据、分析数据和数据推测这四个方面来展开教学，这样就能较好地让小学生了解这方面的能力。其具体体现在以下四个方面：第一，简单而高效地收集数据能确保数据分析顺利得到实施，标准的做法是任何时候都要用统计方法来处理所遇到的问题。第二，快捷地整理数据是确保分析数据能高效实现的基本前提，一般都是以图、表形式加以呈现，如此方能更直观地观察数据信息，以及后续工作的展开。第三，分析数据可以通过查看图、表等所表明的数据规律来得以实现。第四，数据推测为研究者的终极目标，即通过前面的环节来达成对研究对象所具有规律与性质的认识，以及由此做出科学的决策。

二、数据分析的教学策略

（一）创设情境，激发学生数据收集意识

第一，从小学数学教学的研究语境来看，即使是教学环境等因素不断变化，具有较强核心素养能力的小学生也能自主自为地摄取那些公认的知识经验，与新知识、新经验展开有效衔接，较为顺利地实现自我塑造与构建。第二，当小学生碰到各种常见困难时，会通过数据收集找到解决问题的路径。可见，小学生具有良好的数据收集意识是非常重要的。学校教育必须做好这方面的工作，这样他们在碰到现实生活中的一些难题时，就会自动以掌握的数据收集、整理等能力来化解遇到的困境。第三，数学教师可设置一些趣味性游戏，帮助小学生感受数据、认识数学、学习数据的规律和特点等。一方面，数学教师应从小学生的现实生活出发来设置问题（冲突），先让小学生按照疑惑点来收集数据，用矛盾来刺激小学生数据收集意识的产生，然后进入整理数据的环节。另一方面，在通过各种情境内容获得数据信息后，小学生也要在情境中展开数据分析，可见情境创设对数据分析的各个环节来说都是很重要的。这也适

用于最后的数据推测环节。总之，小学生在进行数据分析时，兴趣和探究欲就是最好的老师。

（二）小组合作探究，体会数据随机性

第一，由于事物存在与演化所体现出的随机性，所以数据也具有随机性的特性，同时数据还具有客观性，毕竟事物也是客观存在的。数学教师引导小学生展开的数据收集、整理等行为是客观的，但是他们却只能收集那些偶然能得到的事物的数据。其实数学教师带领小学生所展开的数据分析，以及相关的分析等行为，都是随机发生的。但正是他们自身数据收集行为的随机性，形成了他们自己的数据分析观念。

第二，数学教师在讲授这部分知识和展开实践时，应先将班内学生分成若干个小组，这样不仅能让数据分析的各项工作得到高效开展，而且有助于营造和谐的学习氛围，让小学生更快速地获得数据信息素养的提升。小学生以分组形式展开学习后，由于最初获得的数据信息有限，数据收集等实践行为还不多，自然结果就有偶然性，在这一点上来说，分组也能让他们体会到数据的随机性。数据分析具有随机性，其主要体现在两个方面：一方面，即使是同一件事，每次收集到的数据信息也不可能是相同的；另一方面，当收集的数据足够多时，数据中的规律就容易被发现。

（三）技术助推，巧寻规律

数学教师在讲授数据观念时，必须向小学生表明，虽然数据具有随机性，但是随机性也是能表明数据中的规律的。小学生可凭借推断性分析洞悉数据中所包含的特性，并以此展开其他推断，获得更广更大的数据特性和总体性趋势。数学教师在进行数学课程设计时，应将信息技术、数学教学等要素整合起来，从而获得更广泛范围内的数据信息，特别是让数学学科的教学得到优化。

（四）回归生活，体验数据分析价值

首先，数学教师要从数据分析方法运用于解决实际问题来看待数据分析部分知识的教学设计与应用，这样才能促进小学生对这部分知识的学习以及相应应用能力的生成。其次，数学教师要从"知识源于生活，又再次回到生活"的原则来进行教学设计，同时为了更好地促进知识的迁移，教师要引导小学生以类比法展开数据分析知识的学习。

第七节　转化思想的教学

一、转化思想

首先，所谓转化思想指的是主体在解决有些难以通过寻常手段解答的问题时，就可以将某些难以处理的问题或问题的一部分转变为其他形式，被转变的形式将有助于问题的解决，通过这种形式原问题也就得到了解决[①]。

其次，转化思想已经是一种较为寻常的数学问题解决手段，在解答很多疑难问题上发挥出了巨大作用。在具体的运用过程中，使用者可采用比较、分析、综合等步骤来进行问题的分解和解答。这种方法的核心是对问题的转换，这也是这种方法运用上的难点。[②]

笔者将转化思想定义为，主体在进行新知识习得或新问题化解碰到问题时，将新知识或新问题中的问题转变为其他形式，即将难学的知识变得容易或加以化解。

---

① 王永春：《小学数学与数学思想方法》，华东师范大学出版社，2014，第57页。
② 吴正宪：《课堂教学策略》，华东师范大学出版社，2003，第25页。

二、运用转化思想解决问题的一般策略

（一）运用转化思想，把陌生的知识熟悉化

首先，数学教师在开展各类小学数学课堂教学时，不仅要将小学生认知水平参差不齐、思想认识混乱、方法运用不当考虑进去，而且要将小学生年龄太小、思维不成熟等因素考虑进去。为此，数学教师在进行各类主题性的课堂教学时，要从以上所说的因素去考虑如何将转化思想运用到解题的过程中去，帮助小学生将不熟悉的知识转变为熟悉的知识。如此，小学生的数学学习过程就会变得容易些。比如，数学教师在教学五年级上册第一单元"小数乘法"时，就可以从四年级下册第四单元"小数的意义和性质"、第六单元"小数的加减法"，加上二年级上册"表内乘法（一）（二）"及三年级下册"两位数乘两位数"等知识内容来展开转化，从而让小学生的学习变得更容易些。比如，数学教师在教"3.21×1.5"时，就可采用以下策略来加以处理。

第一，当小学生初次见到小数乘小数之际完全不知道怎么办，如果数学教师将"3.21"与"1.5"中的小数点抹掉，式子就变成"321×15"了，见到这个式子，小学生很快就能算出结果，即4815。

第二，数学教师让小学生回顾整数乘法这部分知识，然后小学生会记起相应的规律：一个因数增大（或缩小）m倍，另一个因数也增大（或缩小）n倍，那么它们的积也就随之增大（或缩小）$m \times n$倍。由于该式中的3.21增大了100倍，变为了321，1.5增大了10倍变为15，则它们的积也就增大$100 \times 10=1000$倍，于是积为4815；则3.21×1.5的积为4.815。

第三，数学教师进行总结。数学教师告诉小学生，小数乘法是很简单的，你们只要将其当成整数乘法，遵照整数乘法的计算规则去算就行。然后两个因数中共有几个小数数位，最后在乘积中从右往左数，有几位小数，点上小数点就行了。学生听到这里立即就明白了。

(二)运用转化思想,把抽象的问题形象化

数学教师应尽量将抽象的知识以形象化的方式来展开教学设计,这样才能更好地促进小学生对知识的学习、内化、巩固和应用。比如,在讲解六年级下册第四单元"比例"时就可以按照下面的流程来进行设计:第一,由于比例的知识内容是新知识(即为六年级上册第四单元"比"的延续),一旦对比例的意义这个内容忘记了或未能学好,那后续对比例的性质、解比例等知识的学习就变得更难了。第二,教师应先安排一些复习题,让小学生对"比"的知识再次复习一下。第三,教师展示一些生活中的比的实例,如大小各异的国旗等,让小学生明白,这些不同物体的产生都是按一定比例以放大或缩小的方式得到的。虽然它们的大小各异,但是比例却一样。第四,数学教师展示两组大小各异国旗的长宽数据,请小学生写出其长与宽之比,再求值,最后让小学生谈谈发现了什么。第五,经过一番讨论后,小学生们发现两个比值完全一样。因此,就可以用等号将两个比连接起来。第六,数学教师点评:这种表示两个比相等的式子就叫比例。至此,小学生已对比例有了清晰的认识,并深深记在了心里。

(三)运用转化思想,把复杂的问题简单化

小学生对数学知识的学习,一个重要的目的就是要学会简单化处理生活中的问题,以及对解决问题能力的提升。比如,以六年级上册第四单元"比的认识"这一节的教学为例:当小学生看到这部分内容时,对比的概念、比的用处等可以说是一头雾水。教师就可以采用举例的方法,将表示两种数量之间关系的方法列举出来,这样学生就对比有了一些印象。比如,教师可以说,比就是前面所学的除法。教师还可采用实例的方式来进行说明:$3 \div 2$ 就表示 $3:2$,即将除号换为比号就行。学生一下子便能明白。

（四）运用转化思想，把零散的问题系统化

首先，数学教师在进行数学教学时，要引导学生对自身的既有知识与新近要学的知识展开体系性的归纳和整理。其次，在整理的过程中，数学教师应采用转化思想来引导学生进行处理。比如，数学教师在执教"圆的面积"这一课时，就可以按照以下步骤来加以实施：第一，应先引导小学生一起就前面已经学过的知识进行回顾。这些知识包括平面图形中长方形等的面积计算方法，以及它们的计算公式等。第二，对小学生的这些既有知识进行记忆性的推演之后，小学生对这些平面图形知识树有了清晰认识，同时还在一定程度上得到了巩固，这时教师可进一步引申，如数学教师可从"割补法"着手，将知识内容推演到平行四边形的面积计算上来。即用两个完全一样的三角形就能拼成一个平行四边形。可见，从面积计算上来说，平行四边形的面积、三角形的面积等的计算都可以转变为长方形的面积计算。第三，教师最后抛出问题：圆的面积计算与长方形的面积计算之间是什么关系？第四，教师引导小学生以剪、拼等数学实验方式，展开面积猜测与印证活动，让小学生通过自己动手操作来突破该节教学的难点。

第六章

核心素养视域下的小学数学生活化教学的案例

学校教育只是教育的一种形式，教育向生活回归是新时代的要求，也是课程改革的一个重要内容。通过课堂实践，教育的最终目的是让学生学会生存、学会学习、学会合作，意蕴着学校教育应该关心人的价值和意义、人的理想和生存。课堂教学生活化就是要确立"以人为本"的意识和生命意识，生活中世界是人在其中的世界，其中心在于人的生存和人的价值。生活化的课堂应该是唤醒学生的"人本意识"和"生命意识"，尊重生命，关心个人的生命需要是教育的终极目标。同样，课堂教学生活化也要注重人的动态生成，教育更要关注人今后的生活，为教育的终极目标服务。生活化的课堂还要引导学生"学会共同生活"，教育的使命是帮助人去发现他人和发现自己，理解是共同生活的前提、是美好生活的前提、是心灵间的交流，学会理解、学会共同生活，是现代教育的潜在目标。

以生活经验为基础——"轴对称图形"

★ 教材分析

这部分内容结合实例，通过观察和操作等活动，帮助学生初步认识轴对称图形；通过"做"轴对称图形，进一步积累感性认识，丰富对轴对称图形的体验，锻炼学生的实践能力。

★ 学情分析

本节课因为有很多图片欣赏，学生会听得比较专心。学生能在欣赏中学到知识。

★ 教学目标

知识技能：联系生活中的具体物体，通过观察和动手操作，使学生初步体会生活中的对称现象；认识轴对称图形的一些基本特征，并初步了解对称轴。

能力目标：使学生能根据自己对轴对称图形的认识，在一组实物图案或简单平面图形中识别出轴对称图形；能用一些方法"做"出一些简单的轴对称图形；能在方格纸上画出简单的轴对称图形。

情感态度：使学生在制作和欣赏轴对称图形的过程中，感受到物体或图形的对称美，激发对数学学习的积极情感。

一、引入

师：同学们喜欢剪纸吗？

生：喜欢。

师：今天老师现场剪一个图送给我们班的同学。知道老师剪的是什么吗？

生：不知道。

师：（将图打开）现在知道老师剪的是什么了吗？

生：（争先恐后）五角星。

师：这样剪是不是很有趣？你们觉得还有哪些物体也可以用这样的方法剪出来呢？

生1：蝴蝶。

生2：飞机。

生3：……

生4：……

师追问：同学们说的这些物体有没有什么共同点呢？

生1：两边一样。

生2：它们的左右两部分一样。

师：能不能用一个词语来概括一下？

生3：两边对称。

师：很好，"对称"这个词用得很准确！

（板书：对称）

师小结：像我们刚才所列举的这些两边形状、大小等完全相同的物体，我们可以说它们是对称的。

师：在我们的生活中，你还见过哪些对称的物体？

（生举例）

二、教学例题

（师出示天安门、飞机、奖杯的图片）问：这三幅图上的物体对称吗？

生齐答：对称。

师：对，我们看到的正是这些对称物体的图片，现在，我们把它们画在纸上，就得到了这样的一些平面图形。那么，这些平面图形是对称的吗？

生：是对称的。

师：同学们真聪明，一眼就看出这些图形是对称的了。那么像这样的图形，我们就把它叫作对称图形。（在"对称"后板书"图形"）

师：你们是怎么知道这些图形就是对称图形的呢？有什么办法来验证吗？

生：我们可以折一折。

师：哦，折一折？怎么折？

生：（示范）就是像这样折。

师：哦，像这样折，也就是对折。（板书：对折）请同学们将你们天安门、飞机、奖杯的图片拿出来像这样子折一折，折完后，看看你们发现了什么？

生1：我对折后发现边上齐齐的，不多也不少。

生2：两边重合在一起了。

……

师：也就是说，对折后，两边重合了。

（板书：重合）

师：同学们，刚才我们把这些对称图形对折后，发现它们完全重合了，那我们现在再将不对称的图形拿来折一折，看看这回又会有什么发现呢？

师：它们有没有重合啊？

生：没有。

师：真的没有？一点点重合都没有吗？

生：……

师：这些对称图形对折后重合了，这个不对称图形对折后也重合了，那这两种重合有什么不一样呢？

生：……

师：这些对称图形对折后两部分全部重合了，也就是完全重合了，（板书：完全）而这个不对称图形只是部分重合。

师：（举起天安门图）刚才我们在证明它是对称图形的时候，我们把它对折了，那对折之后再打开来，我们会发现，在这张纸上留下了什么？

生：印子。

师：也可以说是"折痕"。现在我在这条折痕上画上像这样的点画线，并且，我给这条线起一个名字，叫作"对称轴"。（板书：对称轴）而像这样，对折后能完全重合的图形，我们就叫它轴对称图形。（在课题"对称图形"前板

195

书"轴")对折后,折痕所在的直线叫作对称轴。

师:现在请同学们在自己的轴对称图形上找出它的对称轴,并动手画一画。

注意:在画对称轴的时候用什么线来画?(点画线)

师课件展示。问:同学们是这样画的吗?(是)

三、判一判

师:认识了轴对称图形,我们一起来判别一下以下给出的图形中哪些是轴对称图形。第一个是不是?

生齐答:是。

师:你是怎么来判断它是轴对称图形的?(多叫几个学生说一说)

师:钥匙是不是呢?

生:不是。

师:说不是的同学来说一说理由。

……

四、画一画

师:刚才我们在漂亮的图案中找到了轴对称图形,那在这些字母中,你还能找到轴对称图形吗?请同学们在这些字母中找出轴对称图形并画出对称轴。

(完成后集体校对并观看字母对折动画。)

五、试一试

师：在我们已学过的数学几何平面图形中也有轴对称图形。三角形是不是？（是）那我们怎么来折呢？学生示范。……（重点说说平行四边形）

六、猜一猜

师：老师这里有一些图形的另一半被剪掉了，你们还能猜出它是一个什么图形吗？

生1：8。

生2：M。

生3：王。

生4：医院标志。

七、练一练

师：哇，看来我们的同学对轴对称的知识掌握得不少了，现在，我们要来挑战一下了。

这里只给出了轴对称图形的一半，要求我们画出它的另一半。我们看到这个图，它给了我们这样的两条线段和一条对称轴，那么我们怎样来画呢？首先，我们要找出图上每一个点到对称轴的距离。然后，利用数格子的方法在对称轴的另一边找到它的对应点，这个点和它的对应点的距离是一样的。最后，找到了点之后，再把每一个点连起来。这样，就画出了这个完整的轴对称图形。接下来，第二个图请同学们在书上自己动手画一画。（完成后集体校对）

八、找一找

师：我们今天学习了轴对称图形，那在学完了轴对称的知识后同学们还能列举出更多的生活中的轴对称物体或图形吗？（生举例）

师：老师也找了一些生活中的轴对称图形，同学们看这些国旗是不是轴对称图形啊？

生：是。

师：那这些交通标志呢？

生：是。

九、欣赏，创作

师：其实啊，大自然对于轴对称的创造远远不止这些，当我们仰望蓝天、俯瞰大地，那些美丽的植物、可爱的动物，以及世界闻名的建筑，处处都有轴对称的足迹。那同学们能不能利用今天学习的轴对称知识，发挥自己的想象力，自己动手做一个漂亮的轴对称图形呢？请同学们课后自己制作一个轴对称图形，并与同学交流。

以生活经验为基础
——国标本苏教版小学三年级上册数学"1万有多大"

一、教材分析

"1万有多大"这个综合活动是以教材中"大数的认识"这一主题单元为

载体，结合以往的教学经验所生成"1万有多大"的综合实践活动。三年级学生对数的认识还停留在"千"的水平，对于1万的认识有些难度，而认识1万是学生认识更大的数的基础，建立1万的大数观念也有利于发展学生的数感。数感的培养是建立在参与大量实践活动前提下的。在低年级的"大数的认识"这一单元，教材中只涉及1万以内的数的组成、读写、比较大小等知识，缺少对1万的体验活动。而高年级在学习"大数的认识"时，教师让学生查资料、数豆粒，并提供了合适的大数素材。受高年级教学启示，我们设计了这个主题的实践活动——"1万有多大"。希望通过不同层面的感受与体验活动，帮助学生在头脑中建立起1万的直观表象，将"1万"这个数与生活中的实际物体的数量建立起对应的联系。主题实践活动中通过数1万（数豆粒）、找1万、折1万（幸运星）、做1万（跳小绳）几个层面的活动来丰富学生对"1万"的直观感受，有效整合体育学科与美术学科的课程资源，帮助学生建立"1万"的数感，为学生清晰地把握数量大与小、多与少的关系奠定基础。

二、案例内容

【活动主题】1万有多大

【活动时数】课内4节，课外3节

【学习领域】数学课"大数的认识"简单的计算；生活课手工制作；体育课跳小绳；美术课用1万个幸运星拼摆妈妈头像图案

【设计思路】

（1）对小学生来说，建立数感对其以后的创新发展起着较大的作用。二年级学生对数的认识还停留在"百"的水平，对于"万"的认识感受不多，而"万"的认识又是日后学习更大数的基础。因此建立"万"的大数观念有利于发展学生的数感。

（2）教材中只从数的组成的角度认识"万"这样的数，抽象性强，没有让学生充分体验"万"有多大。所以，以此为主题开展一个实践活动，让学生从不同的层面来感受"万"，丰富学生的感知，将"万"这个数与生活中实际物体的数量建立起联系，帮助学生在头脑中建立起"万"的表象。

（3）期望通过这样的实践活动初步培养学生收集信息的能力，与他人合作的意识，将自己的想法与他人交流的能力，以及持之以恒的学习态度。

（4）充分整合体育、生活、美术学科的课程资源，体现课程的综合性。

【活动安排】（见图 6-1）

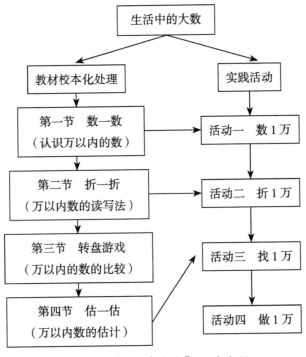

图 6-1 "1 万有多大"活动流程

【活动目标】

活动名称及具体目标（见表6-1）。

表6-1　1万有多大活动表

活动名称	具体目标
数1万	1. 会数1万，会用数表示物体的个数，清楚数的组成及数位顺序。 2. 丰富学生数数的策略，感受到优化的数学思想。 3. 培养学生善于思考的探究意识，能够与他人进行交流，尊重他人多元解决问题想法的合作意识。 4. 获得数出1万这个大数的成功体验。
折1万	1. 从直观的量上感受1万的大小，经历将作品拼成1万的过程，建立1万的表象，发展数感。 2. 在生活课上学会手工折纸，会折幸运星，在折的过程中增强熟练程度，提高效率。 3. 发展学生合作的意识，体会到合作的意义。 4. 爱惜并保护作品，珍惜劳动成果，培养学生良好的公共道德意识。
找1万	1. 经历收集资料的过程，能够运用多种方法收集资料、选择资料、整理资料。 2. 结合现有的资料与他人进行沟通与交流。 3. 能够用大数来描述某些事物，感受到数学与生活的密切联系。 4. 能够运用估计的方法来验证所收集资料的有效性。
做1万	1. 练习跳小绳，并在跳1万次的过程中不断熟练。 2. 设计记录单，能够准确地记录数据。 3. 在亲子跳小绳的过程中培养做事情持之以恒的良好品质。

【活动准备】

学生准备：黄豆粒，小绳，折纸用品。

教师准备：设计跳小绳记录单，收集有关1万的数据资料（包括图片、文字资料等），提供评价卡片，选定年级走廊的墙面作为展示空间。

【活动流程】

活动一：数豆粒（课内、课外各一节，见表6-2）

表 6-2　数豆粒活动表

环节	学生活动	教师指导	评价视点
布置任务	回家独立完成数豆粒的活动，想办法数出 1 万粒黄豆，并将数出的豆子带到学校。	1. 明确任务：想办法数出 1 万粒黄豆。 2. 要求：（1）在数的过程中思考，你是怎样数的，有没有更好的办法；（2）要尽可能数得准确。	家长协助指导。
汇报交流	1. 小组交流发表各自的办法，先把自己的体会与方法在小组内说一说。 2. 展示多种多样的数法。	1. 可能有以下方法：（1）1 粒 1 粒地数；（2）100 粒 100 粒地数，再估算；（3）计算的方法。 2. 教师指导时要注意：（1）提示学生在交流的过程中注意倾听他人的发言；（2）从多种办法中选取自己喜欢的数法。	1. 参与活动的积极性。 2. 倾听的意识与习惯。 3. 掌握数数的方法。 4. 尊重数法的多元化。

活动二：折幸运星（美术课一节，见表 6-3）

表 6-3　折幸运星活动表

环节	学生活动	教师指导	评价观点
提出问题，布置任务（由数学教师组织教学）	以小组为单位讨论解决办法，可能会想到以下办法：1. 小组合作；2. 全班合作；3. 全年级合作；4. 其他办法，学生自由发表意见。	1. 提出问题：我们要折 1 万个幸运星装饰墙面。你一个人可以折完吗？那你有什么办法？如果学生想不到，教师可以适当引导。 2. 方法择优，确定以全年级合作的方式来解决。	能积极地思考解决问题的办法。

续表

环节	学生活动	教师指导	评价观点
教学折幸运星（由美术教师组织活动）	情况一： 1. 请学生到前面整体演示折法；2. 生对生，逐步学习折法。 情况二： 在教师的指导下逐步学习折幸运星。	1. 情况一： 如有学生会折幸运星，教师指导：让学生的表达清晰准确；其他学生认真按步骤逐步完成；有不清楚的学生，个别指导。 情况二： 没有学生会折，由教师演示折法，指导要点同上。 2. 要求以小组为单位折60个幸运星，指导小组的分工与合作。	1. 是否能集中注意力关注别人折的过程； 2. 期望学生通过观察他人的操作学会折幸运星； 3. 乐于帮助同伴，有与他人合作的意识。
展示成果	1. 以小组为单位，把幸运星贴到墙板上，组成妈妈头像图。 2. 集体欣赏1万个幸运星。 3. 用语言描述欣赏幸运星的感受。	组织学生欣赏体验1万个幸运星的数量。	1. 贴得是否整齐美观。 2. 能够用语言描述欣赏幸运星的感受。

活动三：找1万（见表6-4）

表6-4　找1万活动表

环节	学生活动	教师指导	评价视点
欣赏图片	学生在家通过各种方式收集有关大数目事物的图片。	教师展示1万的图片资料，如：万人体育场、图书馆1万册图书、1万只企鹅、故宫博物院占地大小等。	

续表

环节	学生活动	教师指导	评价视点
布置任务	思考： 1. 从哪些方面入手找1万？到哪里找1万？ 2. 交流自己的想法。	明确任务：1. 开展找1万的信息发表会，请同学们一起找一下我们身边的1万；2. 对学生从哪些方面找1万给予指导。（从书刊、网上搜集有关的数据及图片等，或者拿取实物。）	1. 是否有倾听的意识与习惯； 2. 能够动脑筋想办法。
家里找1万		可以请爸爸妈妈帮忙。	
信息发表会	1. 展示信息； 2. 评价。	用估计的方法评价找的1万是否准确。	能否运用恰当的方法进行估计。

活动四：做1万（见表6-5）

表6-5　做1万活动表

环节	学生活动	教师指导	评价视点
布置任务	学生自由发现：1万这个数很大，在不知不觉中做了很多与1万有关的事情（如呼吸、睡觉、走路、眨眼等）。	你认为你能坚持下来做1万次的事是什么？你想选择什么事来做？（跳绳、拍球、踢毽子、写字）	能够积极地思考问题。
指导记录	学生讨论怎样记录，记录哪些内容。	帮助学生确定记录表。	比一比哪些学生能够坚持做完这件事情，教师给予一定的奖励。
开展活动	每天至少跳100次小绳，多则不限，及时做好记录。	教师督促提醒，尽量让更多的学生坚持完成跳小绳的任务。	1. 能否坚持完成任务，并认真做好记录； 2. 是否能够在活动中取得成功的体验。

【活动评价】（见表6-6）

表6-6　学生活动评价表

二年级___班　姓名：			
评价内容	学生评价	家长评价	教师评价
我能数出1万粒黄豆	☆☆☆☆☆		
我能找到数量是1万的事物	☆☆☆☆☆		
我能估计出大约1万的数量	☆☆☆☆☆		
持之以恒做一件事情	☆☆☆☆☆		
能认真倾听别人发言	☆☆☆☆☆		
我能和别人交流自己的想法	☆☆☆☆☆		
我容许别人意见与我不同	☆☆☆☆☆		
我能和同伴合作完成任务	☆☆☆☆☆		
遇到问题，我能尝试解决	☆☆☆☆☆		

以生活经验为基础

——国标本苏教版五年级下册"组合图形的面积计算"第106页例10、"试一试"、"练一练"和练习十九的第6题

★ 教学目标

（1）使学生认识圆环，掌握圆环的特征和计算圆环面积的方法。

（2）通过操作、探索、发现、交流等活动，初步培养学生的合作意识和创新意识，进一步发展学生的空间观念和交流能力。

（3）通过学习，提高学生对数学的好奇心和求知欲，学会从数学角度认识世界、解释生活，感受数学的魅力。

★ 教学重点

探索并掌握组合图形的面积计算方法。

★ 教学难点

能正确将一个组合图形进行分解，学会这类题目的思考方法。

★ 教学准备

课件、剪刀、直尺、圆规、圆形纸片；学生带计算器，自学教材第 106 页例 10。

★ 教学过程

（课前交流）

回忆以前所学平面图形的面积公式，分别计算 r=1 厘米的整圆和半圆的面积；出示一些组合图形，让学生观察其中包含哪些基本图形，说说这些图形是怎么组合而成的。

一、创设情境，交流展示

（一）揭示课题

课前同学们欣赏了很多基本图形组成的美丽图案，这些都是组合图形，今天老师就和大家一起来研究组合图形的面积计算。（板书课题）

（二）创设情境

师：听说为了美化校园环境，学校打算建一个圆形的花园，如果花园的半径是 5 米，你能算出花园的占地面积吗？为了便于欣赏，工人师傅们要沿着花园铺一条这样形状的小路，大家请看。（电脑上展示图片）

（三）认识圆环

（1）在生活中见过这样形状的物体吗？（公园里的圆形花坛、广场上的圆形图案、机器上的圆环形零件等）出示：小路是圆环形的。

（2）这样的图形有什么特征？（是由两个大小不同的同心圆组成的）

（3）判断下列四个图形是否是圆环。

（4）给你一个圆片，你能想办法把它变成圆环吗？

生：在里面再画一个小一点的同心圆，剪掉。（师操作）

师：认识圆环了吗？原来圆环可以由一个大圆剪掉一个小一点的同心圆得来。

二、动手操作，互动探究

（一）学习活动

（1）师：刚才我们说小路是圆环形的，工人师傅想知道这条小路上至少要铺多大面积的地砖，就是要求这条小路的面积。圆环的面积你想知道吗？——想。

（2）师：别着急，同学们先自学一下书上第106页的例10，找找灵感。

出示例10。学生自由读题，理解题意后独立操作计算。

教师巡视，选择两种代表性的答案进行演示（一个常规做法，一个简便方法）。

全班交流，总结圆环计算的方法，提醒：有时还可以利用乘法的分配率进行简便计算。

3.根据刚才的分析，要想计算一个圆环的面积，必须知道什么条件？

（再次出示小路）

师：看看这条小路的面积你能算吗？——不能。如果我告诉你小路的宽是2米，现在能算吗？（课件出示解题过程）

（二）学习活动

（1）刚才的环形是由两个圆组合而成的，与圆有关的组合图形还有很多。请看：

师：这是一列火车正在通过隧道，我们把入口处的图形放大。观察一下这个图形是由哪些基本图形组合而成的？

（2）出示文字和讨论要求一：半圆和正方形有什么相关联的地方？（使学生明确：正方形的边长就是半圆的直径。）

出示讨论要求二：你打算怎样计算这个组合图形的面积？（学生适当讨论后独立完成，一位学生演示。）

（3）交流解题方法，注意提醒学生半圆的面积必须把整圆的面积除以 2，说说每一步求的是什么。

三、矫正反馈，迁移应用

（1）师：还有其他的组合图形，大家想认识吗？请看。（出示"练一练"）

（同桌间、小组间讨论解决方案，尝试列式。全班分成两组完成，请两位学生演示。完成后，请演示的两位学生做小老师评讲。明确：左图中长方形的宽与圆的半径相等，右图中半圆的直径是三角形的底，半径是三角形的高。）

（2）师：刚才两个题目挺难的，都没有难倒同学们。那老师决定加大难度，敢接受老师的挑战吗？

（出示练习十九第 6 题第三个图形）这道题只给了一个条件，思考思考你会做吗？

（学生适当讨论后独立完成，一位学生演示，完成后评讲，全班校对。）

（3）师：同学们真厉害，这样的题目都难不倒大家。接下来，同学们跟着我到操场上去看看。（出示第 110 页第九题）

全班一起读题，分析条件。独立完成，全班校对。

以生活经验为基础

——一年级"20以内的退位减法"

★ 教材分析

这部分教材教学20以内的退位减法,是多位数计算的基础,也是进一步学习数学必须习得的基本技能之一。把这一部分的教材进行整合,把教材中十几减9和十几减几这两节课的内容整合到第一节课,集中教学计算方法,再安排练习课进行巩固复习。比较了苏教版和北师大版教材,发现用"14-9"作为例题最为合适,先从实际问题引入"14-9",再让学生联系实际情境和生活经验,探究算法。

★ 教学目标

(1)学生初步理解和掌握20以内的退位减法的计算方法。

(2)在操作、探索中提高发散思维能力和初步的抽象概括能力。

(3)通过主动探索进一步学会观察、比较、分析。

★ 教学重点

学会20以内的退位减法的计算方法。

★ 教学难点

20以内的退位减法的计算方法和算理。

★ 教学准备

多媒体课件、学生学具小棒等。

★ 教学过程

一、创设情境

在寒假里，婷婷、明明和小兰三个好朋友参加了社区的游艺活动，拍了不少的照片，你们想看看吗？（课件出示教材主题图中的套圈游戏）

在这张照片上，你们收集到了哪些信息？

二、自主探究

（1）要知道"有几个圈没有套中"，该用什么方法计算呢？

指名回答并板书：14-9。

（2）14减9等于多少呢？你是怎样想的？借助你手边的学具验证一下你的想法是否正确，再跟你的同桌说一说你的想法。

（学生活动，讨论）

（3）学生汇报，随机板书。

预设：

A.一个一个地减。

B.做减想加，9+5=14，14-9=5。

C.14-4=10，10-5=5。

提问：为什么要用14减4？减去4后还要减几，你是怎么知道的？

D.10-9=1，4+1=5。

提问：10是哪来的？为什么要用10减9？

板书：14-9=5

E．14-10=4，4+1=5。

提问：为什么要用 14 减 10，10 是从哪来的？减了 10 后为什么要加 1？

（4）质疑。

仔细看一看，想一想，你对这些方法还有哪些不明白的地方？

（5）练一练。

用你喜欢的办法计算 13-8，并跟你的同桌说说你是怎样计算的。

（课间休息）

三、巩固提高

（1）口算（开火车）。

（2）小鸟找家。

①观察图画，注意房子上面的数字。

②你想帮哪只小鸟找家？

③还有一只小鸟没有家，谁来想办法帮助它？

④一间房子只能住一只小鸟，那么我们大家就来给这只小鸟添一个家，好吗？

（学生齐答：15-9 = 6，中间添一个房子，小鸟回到了家）

⑤这些小鸟卡片上的算式有什么特点？（都是十几减 9）你发现这些算式的差有什么特点呢？

（有条理地板书：11-9=2，12-9=3，13-9=4，14-9=5，15-9=6，16-9=7，17-9=8，18-9=9，引导学生发现规律。）

（3）看图列式。

（4）发散练习。

（　）-（　）= 7

四、全课小结

我们今天学习了什么？

同学们知道吗，今天我们一节课学习了几节课的内容，你们真是太棒了。可能有的同学还不能熟练地计算，让我们在后面的课堂中再多多练习，争取算得又对又快，好不好？

以生活经验为基础

——三年级数学"求平均数"教学课堂实录

一、创设情境，激发兴趣

师："我们搞一次排球比赛，在规定的时间内看哪个队拍球的总数最多，哪个队就为胜利队。这个比赛怎么搞呢？谁来出个主意？"一个学生提出每人轮流拍，然后把总数加起来。老师（面带疑惑地）说："一节课只有40分钟，要让每个同学都来拍，时间太紧张了，有没有更好的办法？"这时，同学们鸦雀无声，老师在等待。忽然一个学生"高高地"举起小手，她说："让全队同学推荐代表来拍。"老师在征求大家的意见后，共同商量每队选出3名代表。

课堂刚开始，兴趣已经被唤起。从学生喜欢的拍球游戏入手，激起他们的学习兴趣，让学生自己想出比赛的办法，把自主权留给了学生。

二、解决问题，探求新知

1. 感受平均数产生的需要

比赛开始，每队各派 3 名代表参加拍球比赛，每人拍 5 秒钟，请学生当小裁判，老师把各队拍球的数量板书在黑板上。乙队分别拍了：8 个、13 个、14 个，甲队分别拍了：11 个、14 个、16 个。老师要求学生以最快的速度口算或用计算器计算每队的总数。结果算出来，老师（热情洋溢地）宣布："通过比总数，甲队拍了 41 个，乙队拍了 35 个，甲队胜了。"老师面对获胜方（深情地）表示祝贺。（一声祝贺，一个鞠躬，体现了对学生的尊重。）

这时老师请求加入乙队，现场拍球 5 秒钟，使乙队拍球数量增加了 12 个。老师又一次重新宣布乙队为获胜队。乙队欢呼，甲队则没有反应。老师耐心等待问："你们真的没有什么想法？"（有的学生皱着眉思考着），一个学生（勇敢地）举起了手，（急切地）说："我们队 3 个人拍球，乙队 4 个人拍球，这样比赛不公平。"（老师的耐心等待终于使学生自悟了）"哎呀，看来人数不相等，用比总数的方法来决定胜负不公平。难道就没有更好的办法来比较这两队总体拍球水平的高低吗？"老师把这富有挑战性的问题抛向了学生。

在学生的认知思维冲突和解决问题的需要中，学生提出了"平均数"。学生感受到"平均数"此时出现的价值，产生了迫切的学习需要。

2. 探索求平均数的方法

怎样计算每个队拍球的平均数呢？这个问题的提出又一次促使学生思考与探索。在老师的引导下，学生提出了计算的方法：（8+13+14+12）÷4 和（11+14+16）÷3。在掌握了计算方法的基础上，学生们有的用笔算的方法计算结果，有的是用计算器来计算结果。（学生们开始议论纷纷）老师边巡视边说："出现问题了是吗？有的同学的结果有余数（11……3 和 13……2），有的同学的结果是小数（11.75 和 13.666666……）。没关系，我们一起来看，11.75 更接近哪个整数？""接近 12。"学生回答。"我们就说计算结果大约是 12，用约等号表示。（老师边说边板书）谁来说一说（11+14+16）÷3 的结果是多少？"学生用同样的方法得出：13.66666……接近 14，约等于 14。

3. 理解平均数的意义

以乙队的平均数为例追问：12 表示什么？

生：表示乙队拍球的平均数。

师：你怎样认识理解 12 这个数？

生 1：我拍了 13 个，把多的一个给其他队员了。

生 2：我拍了 14 个，把多的 2 个给了拍 8 个的同学。

生 3：我很高兴，本来我拍了 8 个，他们又给我增加了 4 个。

师：你们的意思是说，把多的给少的，这样就……（生接：平均了。）

让学生们自己描述对平均数意义的理解。在这个基础上老师进行了总结：12 这个数是 8、13、14、12 这一组数的平均数，它较好地表示了这一组数据的总体水平。

师：当人数不相等，比总数不公平时，是谁出现在我们的课堂？

生：平均数。

此时此刻，你不想对平均数发自内心地说两句吗？老师感慨地说。（生自由发言）

生 1：平均数啊平均数，你很公平。

生 2：平均数，你使不公平的事变公平了。（真可谓发自内心）

师：平均数在我们需要的时候出现了，是谁把平均数带进了课堂？我们把他请上来。

那位学生走上来，老师说：感谢你。他（不好意思地）说：谢谢大家。他的内心深处感受着成功的喜悦。

4. 沟通平均数与生活的联系

师：在平时的生活中，你见过平均数吗？

学生举例。有的说考试统计数需要平均数。有的说歌手比赛打分时会用到平均数……

老师根据实际提供了学生身边的一些信息。

如浦东机场日均起降航班达 379 架次。

磁浮列车周一至周五日均客流量 4000 余人次。

……

根据以上信息，学生们用自己的语言谈了对平均数的感受，进一步理解了平均数的意义。同时使学生进一步感受平均数与社会生活的密切联系。

三、联系实际，拓展应用

师：平均数能为我们解决生活中的一些问题吗？让我们继续研究。

（一）门票统计问题

出示上海"五一"期间东方明珠电视塔售出门票统计图（图略），学生观察。

师：从这幅图中，你知道了哪些信息？

生 1：5 月 1 日参观的人数是 1100 人，5 月 2 日参观的人数是 1300 人，5 月 3 日参观的人数是 1000 人……

生 2：我知道 5 月 2 日参观的人数最多，5 月 5 日参观的人数最少。

师：面对这么多信息，你还想了解什么？

生 1：五天内平均每天销售出多少张门票？

生 2：五天一共收入多少钱？

生3：为什么1日、2日参观的人数多，后几天一直在下降？

（1）请你估计一下，这五天中平均每天售出门票大约多少张？"1000张""1100张""1200张""900张""2000张"……学生们迫不及待地报出自己估计的数字，老师不动声色。

（2）大家估计得准不准呢？请你们用自己喜欢的方法验证一下。

学生用自己的方法验证着，老师一边巡视一边鼓励学生："同学们算得很认真。""书写得真整齐。"

很快，结果出来了，平均每天售出门票1000张。

"说一说，你是怎样验证的？把你的方法介绍给大家。"

生：我把五天售出的门票加起来再除以5。

这时，老师拿着话筒来到一个小男孩面前：这位同学始终没动笔，你是怎样想的？

生：我从1300张中拿出300张分给5日，从1100张中拿出100张分给4日，这样每天售出的门票就都是1000张了。

这时，老师又让学生给自己的方法起个名字，如"先加后除法""移多补少法"等，学生们兴致盎然。老师来到估计2000张那位女学生身边摸着她的头亲切地说："请你去问问同学们，听听其他同学是怎样估计得这么准确的。"

被采访的是一个小男孩："你估计的2000张比最大的数还多，这是不可能的，平均数要比最大的数少，比最少的数多。"

老师转过身来，摸着女学生的头说："听了这位同学的发言，你想说什么？"

女学生不好意思地说："我估计的数跑到最高的数外边去了。"

一个"外边"正表现出了学生对平均数的认识和理解，体现了学生对自己学习的反思。老师心中的感动再次溢于言表："我非常佩服第一次估计比较准的同学，你们思考问题有根有据。但我更佩服身边的这位小姑娘，虽然第一次她估计到'外边'去了（有意识地用了儿童的语言），但是她学会了和同学们交流，还能接纳别人的意见，修正自己的意见，这是很好的学习方法，我们都应该向她学习。"老师紧紧地握住小姑娘的手，小姑娘笑得那样甜。

（在课堂上，我们不要否定孩子，要用热情的鼓励和巧妙的疏导，与孩子们同喜同忧；要能够发自内心地欣赏每一个孩子，看到每一个孩子的闪光点；不仅关注成功的孩子，而且关注暂时出现问题的孩子，给他们真诚的期待和重新跃起的机会，让所有的孩子都扬起自信的风帆，抬起头来学习。）

师：刚才，同学们还提出了一个问题：为什么5月2日后，参观的人数越来越少了？如果你是馆长，看到这个信息，你会有什么想法？问题一出，同学们纷纷发言。

生1：如果我是馆长，一定得提高服务质量，热情招待每一位顾客。

生2：我要把最好的自然标本引进来，吸引大学生。

生3：可以把门票的价格降低，说不定人就多了。

（在孩子们幼稚而又不无道理的发言中，我们清晰地看到，社会的责任感正在孩子们身上油然而生。数学课也是这样，每一个环节都不是单独设置的，总能够向纵深发展，留给人们无尽的思考。）

（二）月平均用水量讨论

屏幕出现一幅干枯的土地画面，老师的语调转为沉重："在严重缺水地区平均每人每天用水量约为3千克。"老师拿出3千克的一袋水，继续说："洗脸、喝水、做饭、洗衣服，一共就这么一点水。在这里，我还要提供一则信息：（出示小刚家各季度用水情况统计表）小刚家每季度用水分别是16吨、24吨、36吨、27吨。"

请你帮他算一算平均每月用水多少吨，应该选择下面哪个算式？

出示算式：

（1）（16 + 24 + 36 + 27）÷ 4

（2）（16＋24＋36＋27）÷12

（3）（16＋24＋36＋27）÷365

同学们用反馈器进行了选择，形成了三种意见，老师请出三位代表。"你能通过提问，把对方问得心服口服吗？"引发同学们的讨论。请听正确方的发问："题目让我们求平均每月用水多少吨，你除以4，求出来的是什么？""请问一年有多少个月？"在正确方的反问下，错误方心服口服："我选择的算式求的是平均每季度用水多少吨。""我选择的算式求的是平均每天用水多少吨。"对话在延续……

（老师要能抓住时机，善于引发学生讨论，让学生在讨论中，激发起思维的碰撞，自己找到错因。）

老师有意识地将这两幅画面鲜明地呈现在学生面前。（图略）

师：此时此刻，你最想说什么？

同学们有感而发："小刚家要节约用水。""用水比较多的城市用水要少一些。"老师也发自肺腑地说："节约用水，从我们自己做起。"

四、总结评价，提高认识

通过这节课的学习，你有什么收获？

学生们争先恐后地发言：

生1：我明白了什么是平均数，在生活中会遇到它。

生2：我认识了平均数，它能使生活中不公平的事变公平。

生3：我知道了可以用不同的方法求平均数。

生4：我懂得了遇到问题可以和同学交流。

……

师：老师最大的收获是认识了在座的每一位喜欢思考、乐于探索的同学。

我的遗憾是还有一些同学没有回答过问题，让我说一声对不起，下次有机会再一起交流。（学生急忙说：老师，没关系。）

铃声响起，学生们恋恋不舍地离开课堂。

"可能性的大小"教学案例分析

一、教学内容

人教版五年级上册教材第 45 页例 2 "可能性的大小"。

二、教材分析

（一）单元分析

本单元分三个层次教学，例 1 是帮助学生了解随机现象，感受事件发生的确定性和不确定性。例 2 是在不确定基础上让学生体会随机现象的规律性，随机现象对个别试验来说是无法预知其结果的，要在相同条件下进行大量重复实验才能呈现规律，知道事件发生的可能性有大有小，数据分析是统计的核心。例 3 让学生在不知数量多少的情况下摸球推测，为进一步实验探究打下坚实的基础。

（二）本课内容分析

本课是在学生已有知识（猜测、收集、整理、分析数据、简单统计等）的基础上，进一步体验统计随机现象，通过充分的大量实验，丰富对确定和不确定现象的体验，加深对随机事件统计规律性及可能性大小的数据分析，培养学生的数据分析观念。

三、学情分析

（一）前测准备

为了更好地了解五年级学生对于数据随机和可能性大小与什么有关的了解程度，在本课前进行了前测。

（二）前测结果（见图 6-2）

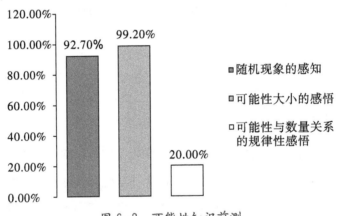

图 6-2　可能性知识前测

通过前测可知，五年级学生已经具备了一定的生活经验和统计知识，对现实生活中的确定现象和不确定现象已经有了初步的了解，对于"可能性的大小与数量有关"这一规律性，具备一定的认知。但对于现象背后的随机性、可能性大小的规律还是不清楚，浮于表面。因此，本课需要通过设计实验以及重复大量的实验数据，从数据中去更科学地感知可能性的大小与数量有关。

四、课前思考

《义务教育数学课程标准（2011 年版）》中明确指出，第二学段（4~6 年级）关于统计与概率的学习，要在具体情境中，通过实例感受简单的随机现象，感受随机现象结果发生的可能性是有大有小的，并能对一些简单的随机现象发生的可能性大小作出定性描述，并不要求学生作出定量描述。同时，《义务教育数学课程标准（2011 年版）》还指出"数据分析是统计的核心"。例如，箱子里有 4 个龙球、1 个马球，让学生通过大量重复实验，知道摸出龙球的可能性大，摸出马球的可能性小，分析数据，挖掘出数据背后的原因，发现是因为两种球的数量不一样，导致了两种球被摸到的可能性不一样，并不要求学生能说出龙球被摸出的可能性为 $\dfrac{4}{5}$，让学生重视体验随机事件的可能性，知道"随机"是这么一回事，是不随人意的，实验结果谁也不知道下一次是什么，但经历大量实验后，其结果又有点规律。能从随机的数据背后发现不变的规律，养成用数据分析问题的习惯。

基于以上学情和思考，制定目标。

五、教学目标

（一）知识技能

通过经历收集、整理和分析数据的数学的活动，明白可能性有大有小，与数量的多少有关系。

（二）数学思考

通过实验、游戏等数学活动，渗透随机思想、极限思想，让学生在经历重复实验的统计过程中，体会统计思想的方法。

（三）问题解决

通过让学生经历统计的过程，理解可能性大小背后的真正含义，会进行数据分析，能提出并解决简单的数学问题，体会分析数据对决策的现实意义和价值。

（四）情感态度

学会用概率的眼光去观察生活中的事物，感受数学与现实生活的联系，体会数据分析的应用价值。培养学生的公平、公正意识，以及遇事坚持不懈、不轻言放弃的品质，促进学生人格的形成。

六、教学重难点

（一）教学重点

通过摸球实验、游戏活动使学生初步感受、体验可能性的大小与数量的多少有关，并学会运用这一规律做出合理的决策。

（二）教学难点

理解实验结果是随机的，是把大量重复实验的结果累加、比较的过程。

七、教法与学法

（1）教法：直观演示法、启发法、实践操作法。

（2）学法：探究学习法、合作学习法。

八、教学准备

（1）教师准备：多媒体课件、盒子、龙球、马球、转盘。

（2）学生准备：笔、尺子、学习单。

九、教学设计

（一）故宫寻宝，唤起旧知

播放故宫宣传片。

师：同学们，故宫里面藏着大量珍贵文物，截至 2017 年，我们的考古学家已经找出了 1862690 件文物。（展示文物图）

师：在这空荡荡的东暖阁，你们猜猜还可能发现新的文物吗？

师：同学们都有不同的猜测，马上揭晓谜底，请看。（播放视频）

师：考古学家带着猜想，不懈努力，终于发现了如此珍贵的文物——钱龙。今天，故宫的神兽龙和马化身为水晶球来到我们的课堂。

师：箱子里装着龙球，马球。如果摸出一个球，可能是？还有其他想法吗？

（设计意图：利用故宫视频创设情境，复习旧知，激发学生的学习兴趣，让学生以极大的热情投入学习中去。同时，以故宫为主题，渗透爱国主义教育，提升学生的民族自豪感。）

（二）探究新知，亲历知识建构

探究 1：从摸球活动中初步体验可能性大小与数量的关系。

1. 合理猜测，感知随机

师：箱子里放着 4 个龙球 1 个马球，摸出一个球，你觉得是什么球？为什么？

223

师：可能性的大小真的与数量有关吗？

我们今天一起探究"可能性的大小"，通过实验来验证自己的猜想吧！（板书课题：可能性的大小）

2.动手操作，收集、整理数据

观看视频，了解活动要求。

（1）组员摸球，一人摸一球，组长记录；

（2）把球放回去用手混合，下一位同学再摸球；

（3）按这样轮流摸球，共20次。

学生小组摸球并记录。

小组汇报实验结果。

教师一边听取数据，一边记录在汇总表上（见表6-7）。

表6-7 摸球实验统计表

箱子里有4个龙球、1个马球

组别	摸出龙球次数	摸出马球次数	哪种球被摸出次数多？
第1组			
第2组			
第3组			
第4组			
第5组			
第6组			
总数			

师：我们通过实验收集和整理了数据，那么现在我们一起来分析数据。

3.分析数据，深度学习

师：观察这些数据，你发现了什么？

追问：为什么摸出龙球的次数比马球多？你是怎样想的？

小结：在同一个箱子里，龙球数量多，摸出的可能性大，马球的数量少，

摸出的可能性小。（板书）

4.深度思考，分析数据背后"变中不变"的规律

提问：摸出马球的次数有可能比摸出龙球的次数多吗？

出示：五（2）班的实验数据（见表6-8）。

表6-8　五（2）班摸球试验统计表

箱子里有4个龙球、1个马球

组别	摸出龙球次数	摸出马球次数	哪种球被摸出次数多？
第1组	15次	5次	龙球
第2组	13次	7次	龙球
第3组	17次	3次	龙球
第4组	14次	6次	龙球
第5组	9次	11次	马球
第6组	17次	3次	龙球
总数	85次	35次	龙球

师：你有什么疑问吗？

让学生发现并提问，小组讨论。

小结：其实，这是一种偶然的现象，虽然第5组摸出的马球多，但总的来说，第5组并不影响总数的结果。

师：当实验次数增加到1000次、10000次，甚至更多的次数时，又会出现什么情况呢？

电脑大数据实验。

小结：变的是数据，不变的是隐藏在数据背后的规律。

（设计意图：通过小组合作，让学生经历猜想—实践—验证的过程，学生初步感知可能性的大小与数量的多少有关。一方面，通过数据中的"矛盾点"，制造学生认知上的"冲突"，引导学生依次分析20次、120次、10000次的实

验数据，从重复大量的实验结果中理解这种矛盾点存在的合理性，再一次体验随机思想。另一方面，通过教师揭示数据在变，规律不变，让学生感受到概率中"变与不变"的思想。）

（三）再现随机，诠释极限

探究 2：从转盘活动中加深体验可能性大小与数量的关系。

1. 动手实验，体验可能性的大小

师：这是一个转盘，转到橙色区域，神秘大礼就是你的了（见图 6-3）。

图 6-3 转盘活动

师：谁想上来试试手气？

师：你最想转到什么？你猜会转到什么？

师：为什么你没抽到神秘大礼？

2. 动手操作，运用可能性大小与数量的关系解决问题

师：如果允许你修改转盘，你会怎么修改？如何使获得神秘大礼的可能性变大呢？

学生小组讨论如何修改转盘，教师巡视。

小组展示成果。

3.反向思考，再次运用可能性大小与数量的关系解决问题

师：如果你是商家，你又会怎么设计？

师：这个时候，神秘大礼被抽到的可能性是多少？

（设计意图：将学生耳熟能详的转盘活动作为切入点，让学生在真实的场景中感悟神秘大礼出现的可能性大小。通过神秘大礼的诱惑，引导学生思考怎么去改变神秘大礼的面积，使转到神秘大礼的可能性变到最大或最小，让学生观察神秘大礼大小的变化过程，进一步感受可能性是可以相互转化的，渗透极限思想。通过对两种变化：可能→一定，再由：可能→不可能的解读，使得极限思想扎根下来，点燃学生创新思维的火花。）

（四）感受数学知识在生活中的应用

师：生活中有哪些活动与可能性的大小有关？

（设计意图：通过让学生找一找生活中与可能性有关的活动，让学生感受到数学知识是能运用到实际生活中的，培养学生的应用意识。）

（五）回顾课堂，畅谈收获

师：同学们，通过这节课的学习你有什么收获？

（设计意图：通过让学生谈谈自己的收获，进一步巩固本节课的知识，同时，也锻炼学生语言表达和概括总结的能力。）

（六）课后延伸作业（见表6-9）

如何根据可能性大小的知识，优化红绿灯时间长短？

表6-9 优化红绿灯设计时长意见表

时段	车流量（辆）	车流拥堵的可能性（大、小）	人流量（人）	行人聚集的可能性（大、小）	优化红绿灯时长建议
上学高峰时段（上午7：00—8：00）					
放学高峰时段（下午4：30—6：30）					

（设计意图：借助学生身边常见的现象——校门口的红绿灯为切入点，引导学生进行数据的收集与整理，并利用数据分析，可能性大小的知识来优化红绿灯的时间。把问题生活化，与学生的生活联系起来，让学生感受数学知识在生活中的应用；同时，作业形式的新颖性，既激发了学生的兴趣，又锻炼了学生的综合实践能力。）

（七）板书设计（见图6-4）

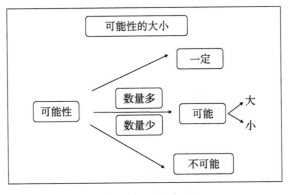

图6-4 教师板书

（设计意图：这样的板书简单明了，主线突出，能反映知识点之间的联系。）

把握数学本质　聚焦核心素养

——"鸽巢问题例（1）"说课案例

尊敬的评委，大家好！把握"格智"数学本质，聚焦核心素养是我一直追求的目标。我认为数学教学应从"明辨数理"出发，以知识建构为根本，逐步深化"数学理解"，促进学生深度学习，提升"理性思维"，回归教育本真，朝着数学核心素养的方向不断前行。接下来我以鸽巢问题例1进行说课。

一、说教材

1. 教学定位

本课是六年级下册"数学广角"的第一课时，是人教版的特色板块。从二年级开始，"数学广角"就作为数学思想的重要载体，以丰富的实践活动让学生积累数学活动经验，在问题解决过程中培养学科素养。其中，抽象、推理和模型是本课的核心素养。（见图6-5、图6-6）

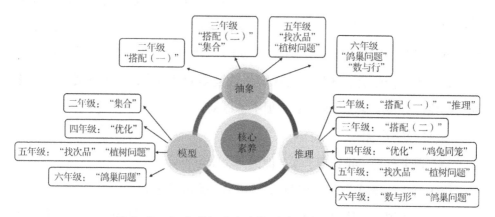

图6-5　小学"数学广角"蕴含的核心素养一

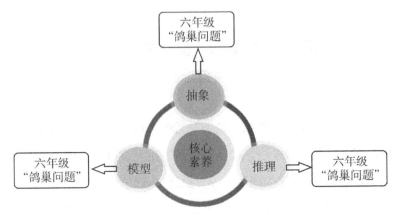

图 6-6　小学"数学广角"蕴含的核心素养二

"鸽巢问题"作为组合数学的重要原理，教师教学用书明确指出本单元要分三个层次学习，三个课时进行教学。例 1，以枚举法作为学习的开端，让学生建立简单模型。例 2，重点学习假设法，让学生建立一般化数学模型。例 3，让学生学会用逆向思维分析解决问题。层层递进，学好例 1 是本单元的敲门砖。

2. 说学情

为了解学情，以学定教，课前我发给学生这样一份备学任务单：两个微课二维码和三个任务。任务 3 是如何将 5 支铅笔放入 4 个笔筒，通过收回的任务单发现，学生的做法有以下三种情况：50 名学生中，只有 15% 的同学有 1 种方案，60% 的同学有 2~5 种，只有 25% 的同学能完整写出 6 种方案。由此说明，学生已经初步掌握分类思想，但不够深刻。

3. 说教学目标

基于以上分析，我确定了本节课的四个学习目标。

（1）经历抽屉原理的发现过程，了解其特点和原理。

（2）经历观察、猜想、交流、验证等活动，将具体问题数学化，培养学生的模型思想。

（3）理解"总有"和"至少"，能解决简单的实际问题。

（4）学会用数学的眼光观察和思考生活。

4. 说重点、难点

教学重点：经历抽屉原理的发现过程，了解其特点和原理。

教学难点：理解"总有"和"至少"，能解决一些简单的实际问题。

二、说教法、学法

根据教育心理学，六年级学生既好动又内敛，不善于总结规律。通过集体教研，我们发现本单元知识点孤立、原理抽象，在教学过程中容易走入过度关注活动却忽略数学本质的误区。因此，我将采用以下的教法、学法，让学生利用所学知识、技能、思想方法解决问题，实现深度学习。

三、说教学流程

接下来，我重点说说我的教学设计，我以数学狂欢节为主线贯穿整节课。

四、说教学过程

（一）抢"站"先机，感知模型

请四名学生站到三个圈里。在游戏之前，让学生猜会出现什么情况？有些学生根据数的分解，想到这四种情况：（4,0,0），（3,1,0），（2,2,0）（2,1,1），但他们只关注到模型的表象。有些同学通过预习，想到"不管怎么站，总有一个圈里至少有2个人"这个规律，但对于规律背后的本质还是比较模糊的。

（设计意图：让学生在游戏过程中不断思考，模型若隐若现。）

（二）动手操作，建构模型

1. 砸金蛋

爱玩是学生的天性，接着开始第二个活动——"砸金蛋"，我准备了两个金蛋。

①号金蛋"直接拿走3个苹果"，②号金蛋"4个苹果放入3个果盘，选苹果最多的那份"。

（1）师：哪一个金蛋得到的苹果会更多呢？

（2）学生可能猜："①号、②号一样多。"这个问题的关键在于②号金蛋最多可以拿几个苹果？学生的猜想是无序的，怎么才能让猜想更加直观呢？

2. 预设教学活动

（1）我以"明辨数理"为目的，组织学生利用学具，通过摆、画、议、展四个活动，把②号金蛋的所有摆法记录下来。

（2）预设学生做法：学生的做法可能有以下4种，其中，枚举法是最为基础的。师："他们的摆法可能有四种，第一种是4个，0个，0个；第二种是3个，1个，0个；第三种是2个，2个，0个；第四种是2个，1个，1个。"师："从这四种摆法可以知道，②号金蛋最多可能拿2个，3个，4个，在数学上，我们可以简洁地概述为至少有2个苹果。"

（3）为促进学生深度学习，我追问："不是还有1个、0个吗？为什么说至少有2个呢？"学生可能这样回答："老师，我们要选苹果最多的一份，这四种摆法都有一个果盘有2个或者更多，所以至少有2个苹果"，"原来至少有2个苹果"并不是要求每一种摆法中所有果盘里都要有2个苹果，而只要"存在"1个果盘有就可以了，也就是说4个苹果放入3个果盘，总有一个果盘至少有2

个苹果。"

（设计意图：学生在"问题解决"的过程中借助直观图形、摆和画让思维可视化，掌握"总有"和"至少"的含义，渗透"变"与"不变"的思想，"变"的是摆法，"不变"的是规律。）

（4）为促进学生深度学习，感受优化策略，我让学生讨论："哪个金蛋得到的苹果会更多？"

师："如果是这两种摆法时，最多拿2个，是最不利的情况；其他两种摆法，最多可以拿3个、4个，是有利的。因此，摆法不确定时，不能判断谁多谁少。"

（设计意图：让学生更加全面、深刻地理解"至少"的含义，感悟随机思想。）

（三）感受假设，验证模型

（1）数学最本质的追求——发展思维。模型建构由直观走向推理，才能达到思维的全面通透，呈现模型的本质，我们前面的"摆"是为了接下来的"不摆"。

师："你们有没有最快的方法知道，4支铅笔放入3个笔筒，至少有几支笔呢？"在前面的基础上，学生们很容易就想到平均分，笔分得越分散，每个笔筒的笔就越少。

师："就是从最不利的情况考虑，先放入相同的最多数，这就是假设法。假设每个笔筒里先放1支铅笔，最多放3支，剩下的1支无论放在哪个笔筒里，总有一个笔筒至少有2支笔。"

（2）假设法将直观往更高层次建构，为加深假设法的理解，我让学生利用假设法来验证这四句话，引导学生观察铅笔数和笔筒数之间的关系，总结归纳出，铅笔数比笔筒数多1，总有一个笔筒至少有2支笔这个简单的抽屉原理。

（设计意图：学生的思维由"直观经验"走向"抽象推理"，在问题解决的过程中体会归纳推理的思想方法，掌握模型本质。）

（四）数学比拼，完善模型

课堂练习可以很好反映出学生数学思维的轨迹，我将设计以下有梯度的习题，让学生体会"数学与生活的关系"。

1. 基础练习

4 只鸽子飞回 3 个鸽笼，总有 1 个鸽笼至少飞进了 2 只鸽子。

让学生用假设法解答，点明这类问题就是"鸽巢问题"，渗透数学史教育，让学生体会"鸽巢"形式的多样性，完善模型。

2. 趣味练习

手机号码的秘密。

11 位数的手机号码由 11 个数字组成，让学生统计"2 个、3 个、4 个数字重复"，进一步加深"至少"含义的理解。

3. 拓展练习

班级里的抽屉原理。

（1）任选 3 位同学，你想到什么规律？（性别……）

（2）任选 13 位同学，你又想到什么规律？（出生月份……）

3 位同学，你想到什么规律？ 13 位同学呢？引导学生将什么看作抽屉，什么看作物体。

（设计意图：学生对于规律的认识是循序渐进的，通过具体问题情境进行建模，既让他们体会"抽屉"的形式多样化，也给予他们更大的思维空间和表达自由。）

（五）回顾总结，感悟原理

本堂课的最后，我将引导学生回到备学任务单，说一说在学习新课前你有什么疑问？现在解决了吗？如果没有，可以请其他同学作答。

五、板书设计

这是我的板书设计（见图6-7），突出本节课的重点，再现知识的生成过程。

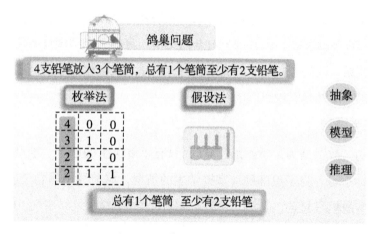

图6-7　"鸽巢问题"板书

六、教学创新

纵观本课，我以"格智"教学理念生活化为主线，把抽象的数学知识建立在丰富感性的实物之上，让学生在游戏中建立模型表象，在探索中掌握模型本质，在体验中应用模型规律，以"数学理解"为深度学习之基础，以"理性思维"为数学育人之特质，真正做到把握"格智"数学本质，聚焦核心素养。

"圆锥的体积"说课稿

——说课内容是人教版六年级下册第三单元"圆锥的体积"

一、说教材

1.教材分析

"圆锥的体积"属于空间与图形领域。它是在学生学习了长方体、正方体、圆柱的体积之后,对立体图形体积的又一次接触。

通过研读教材发现,人教版教材开门见山,直接抛出"圆锥与圆柱体积之间有什么关系"的问题;而北师大版教材,则是从实际生活中的问题入手,通过猜想去探究圆柱与圆锥之间的关系。

2.学生分析

教师的"教"是为了学生的"学",只有了解学生的起点、难点才能帮助学生更好地学习。为了更准确地掌握学生的情况,课前我用问卷星进行调查,来探寻学生的学习起点。

3.说目标

知识技能:理解和掌握圆锥体积的计算方法,并能运用圆锥的体积公式解决简单的实际问题。

数学思考:领悟类比、转化、符号化、数学模型,以及变中有恒的数学思想。

问题解决:经历演示、猜测、操作、验证的过程,进一步发展学生的空间观念。

情感态度:在探索的过程中,让学生感受数学的简洁美,体会数学的文化价值。

4. 说重难点

重点：运用多种方法验证圆锥的体积公式，理解圆柱和圆锥之间的关系。

难点：圆锥体积公式的推导过程。

二、说教法、学法

教法：互动教学法、直观演示法。

学法：探究学习法、合作学习法。

三、说教学过程

1. 引——入新课

两支圆锥体的冰激凌，它们不等底不等高，售价一样，你会买哪一支呢？

买哪一支划算和什么有关系呢？引出课题"圆锥的体积"。

圆锥的体积又与什么有关系呢？学生进行猜想。

（设计意图：以生活中的数学问题，进行情境导入，引疑、激趣，让学生初步体会求圆锥体积的必要性，激发学生的学习欲望。）

2. 动——思新知

（1）变与不变中猜想

观察圆柱变成圆锥的过程，体会圆柱与圆锥之间的联系，直观感知等底等高。

（设计意图：本环节借助几何直观，把复杂的数学问题变得简单、形象。同时使得学生的猜想和估计有了依托，渗透了变中有恒的数学思想方法。）

（2）动手实践中验证

学生4人一组，分工明确，相互配合，寻求解决问题的策略。针对学生不同的做法展开讨论。

（设计意图：以往的教学都是按照教材的操作步骤，学生被动实验，而本课中教师故意不给足实验材料，制造认知冲突，使学生无法直接根据书本的提示来完成实验。以此培养学生的发散性思维。）

（3）微课学习中深化

所有的圆锥体积都是圆柱体积的$\frac{1}{3}$吗？带着问题去观看微课。

（设计意图：借助新媒体教学手段，再一次验证等底等高圆柱与圆锥两者之间的体积关系，既突破了重难点，又让学生感受到了数学转化思想在数学知识中的运用。）

（4）讨论思考中建模

用字母表示出底面半径和高的关系。推导圆锥体积公式：$V_锥 = \frac{1}{3}\pi r^2 h$。

（设计意图：经历由具体到抽象的过程，体现了模型思想和符号化思想方法，提升了学生的数学核心素养。）

3. 固——我所学

请同学们在手写板上完成：

基础练习：回应课前引入，并巩固圆锥体积计算公式的运用。

提高巩固：举一反三，培养学生的逆向思维能力。

拓展延伸：圆锥和圆柱的体积相同时，高和底的面积之间又有什么关系呢？

深度学习：课外研究体会方法的迁移，长作业将整个单元知识进行整合。

4. 赏——古叹今

（设计意图：通过阅读，增强民族自豪感，同时也感受我国数学文化的源远流长。）

课堂小结：让学生说一说自己最大的收获和感悟是什么。

【设计意图】学生通过自我总结、自我反思，既收获了知识，又收获了数学思想方法。

四、说板书设计（见图6-8）

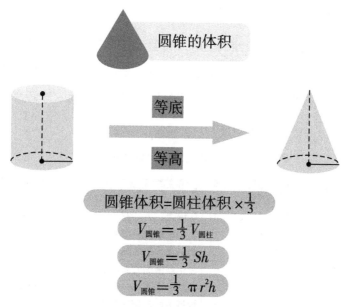

图6-8 圆锥的体积

本课的板书设计简单、精练，体现过程，突出重点，重在思想方法，让本节课的亮点依次呈现。

以格物致知为基础，强调数学学习与运用知行合一
——"用数对确定位置"说课案例

以格物致知为基础，数学学习与运用知行合一的"格智"课堂是我一直追

求的数学理念。我将以"用数对确定位置"一课为例，从三个方面展开阐述。

一、说教材

本课是五年级上册第 19 页的内容。

1. 知识背景

用数对确定位置是一节经典老课，属于"空间与几何"领域的知识。本节课，学生已经积累了用上、下、前、后、左、右表示位置等经验，本单元的学习既是低学段的发展，又为进一步学习位置与方向以及第三学段学习平面直角坐标系知识打下基础（见表 6–10）。

表 6–10　空间与几何知识背景图

学段	年级	内容	目标
第一学段	一年级（上）	位置	认识上、下、左、右、前、后的位置关系
	三年级（下）	位置与方向	认识东南西北等八个方向，会看简单的路线图，并能描述行走的路线
第二学段	四年级（上）	位置与方向	学生能根据方向和距离确定物体的位置，体会位置关系和相对性，并简述简单的路线图
第二学段	六年级（上）	位置与方向（2）	根据方向和距离两个条件确定物体的具体位置。在图上会找出物体的具体位置，会看简单的路线图，能描绘路线
第三学段	七年级（下）	图形与坐标	会正确画出平面直角坐标系，能在坐标系上根据坐标找出点和根据点求出坐标

2. 教材分析

教材以教室座位图作为情境，以张亮的位置作为话题导入，自然引入"用数对确定位置"，符合学生"从具体到抽象，从特殊到一般"的认知规律。

但从认知的整体看，确定位置有时候依靠的是水平距离与垂直距离，有时候依靠的是距离与方位角的认识。

不管哪一种，其背后都是确定位置的三要素：原点、方向、距离。

首先，反观教材的座位图，产生不了数对（0，0），导致学生对确定位置核心要素体验的缺失；其次，学生在座位上数列是从右往左，数学上数列则是从左往右，两者方向相反，增加学生学习难度。

3. 学情分析

在六年级的试卷上，这类题目"在教室座位用数对表示小军的座位为（4，5），李明坐在小军的右边，用数对表示李明的位置是多少呢？"只有55%的学生能答对。

课堂上，我发出数对（4，x）指令，对应学生站起来。实际上，课堂中能马上对应站起来的学生寥寥无几。

究其原因，学生没有经历位置三要素的形成过程，导致教学效果欠佳。

4. 教学策略

因此，团队决定对教材进行重新整合，从探究"确定位置三要素"入手，以考古打捞的情境为主线贯穿全课，让学生亲身经历数对的形成过程，最后，再回归教材、回归生活，达到超越教材、整合共生的目的（见图6-9）。

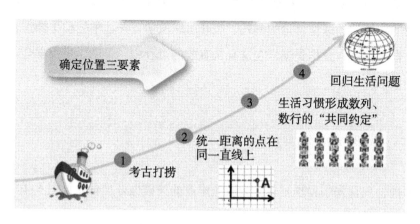

图6-9　本课教学策略一览

5. 教学目标

知识技能：使学生结合具体情境经历位置三要素的形成过程，知道位置三要素的含义。

数学思考：初步感悟数形结合思想，培养初步的抽象能力，发展空间观念和符号意识，渗透平面直角坐标系（坐标轴）思想。

问题解决：能把这一知识灵活运用到日常生活中，解决实际问题。

情感态度：在合作交流中，获得良好的情感体验，增强学习数学的兴趣，树立学好数学的信心。

6. 教学重点、难点

我把数对的形成过程设定为这节课的教学重点，关键是要学生经历位置三要素的形成过程，教学的难点则落在坐标轴的形成。

二、说教法、学法

教学观强调，教学要提供一些情景，促进学生合作学习；而学习观强调，学生的学习需要情境性、社会互动性和主动建构性。为了突破重难点，教法上我运用问题导学、课堂讨论的形式，展开组织教学，并让学生动手操作，观察发现，自主探索，合作交流，在这有扶有放的过程中，帮助学生由学会、会学提升到乐学。

三、说教学过程

课前，我首先布置预习单，为新课难点的突破做好准备（见图 6-10）。

《用数对确定位置》课前备学任务单

班级：_____　　姓名：_____　　学号：_____

亲爱的同学，请你在下面的长方形里描出距离边界3厘米的点，并画出线段表示它与边界的距离。

图 6-10　课前预习单示意

其次，以演奏为引入，感受音符与琴键的一一对应关系。

【第一环节：以故事为载体，经历位置三要素】

我以考古打捞沉船故事为载体，巧妙设置了 3 个活动。

活动 1. 创设情境，激发兴趣。

我创设了以下情境："国家打捞船在西沙群岛海域附近巡航时，发现疑似海上丝绸之路的沉船。打捞队需要联系上附近两艘辅助船，准备前往沉船地点。"让学生分别指出打捞船在距离左下角 3000 米、下边界中点的位置。

学生根据已有经验，完成得轻而易举。在欢愉的课堂氛围中，我顺势提出了下一个问题："水文中心发来信息，打捞船要到距离海面边界 3000 米处。"

（设计意图：让学生对打捞船的位置有了不一样的想法，从而产生快速定位的强烈愿望。）

带着学生浓浓的探究欲，我与学生一起来到活动 2。

活动 2. 求同存异，聚焦交点。

我提出：如果把打捞船看作一个小圆点，这片大海看作一个长方形，图上 1 厘米表示现实距离 1000 米，那么刚才同学们的意见就和我们"预习单"中表述的数量是一样的。我引导小组合作，让学生把作品分类。学生按照位置的不同，大致分成 3 类（上下、左右、左下角）。

我带领学生从其中一组："距离左边界 3 厘米"进行探讨，学生从形象的画图中感知到位置的不确定性，建立对数对的初步认知。

（设计意图：根据学生已有的知识，通过简单的画图操作，积累数学经验，从直观抽象出行与列的概念。）

这时学生体会到：一个数据无法准确确定位置。

我顺势抛出疑问，已知打捞船就在距离左边界 3 厘米的边上，增加什么条件能够找到它？让学生尝试寻找条件，并顺着学生的思路，给出一个下边界 4 厘米的条件，引领学生踏上寻找位置之旅。

（设计意图：通过这个活动，学生经历直观认知到探索用二维的数对表示位置的过程，使学生对位置的认识由粗略的一维上升到精细的二维上，将其内化成一种初步的数学思维，发展了空间观念。）

活动 3. 探求约定，确定方向。

在认识网格图的基础后，我制造认知冲突，以描述打捞船的位置推动学生探索的进程，结果学生出现了多种不同的表示方法。

学生在此过程中，引发了认知冲突，产生统一顺序的需要，渗透数对与方格纸上点的对应思想，坐标的出现水到渠成。

（设计意图：此活动引导学生对位置的现象作进一步思考，以强化对数对概念的认知。）

【第二环节：以活动为载体，经历数对符号创造过程】

我没有急于告诉学生数对的符号规定，而是利用学生爱猜的心理，给出一条指挥中心的信息（见图 6-11）。

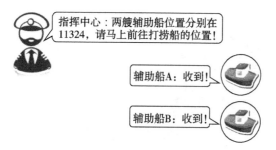

图 6-11　指挥中心信息

（设计意图：让学生在操作中观察，在观察中猜想，在猜想中思辨，在思辨中找到数对特征，发展了逻辑推理能力，从而突破本课的重点难点。）

【第三环节：以数学文化为载体，感受数学的人文价值】

"同学们，早在 17 世纪，数学家笛卡尔也经历了相同的知识发现过程。"通过引入笛卡尔的故事，让学生在阅读中感受数学文化的源远流长，折服于科学家的聪明智慧（见图 6-12）。

笛卡尔与数对的故事

笛卡尔是法国著名的哲学家、数学家、物理学家。

他想用一个方法表示平面上的一个点。但是笛卡尔无论怎么尝试，都无法用一个数来确定点的位置！有一次他生病了，躺在床上看到墙角有蜘蛛在织网，蜘蛛网上有很多交点，这些点是横着和竖着的蜘蛛丝相交而成。

"有了！"他忍不住叫了起来，"用两个数不就可以将点的位置确定下来了嘛！"于是，经过思考，笛卡尔最终发明了数对！为了更直观地表示，笛卡尔还把蜘蛛网简化成网格，也就是我们学习的平面坐标系。他本人也受到了人们永远的尊敬。

图 6-12　笛卡尔的故事示意

接着，我让学生寻找身边的数对现象（见图 6-13），有了上一环节的铺垫，他们的思维被点燃，跃跃欲试。

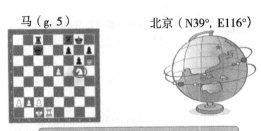

图 6-13　数对在生活中的应用

（设计意图：让学生体验数对在生活中的应用价值，感受数对的简洁美。）

【第四环节：以练习为载体，体验数对在生活中的价值】

课堂练习能反映学生思维的轨迹。我将设计以下 4 道有梯度的练习题。

练习一，让学生运用数对的知识解决问题（见图 6-14）。

（1）用数对表示出麦冬、当归和五味子的位置。
（2）三七在（8，6）的位置，请你在图中标出。
（3）大夫开了一个药方：黄芩、芦根、桃仁、冬瓜子、苦杏仁、灸百部。
　　请你分别用数对表示它们的位置。

图 6-14　练习一题目示意

练习二，师生互动，感受数对的唯一性（见图 6-15）。

我说你站

请对应的同学站起来：
数对（3，4）
数对（4，3）
数对（4，y）
数对（x，5）

图 6—15 练习二题目

练习三，渗透推理思想（见图 6–16）。

趣味推理

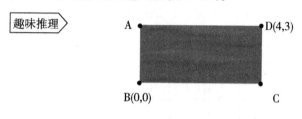

图 6—16 练习三题目示意

A、B、C、D分别是阅兵仪式红旗方阵的4位队员位置。如果队员B的位置是（0,0），队员D的位置是（4, 3)，那么队员A的位置是 ______ ，队员C的位置是 ______ 。

练习四，用数对做有规律的验算，借助几何直观理解位置的变化规律（见图 6–17）。

画出精彩

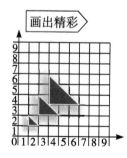

1.描出A(1,1)、B（1,2）、C（2,1），依次连接是什么图形?
2.将数对的两个数都同时乘以2，变为A_1(,)、B_1(,)、C_1(,)，在方格纸上画出来。
3.将数对的两个数都同时乘以3,变为A_2(,)、B_2(,)、C_2(,)，在方格上画出来。

图 6—17 练习四题目示意

【多元评价，畅谈收获】

有效的多元评价更利于激发学生内在学习动力，我让学生通过自评、互评等方式，回顾本节课的收获。

【长作业布置】

课虽上完，但思绪没有结束，我留下一道思考题，为学生进一步学习位置与方向埋下伏笔，同时让直角坐标系思想和极坐标思想在学生的脑海里得到无痕的诠释（见图6-18）。

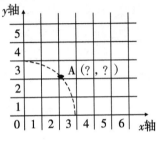

图6-18　长作业题目

【板书设计】

我的板书简洁、明了，有效地突出了本课的重点、难点，有助于学生重现本课的教学过程（见图6-19）。

用数对确定位置

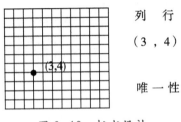

列　行

（3，4）

唯一性

图6-19　板书设计

四、说教学创新

纵观本课，我以故事为主线，把抽象的数学知识建立在有趣的数学活动中，让学生在猜想、交流、验证的过程中建立行列概念，让学生经历"数学感悟—空间观念—几何直观—逻辑推理"等数学素养的历练，从而体现以格物致知为基础，强调数学学习与运用知行合一的"格智"教学理念（见图6-20）。

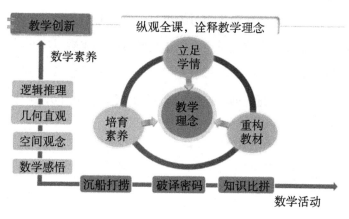

图 6-20 教学创新

"除数是整数的小数除法"教学设计

一、教学内容

人教版五年级上册第 24 页例 1 和第 25 页例 2。

二、教材分析

"除数是整数的小数除法"是"小数除法"的起始课，它是在整数除法以及小数的意义和性质等基础上学习的，为接下来学习除数是小数的除法等知识奠定基础。教材安排了两个例题，例1是小数除以整数，教材编排旨在引导学生根据除法的意义引出算式，计算时学生通常有两种方法：一种是将千米数转化为米数，把小数除以整数的除法转化成整数除法；另一种是根据小数意义，理解用竖式计算的算理。后者是学习的重点。其核心是帮助学生理解为什么商的小数点要和被除数的小数点对齐。例2是整数除以整数且有余数，需要根据小数的意义和性质在余数的末尾添上0继续除。除数是整数的小数除法与整数除法比较，除的顺序、商的书写位置、试商的方法等都相同，只不过多了商的小数点的处理。

三、教学目标

知识技能：理解除数是整数的小数除法的算理，掌握除数是整数的小数除法的计算方法，并能正确地进行计算。

数学思考：经历除数是整数的小数除法的计算方法与算理的探究过程，渗透转化的数学思想方法，发展数感，提高运算能力。

问题解决：运用所学知识解决简单的实际问题，发展数学应用意识。

情感态度：使学生感受知识间的内在联系，提高自主探索与合作交流的学习能力，建立学好数学的信心。

四、教学重点

掌握除数是整数的小数除法的计算方法，并能正确地进行计算。

五、教学难点

理解除数是整数的小数除法的算理。

六、教学过程

（一）生趣动情，激活随机思维

1. 列竖式

计算：$24 \div 4$　　$21 \div 5$

预设学生计算得到：

$24 \div 4 = 6$　　　　　　　　　　$21 \div 5 = 4 \cdots\cdots 1$

$$
\begin{array}{r}
6 \\
4\overline{)\,2\ 4} \\
2\ 4 \\
\hline
0
\end{array}
\qquad\qquad
\begin{array}{r}
4 \\
5\overline{)\,2\ 1} \\
2\ 0 \\
\hline
\boxed{1}\,?
\end{array}
$$

2. 提出疑问

21 除以 5 得到商 4 余 1，这是我们三年级就会的，但是我们已经学习了小数的意义和性质，能否想一想办法，继续往下除呢？

3. 学生动手操作（结合计数器）

师：问 1：十位上的 2 颗珠子能平均分成 5 份吗？

得出：将十位上的两颗珠子移到个位上，即把 2 个十转变成 20 个一。把 21 个一平均分成 5 份，每份分得 4 个一，还余 1 个一。

问 2：余下的 1 个一还能继续分吗？

师：请同学们在小组动手摆一摆，说一说（如图 6-21）。

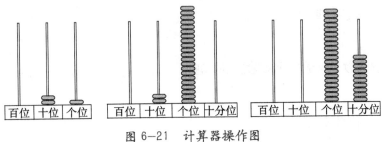

图 6-21　计算器操作图

4. 完善竖式计算

$$
\begin{array}{r}
4.2 \longrightarrow 2\ \text{个十分之一} \\
5\overline{\smash{)}21.0} \\
\underline{20} \\
10 \longrightarrow 10\ \text{个十分之一} \\
\underline{10} \\
0
\end{array}
$$

学生汇报算理：结合竖式帮助理解把 1 个一转化成 10 个十分之一，再把 10 个十分之一进行平均分，所以也就是余数 1 后面添上 0，变为 10，再除以 5，得出 2 个十分之一（0.2），因此，在商 4 与 2 之间还要点上小数点。再通过验算验证是否正确。

5. 比较

有什么相同与不同的地方？

$$
\begin{array}{r}
6 \\
4\overline{)2\ 4} \\
\underline{2\ 4} \\
0
\end{array}
\qquad
\begin{array}{r}
4.2 \\
5\overline{)21.0} \\
\underline{20} \\
1\ 0 \\
\underline{1\ 0} \\
0
\end{array}
$$

在比较中发现，遇到有余数的除法，我们还可以利用小数的意义和性质在余数的末尾添上 0，再继续除。

6. 小结

在以前的学习中，我们知道整数除法有些恰好能整除，没有余数，有些不能整除，有余数。但是，在学习了"小数的意义和性质"之后，我们知道可以把余数的计数单位变小，让它的数量变多，然后继续除下去，这是我们这节课学习的内容。

教学思考

当学生具备了"小数的意义和性质"等知识，就能够很好地处理有余数除法中的"余数"问题。因此，先学习除数是整数的小数除法，更符合学生的认知特点。

（二）唤醒认知，聚焦本质

1. 尝试计算

播放视频呈现：我国的和谐号 4 分钟行驶 22.4 千米，每分钟行驶多少千米？

小组合作：

（1）读题，理解题意。

（2）列式并说明理由。

（3）列式，并尝试计算，呈现算法。

预设：

第一种方法：22.4 km=22400 m；22400÷4=5600 m；5600 m=5.6 km。

第二种方法：根据商的变化规律可知 224÷4=56，22.4÷4=5.6。

第三种方法：列竖式计算（呈现两种不同的情况，请学生给予评价）。

$$
\begin{array}{r}
5.6 \\
4\overline{)22.4} \\
20 \\
\hline
2.4 \\
2.4 \\
\hline
0
\end{array}
\qquad
\begin{array}{r}
5.6 \\
4\overline{)22.4} \\
20 \\
\hline
24 \\
24 \\
\hline
0
\end{array}
$$

交流评价：第一，两种计算方法的得数都是正确的；第二，第 1 种方法计算过程中的小数点可以去掉，因为个位上的余数 2 与十分位上的 4 合起来表示 24 个十分之一。

接着，再把这道除法算式，放到数位顺序表中让学生看一看，学生就会发现 24 个十分之一除以 4 等于 6 个十分之一。计算过程中不用点上小数点但是商的小数点必须点上。（如图 6-22）

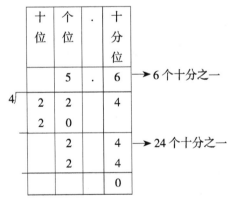

图 6-22 数位顺序表

2. 感受数感、发展量感

算出和谐号每分钟行驶的速度后，播放百度地图，带着学生体会一分钟的时间和谐号能从学校到达东湖广场，感受数感和量感。

教学思考

运用"小数的意义和性质"等知识可以帮助学生理解算理，但略显抽象一些，如果把算式移到数位顺序表中，则能更直观、更清楚地帮助学生理解算理。

（三）探索建模，交融情智

1. 播放视频（中国高速公路）

出示题目：中国铁路有中国速度，中国公路也有中国速度。小汽车在高速公路上 16 分钟行驶 28 千米，平均每分钟行驶多少千米？

2. 学生读题自主解决问题

学生计算 28÷16 会出现两种情况，在数学中要引导学生在比较分析中明确第 2 种做法才是正确的。然后借助数位顺序表，直观显示。

```
        1.7              1.75
  16 ) 28.0        16 ) 28.00
       16               16
      ───              ───
      120              120
      112              112
      ───              ───
        8               80
                        80
                       ───
                         0
```

3. 比较

将"28÷16"与"21÷5"进行比较，进一步理解算理，掌握算法。

教学思考

这两道题为模仿练习，让学生进一步掌握除数是整数的小数除法，尤其是第 2 小题，在余数 12 末尾添 0 继续除后，又出现余数 8，则再添 0，继续除，

255

最后再引导学生根据小数的性质解释原因。

4. 小结

初步归纳除数是整数的小数除法的计算方法。在小结的过程中，我们要特别突出先按整数的除法进行计算，当有余数时，添 0 继续除。突出"转化"的数学思想方法。

数学思考

把教材上的例 1 与例 2 调换顺序进行教学，找准学生认知的停靠点，更有利于学生调用已有的知识经验解决"余数"问题，不知不觉地进入小数除法的学习，计数器与数位顺序表的巧妙利用，更有利于学生理解抽象的算理。

教学思考

第 1 小题记了商的小数点；第 2 小题余数末尾添 0 后余数仍不为 0，可以再添 0 继续除，是刚开始学习小数除法最容易出错的。

（四）总结内化，巧作孕伏

这节课学习了什么？有什么收获？

今天我们学习了除数是整数的小数除法，被除数都比除数大。如果被除数比除数小、如果除数是小数的除法、或者在余数的末尾上添 0 一直都除不尽，那又该怎么办呢？今后我们还要继续研究，有兴趣的同学可以自己先去探究。

教学思考

学习就是这样不停地发现问题、解决问题、再发现问题的过程，小疑则小进，大疑则大进，只有不断地激发学生思考，学生才能获得更大的进步。

数学思考

在教学过程中，我充分调动学生已有的知识与经验，找准学生的认知停靠点，充分发展学生的思维，巧妙地将除数是整数的小数除法转化成整数除法。利用计数器与数位顺序表帮助学生理解算理，掌握算法，突出教学重点和教学难点。

板书设计

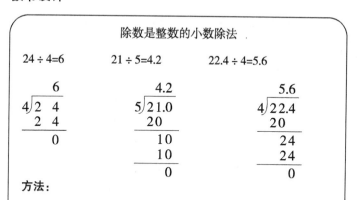

除数是整数的小数除法

$24÷4=6$ $21÷5=4.2$ $22.4÷4=5.6$

方法：

1. 除数是整数的小数除法转化成整数除法。

2. 注意商的小数点的处理。

3. 在余数的末尾添"0"继续除。

"除数是整数的小数除法"说课

打造数学核心素养下，格智交融、和谐共生的小学数学新课堂是我一直追求的教学目标。今天我将以"除数是整数的小数除法"一课为例，阐述如何从生成情智出发，以数与代数的知识建构为根本，抓住数学本质，促进深度学习，达到"格物致知与知行合一结合"，实现育人价值。

一、为什么教——育人价值

数学教学注重提升学生的核心素养，既要让学生掌握现代生活的数学知识与技能，更要发挥培养人的理性思维、应用意识和创新能力方面的作用。数学来源于生活，让学生在运算中感受中国速度，感受我国的繁荣富强。我的课程将围绕这一理念进行设计。

课标是教材的基石，我以课标定向、以整体定位、以单元定教，纵向分析教材（见图6-23）。

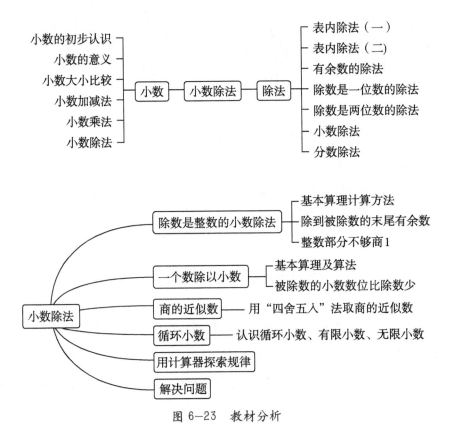

图 6-23　教材分析

二、从哪里开始教——教学分析

"除数是整数的小数除法"是人教版五年级上册第三单元第24页例1、第25页例2的内容，属于"数与代数"领域的知识。它是在整数除法以及小数的意义和性质等基础上进行教学的，本课的学习将为进一步探索除数是小数的除法的算理提供必要的思维支撑。

学情分析：教学要面向全体学生，五年级的学生观察、分析、概括归纳能力已经逐步形成，他们愿意自己观察、分析、概括整理，找出规律，他们在探究新知上主动性较强，同时他们思维活跃，已经具备了一定的自学能力、探究能力和小组合作意识，但对问题背后的数学本质思考较少。

三、教什么——教学目标与重难点

那这节课教什么呢？我设计了以下四个方面的教学目标。

知识技能：让学生经历探索除数是整数的小数除法的计算过程。掌握小数除法的计算方法是本课的重点。

数学思考：让学生通过操作、观察、归纳、总结，引导学生经历数与代数的抽象、运算与建模等过程。

问题解决：理解除数是整数的小数除法的算理是本课的难点。

情感态度：结合具体情境学生体会到了小数除法在日常生活中的应用，在学习中体会成功的快乐。

总目标的这四个方面，不是互相独立和割裂的，而是一个密切联系、相互交融的有机整体。

四、怎么教——教学策略与方法

为了突破重难点，我采用动手操作，让学生初探算理，通过类比分析、自主探究、单位细分，实现知识迁移，理解算理，在解决问题中感受数感，发展量感，激发学生的爱国情怀，达到情智交融、数学育人的目标。

五、课怎么上——教学流程

说到这里，也许你们会产生疑问，课该如何设计呢？

为了打造情智交融、和谐共生的课堂，达成以上教学目标，我设计了如下教学过程。

（一）生趣动情，激活思维

杜威说过，"教育不是一件告知与被告知的事情，而是学生主动认知与建构的过程"。好的教学能唤起儿童的思维。我设计了闯关游戏，激发学生学习的兴趣。先让学生完成两道整数除以整数的竖式计算。同时提出问题：21除以5商4余1，如何继续往下除呢？制造认知冲突，引导学生用学过的元、角、分，长度单位，平均分等知识进行自主探究，为有效迁移到除数是整数的小数除法埋下伏笔。

（二）唤醒认知，聚焦本质

在学生用已有的知识找到解决办法后，教师通过计数器引导学生摆一摆，进一步理解把1转化为10个十分之一，把余数的计数单位变小，让它的数量变多，利用转化的方法继续往下除，引导学生补全竖式，从而突破本课的难点。微课展示其他不同的方法，让学生感受解决问题的多样性，进一步明白算理。初步知道除数是整数的小数除法的计算方法，突破本课的重点。

（三）探理建模，交融格智

首先展示视频：我国的和谐号4分钟行驶22.4千米，平均每分钟行驶多少千米？让学生提取数学信息，自主尝试，小组合作交流，呈现不同的算法，交流评价。

为了更直观、更清楚地帮助学生理解算理，我把算式放到数位顺序表中，让学生的思维聚焦到整数部分和小数部分的联系上。让学生明白：竖式中的"24"表示 24 个十分之一，商"6"表示 6 个十分之一。计算过程中不用点上小数点，但是商的小数点必须点上，从而进一步明白算理和算法，并总结出计算方法。

算出速度后，播放视频：带着学生体会一分钟的时间和谐号能从学校到达东湖广场，让学生感受数感，进一步发展量感。

接着播放高速公路视频，出示题目："小汽车在高速公路上 16 分钟行驶 28 千米，平均每分钟行驶多少千米？"让学生自主计算，引导学生根据小数的性质解决：余数 12 末尾添 0 继续除后，又出现余数 8，则再添 0，继续除。

我把教材上的例 1 与例 2 调换顺序进行教学，找准学生认知的停靠点，更有利于学生调用已有的知识经验解决"余数"问题，不知不觉地进入小数除法的学习，计数器与数位顺序表的巧妙利用，更有利于学生理解抽象的算理。

（四）文化延展，感受魅力

夸美纽斯说："不巩固的教学就像把水泼到一个筛子里一样。"我设计了 3 道有梯度、具体化、针对性强的练习题，引领学生对问题进行思考和解答。

练习 1 为基本练习：进一步巩固除数是整数的小数除法，在比较中进一步理解除数是整数的小数除法的算理。

1. 算一算，比一比

$42 \div 3$	$84 \div 4$	$91 \div 14$
$4.2 \div 3$	$8.4 \div 4$	$910 \div 14$

练习 2 错题辨析（谁来当当小老师）：第 1 小题忘记了点商的小数点；第 2 小题余数末尾添 0 计算后，余数仍不为 0，可以再添 0 继续除。在辨析中提升学生的纠错能力，同时在角色变换中，使学生感受到自己是发现者，感受到

学习的喜悦，体现以生为本。

2. 下列计算正确吗？为什么？

$$
\begin{array}{r}
16 \\
15\overline{)24} \\
\underline{15} \\
90 \\
\underline{90} \\
0
\end{array}
\qquad
\begin{array}{r}
7.2 \\
4\overline{)29.0} \\
\underline{28} \\
10 \\
\underline{8} \\
0
\end{array}
$$

练习 3 拓展练习：学生提出问题并解答，运用所学的知识，解决简单的实际问题，发展数学应用意识。在练习设计中，我注意把知识性、趣味性、发展性有机地结合起来，让不同层次的学生学有所得，体验成功的喜悦，突破了本节课的重难点。

3. 解决问题

五（1）班卖废品得到 40.6 元，用这些钱正好可以给小书架买 7 本《少年科技》，也可以正好买 14 根跳绳。_____？
（提一个小数除法问题，尝试列竖式并解答）

（1）一本《少年科技》多少钱？一根跳绳多少钱？

（2）你还能提出其他数学问题并解答吗？

（五）内容延伸，加深印象

本环节我播放视频：本届东京奥运会传来一个激动人心的好消息：男子百米飞人大战半决赛中，我国选手苏炳添凭借 9 秒 83 的成绩直接拿下第三组小组第一！晋级决赛！创造亚洲纪录！成为第一位闯入奥运百米决赛的黄种人！让学生感受激动人心的画面，并让学生估算苏炳添每秒的速度大约是多少米。学生估算他的速度大约是每秒 10 米，同时让学生思考："除数是小数的除法"又该怎么算呢？学生带着问题走出课堂，继续探究下一节课的内容。

六、板书设计

好的板书具有画龙点睛的作用，我的板书设计，突出本节课的重点，再现知识的生成过程，达到提纲挈领的作用。

七、教学创新

本节课我以思维为主线、以算理为先导，凸显转化的思想，利用计数器、数位顺序表明晰算理，运用多元表征深化理解算理算法，在实际生活中感受数感，发展量感，实现数学的育人价值，达到格智交融和谐共生是本节课的创新之处。

格智交融，和谐共生
——"可能性的大小"说课设计

尊敬的评委，大家好！打造核心素养下，格智交融、和谐共生的小学数学新课堂是我一直追求的教学目标。今天我将以"可能性的大小"一课为例，阐述如何从生成情智出发，以统计与概率的知识建构为根本，培养数据分析观念，促进深度学习，达到"格物致知与知行合一结合"，实现育人价值。

一、说教材

（一）教学定位

（出示转盘抽奖）如何设计转盘才能提高中奖的概率呢？

本课是五年级上册第45页例2的内容，属于"统计与概率"领域的知识。纵向分析教材，本课是在学生已经掌握收集、整理、分析数据的方法，并能根据统计结果作出简单的判断与预测的基础上，进一步体验统计随机现象，加深对随机事件统计规律性及可能性大小的数据分析，培养学生的数据分析观念。也为第三学段学习"事件的概率"打下坚实基础。

1. 师之惑

在以往教学中，很多老师由于课堂教学时间和空间的限制，忽略实验的有效性，如何突破课堂实验次数的局限性，让学生在40分钟内充分体验大量随机事件数据背后隐藏的信息和规律？如何提高收集数据的高效性，真正拓展学生的随机思维，培养数据分析观念，提升学生的数学素养？

2. 生之困

通过前测可知，五年级的学生对随机现象中的确定和不确定现象有较好的认知，初步感知可能性是有大有小的，但对于可能性大小和数量关系的规律，感悟还浮于表层。

（二）说教学目标

基于以上分析，我确定了以下学习目标。

1. 知识技能

通过经历收集、整理和分析数据的数学活动，体会可能性有大有小，与数量的多少有关系。

2. 数学思考

通过实验、游戏等数学活动，经历重复实验的统计过程，渗透随机思想、极限思想。

3. 问题解决

通过让学生经历统计的过程，理解可能性的大小背后的真正含义，会进行数据分析，能提出并解决简单的概率问题，体会分析数据对生活决策的现实意义和价值。

4.情感态度

学会用概率的眼光去观察生活中的事物，感受数学与现实生活的联系，体会数据分析的应用价值，让学生爱上数学、爱上思考，达到情智双赢。

（三）说教学重点、难点

教学重点：其中通过经历收集、整理和分析数据的数学活动，体会可能性有大有小，与数量的多少有关系为本节课重点。

教学难点：会进行数据分析，能提出并解决简单的概率问题，会分析数据对生活决策的现实意义和价值为本节课难点。

二、说教法、学法

教学观强调，教学要提供一些情景，促进学生合作学习；而学习观则强调，学生的学习需要情境性、社会互动性和主动建构性。为了突破重难点，教法上我运用问题导学、课堂讨论的形式，展开组织教学，并让学生动手操作，观察发现，自主探索，合作交流，通过帮扶导学、放手合作的过程，实现对新知识的建构。

三、说教学过程

（一）生趣动情，激活思维

新课伊始，我播放视频，带领同学们进入故宫，探寻珍贵的文物。

师：在这空荡荡的东暖阁，还可能发现新的文物吗？［"可能""不可

能""一定"（模拟学生声）］

通过上一课时的学习，学生或许会用这些词语描述生活中的随机事件。杜威说过，"教育不是一件告知与被告知的事情，而是学生主动认知与建构的过程"。本环节通过故宫情境生趣，渗透爱国主义情怀，瞬间调动学生的求知欲，把趣味化的情境过渡到理性数学思考中。

（二）唤醒认知，聚焦本质

1. 分层猜测，感知随机

今天，故宫的神兽龙和马化身为水晶球来到我们的课堂，箱子里分别装着龙球和马球。

（1）如果摸出一个球，可能是什么球？会是兔球吗？

（2）（动画）现在，箱子里放着4个龙球1个马球，摸出一个球，你觉得是什么球？

分层式的提问，让学生产生随机事件中可能性的大小与数量有关的初步感悟。

师：可能性的大小真的与数量有关吗？（边说边写板书：可能性的大小）让我们一起通过实验来验证自己的猜想吧！

2. 动手操作，收集、整理数据

为了保证实验的有效性，我精心制作了活动要求的视频。［播放视频（加快）］这样，小组活动的流程、分工就能一清二楚地向学生呈现。

我设计的学习单引导学生运用正字法有序高效记录实验结果（见表6-11），已经注明的20次实验总次数有助于学生验证实验的有效性。

分工明确的实验活动后，我会让小组长上讲台排成一列依次汇报实验结果，组长边汇报，我边把结果记录在"摸球游戏小组汇报情况表"上（出示表6-12）从而提高收集数据的高效性。（表中数据动画出示）

"可能性的大小"学习单

班级：_____　　　姓名：_____

表6-11　可能性与数量的关系

第（　）组第1次实验	箱子中有球的个数（单位：个）	记录（画正字）	次数	摸出哪种球的次数多？
龙球	4			
马球	1			
总数	5	/		

表6-12　摸球游戏小组汇报情况表

组别	摸出龙球次数	摸出马球次数	哪种球被摸出次数多？
第1组			
第2组			
第3组			
第4组			
第5组			
第6组			
总数			

3. 分析数据，深度学习

观察这些数据，你发现了什么？引导学生横向、纵向分析统计表中的数据，感受数据背后蕴含的信息：可能性的大小与数量有关。

由于随机事件的不确定性，我预设学生在实验过程中会出现以下两种情况：

情况一：每个小组都是摸出龙球的次数比马球多。

这时，我会追问：为什么摸出龙球的次数比马球多？你是怎样想的？

通过师生交流、生生交流，引导学生从直观的数据总结出抽象的结论：在

同一个箱子里，龙球数量多，摸出的可能性大；马球的数量少，摸出的可能性小。（板书）

得出结论后，我再次追问：摸出马球的次数有可能比摸出龙球的次数多吗？

直接出示隔壁班的实验数据（见表6-13），通过数据中的"矛盾点"，制造学生认知上的"冲突"，仔细看看，你发现了什么？有什么疑问吗？学生观察后很容易就会发现第3组的数据不同，这一组的数据会影响全班的实验结果吗？

我顺势小结这只是一种偶然现象，虽然第3组摸出马球的次数多但并不影响总数的结果。

表6-13　五（2）班摸球游戏小组汇报情况表

组别	摸出龙球次数	摸出马球次数	哪种球被摸出次数多？
第1组	15次	5次	龙球
第2组	13次	7次	龙球
第3组	9次	11次	马球
第4组	11次	9次	龙球
第5组	12次	8次	龙球
第6组	17次	3次	龙球
第7组	16次	4次	龙球
第8组	18次	2次	龙球
总数	111次	49次	龙球

情况二：摸出马球的次数比龙球多。

我会尊重课堂生成，把这一特殊实验结果作为课堂教学的素材，全班对比观察，纵向分析，得出与情况一样的结论。

4. 深度思考，分析数据背后"变中不变"的规律

当实验次数增加到 1000 次、10000 次，甚至更多的次数时，又会出现什么情况呢？为了突破课堂实验次数的局限性，我利用 Excel 表设计了模拟摸球的电脑程序，像这样（课件出示 Excel 表），10 组同学，每组随机摸球 1000 次，共摸 10000 次。从大数据的实验结果中，让学生理解数据中的"矛盾点"存在的合理性，再一次体验随机思想。通过观察实验数据的趋向，感受极限思想。变的是数据，不变的是隐藏在数据背后的规律。

学生思维的形成是循序渐进的，本环节设计 4 个层次的活动探究，让学生利用"面积模型"沟通知识之间的内在联系，打通"隔断墙"，在自主设计过程中深化理解，构建"分数墙"，层层深入环环相扣，使本节课难点的突破水到渠成。

（三）探理建模，交融格智

从转盘活动中加深体验可能性大小与数量的关系

师：这是一个转盘，转到橙色区域，神秘大礼就是你的了。

刺激的抽奖活动会把课堂气氛燃到最高点。

学生在真实的场景中感悟神秘大礼出现的可能性大小与转盘颜色块的面积大小有关。

进而让学生动手操作，探究如何使获得神秘大礼的可能性变到最大或最小（出示课件），渗透极限思想，点燃学生创新思维的火花。

（四）文化延展，感受魅力

生活中有哪些活动与可能性的大小有关？让学生畅所欲言后，我会继续以故宫文化贯穿全课，让学生运用可能性大小的知识劝阻向故宫许愿池投钱币的

行为，提高保护好故宫文物的可能性。

学会用概率的眼光去观察生活中的事物，将数学知识运用到实际生活中，感受数学与生活的密切联系，体会数据分析的应用价值。让学生爱上数学、爱上思考，达到情智双赢。

（五）课外拓展，深化明理

如何根据可能性大小的知识，优化红绿灯时间长短（见表6-14）？

表6-14　优化红绿灯设计时长意见表

时段	车流量（辆）	车流拥堵的可能性（大、小）	人流量（人）	行人聚集的可能性（大、小）	优化红绿灯时长建议
上学高峰时段（上午7：00—8：00）					
放学高峰时段（下午4：30—6：30）					

（设计意图：立足于课内、课外相结合，体现有效学习的过程，课后适度的拓展延伸有利于学生知识的巩固加深和知识面的扩展，培养学生的学习能力。）

四、板书设计

这是我的板书设计（见图6-24），突出本节课的重点，再现知识的生成过程。

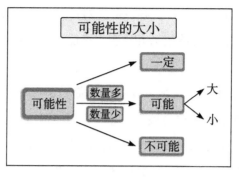

图 6-24　教师板书

五、教学创新

纵观本课，我以数学节为主线，把抽象的数学知识建立在丰富感性的实物之上，让学生在游戏中建立模型表象，在探索中掌握模型本质，在体验中应用模型规律，以"数学理解"为深度学习之基础，以"理性思维"为数学育人之特质，真正做到把握数学本质，聚焦核心素养。

"简单的排列"的"格智"教学设计

一、教情学情分析

【课程内容】

人教版小学数学二年级上册第 97 页例 1。

【学习内容】

本课是二年级上册"数学广角"的第一课时，也是人教版"数学广角"的学习开始。"简单的排列"主要渗透的是排列思想，是学习概率统计的知识基础，也是发展学生的抽象思维能力和逻辑思维能力的好素材。

【学情分析】

大部分二年级学生有一定的知识基础，简单的问题基本上都能解答。针对学生实际情况，教学的重点应该在于让学生说一说有序排列、巧妙组合的理由，体会到有顺序、全面思考问题的好处。因为学生是第一次接触排列组合的问题，因此注意安排有趣的活动，让学生通过这些活动进行学习，学生就容易理解和掌握。

【教学背景】

教材安排这一节内容，主要是排列思想。教学时要注意结合学生的实际生活引入，使学生感受数学与现实生活的联系，注重运用多种形式表征思维过程，帮助学生形成有序、全面思考问题的方法。这部分内容的活动性和操作性比较强，应处理好学生动手实践与小组合作学习的关系。

二、学习目标设计

【知识生成】

在操作、观察、猜测等活动中了解并发现最简单事物的排列数的基本思路和解决方法，培养学生有序、全面地思考问题的意识，初步体会排列的思想方法。

【能力生成】

在发现最简单事物排列的过程中，培养学生初步的观察、分析、推理能力，以及恰当地进行数学表达的能力。

【品质生成】

使学生初步感受排列的思想方法在日常生活中的应用，初步感受数学与生活的密切联系。经历探索最简单事物的排列过程，并掌握其解决方法。

三、格智教学策略

【重点难点】

重点：经历探索简单事物排列规律的过程，初步体会排列的思想方法。

难点：培养学生有顺序地、全面地思考。

【格智学习方式】

小组合作、探究学习、体验学习等。

【创教方法】

情境教学法、演示法、谈话法、讨论法、练习法。

【媒体技术】

结合信息技术制作连贯的动画剧情，课堂上使用多媒体平台播放，使用希沃授课助手的手机同屏功能收集展示学生作品，使用一起作业 APP 布置课前探究练习和课后在线作业。

四、评价方案设计

【测评内容】

学前测试

1.制作数字卡片"1，2，3"各一张。

2.用 1 和 2 两张数字卡片摆一摆，组成两位数，看看能组成几个两位数？把自己摆的两位数记录下来。

3.认真检查自己写出的两位数，看有没有遗漏？

【评价方式】

1.通过引导学生初步尝试简单的排列，促进学生课堂上正迁移。

2.通过思考 1 和 2 的两位数排列是否有遗漏问题，引导学生发现问题、分析问题。

3.通过在课前同伴互评、汇报，检验学生小组合作学习的有效性。

五、学与教的活动

【情景聚焦，激活思维】（引入）

播放视频：我们跟着小康来到了开心岛，病毒偷偷来袭，突然间小康身边的朋友们都发烧昏迷，小康寻找钟博士帮忙，钟博士告诉小康："这种病毒是通过飞沫在空气中传播的，暂时可以通过戴口罩和对生病的人进行隔离来防止传染，疫苗的研发还差最后一步，A 药物的分量是个由 1、2、3 组成的两位数。十位上的数和个位上的数不相同"，这些数字可以组成多少个两位数？

揭题：同学们请细心思考问题，我们一起来帮助小康解决问题，研发疫苗。（板书课题）

设计意图

Ⅰ.通过视频观看，聚焦动画情境，激发学生的学习兴趣和学习热情。

Ⅱ.通过初步尝试排列数字，让学生初步感受无序排列会产生遗漏和重复问题，为学习新知识做准备。

【动手实践，聚焦本质】（新授）

内容：有些同学思考后写出多个两位数，但这样的答案存在遗漏问题，还有重复问题，如何实现不遗漏、不重复的排列呢？

1.组织学生小组交流、讨论:有什么办法可以做到不遗漏、不重复?

2.学生动手实践,利用数字卡片摆一摆、写一写、说一说。

3.学生总结出有序思考,得到固定十位法。

4.思考一:除了固定十位的有序思考,还有没有其他类似的方法?

5.学生讨论:固定个位法。

6.思考二:除了固定位置的有序思考,还有没有其他不固定某个数位的方法?

7.学生讨论:交换位置法。

设计意图

Ⅰ.让学生在"摆卡片"的活动中初步感知排列问题,掌握组数的方法,培养学生全面思考问题的意识,拓展学生的思维。同时放手让学生动手摆卡片,既增强学生的动手能力,又为新知的建构提供直观的表象。

Ⅱ.通过逐步的启发式思考,提高学生分析问题和解决问题的能力。

---

(1)策略一:"固定位置法"

固定位置法	固定十位法	十位	1	1	2	2	3	3
		个位	2	3	1	3	1	2
	固定个位法	十位	2	3	1	3	1	2
		个位	1	1	2	2	3	3

①展示:固定十位法。

②思考:类似的方法。

③引导:两位数有十位和个位。

④结果：固定个位法。

> **设计意图**
>
> Ⅰ.学生在"问题解决"的过程中借助直观图形，摆和写让思维可视化，经历思维过程，在过程中感悟数学思想，获取解决问题的策略。
>
> Ⅱ.让学生在活动中亲身经历"探究—思考—明确"的过程，突破教学难点。

（2）策略二："交换位置法"

交换位置法	十位	1	2	1	3	2	3
	个位	2	1	3	1	3	2

①设疑：有没有不固定位置的方法。

②展示：交换位置法。

③对比：三种方法有什么共同点。

④结果：学生思考后讨论交流，有序地进行排列。

> **设计意图**
>
> Ⅰ.先让学生动手摆一摆，小组内交流是怎样搭配的，再通过全班交流，点燃学生的智慧火花，使学生体会到搭配的关键——"有序"的重要性，只有按一定的顺序进行搭配，才能不会重复和遗漏，向学生渗透有序的数学思想，提高学生解决问题的能力。
>
> Ⅱ.让学生在体验中感受，在操作活动中成功，在交流中找到方法，在学习中应用。初步培养学生有顺序地、全面地思考问题的意识。

【运用方法，解决问题】

活动一：播放动画：疫苗已经研究出来了，需要安排人员注射疫苗，提出问题：A，B，C 三名医护人员在现场，但现场只有 1 号和 2 号两间疫苗注射小屋，请问同学们有多少种安排方法？

为了提升学生的理性思维，这道练习题让学生独立思考，学生在前面的基础上很容易得到排列，但不同于例 1 的是，这道练习题还渗透了符号意识，通过 ABC 代表人，1 和 2 代表房子，从而解决问题。

活动二：播放动画片：注射疫苗，打赢病毒，市长颁奖拍照，小康、钟博士和一名同学代表上台拍照领奖，如果他们三个站成一排，同学们你们能算出有多少种站法吗？

这道练习题我将组织学生进行小组合作，通过角色扮演和做记录的方式解决问题。一方面，扮演角色的实践活动不仅可以改善现阶段的课堂教学现状，而且能促进学生多项技能与思维的发展。另一方面，在记录时，培养了学生数学符号意识和数学表达能力。

设计意图

通过渗透数学符号语言，清晰地表示探究过程，既完成了由具体到抽象，又培养了数学表达能力。

【激发动能，文化延展】

为了表扬医护人员和志愿者，我们设计了一个爱心勋章送给这些抗疫英雄们，有红、黄和蓝三种颜色，请大家在图案上涂上颜色，心形和圆形的颜色要不同，请问有多少种涂法？

总结：当我们遇到类似的排列问题时，只要我们有序、全面地思考，就能够完美地解决排列问题！

设计意图

根据学生完成情况，进一步积累解决问题的经验，通过数字转化为颜色的排列，增强学生解决问题的策略意识，获得解决问题的成功经验，提高学生学好数学的信心。

【课后三能，个性学习】

活动一：小组合作，设计排列故事，提出简单的排列问题。

活动二：小组间交流互相解决所提出的故事问题，并分享想法。

设计意图

Ⅰ.给予学生一定的自由创作空间，在培养学生创新意识的同时，也培养了学生发现、提出、分析、解决问题的能力。

Ⅱ.让学生在课后活动中感受成功，在交流中提高表达能力，尤其是数学语言的表达能力。

六、设计特色

"简单的排列"是人教版小学数学教材二年级上册的内容，其主要内容是通过具体情境解决排列问题，学生经历分析、探究并能找到解决问题的策略。

1.创设连贯的故事情境

我结合这个阶段学生的年龄特征以及熟悉的生活素材，创设了抗疫故事的情境。通过发现病毒、研发疫苗、注射疫苗、表彰大会、徽章设计等一系列情境展开，学生不断解决着故事中的数学问题，充分感受到数学与生活之间的联系。

2.动手实践操作，创设多样方法

在学生充分探究与交流活动的同时，让他们充分动手实践，经历有序排列的思维过程，建立有序、全面地思考问题的意识。学生在对知识的探索过程中，通过理解、认知、质疑、创造、体验、交流等一系列的活动，逐步发现不重复、不遗漏的排列方法，并且在互动过程中明确有序排列的方法，在学习过程中学生不但积累了知识，而且得到了丰富的情感体验，获取了数学活动经验。

3.把握数学本质，提升数学素养

纵观本课，我以抗疫故事为主线，把抽象的数学知识融入丰富感性的故事之中，用数学的眼光看故事、用数学的思想思考问题、用数学的语言表达想法，在探索中感受排列思想的本质、在体验中应用排列思想方法，真正做到把握数学本质，聚焦核心素养。

结束语

本书对核心素养视域下的小学数学课堂有效教学策略的研究结论主要体现在如下四个层面。

首先，小学数学核心素养体系的建构不仅要从基本内涵和构成要素上来加以认识，而且要从基本特征上来加以了解，这样才能更好地建构该体系。为了让小学数学核心素养体系得到更好地落实，数学教师可从学情调研、教学设计和教学实施这三个方面来加以实现。

其次，教师还应在数学课堂教学上采取更多策略来进一步增强教学有效性。比如，教师应把握不同教学方式，注重讲课的技能与技巧，提升自己的课堂提问与讨论技巧，等等，这样才能更好地在教学中落实对核心素养的培育。

再次，要想小学数学课堂教学得到有效实施，数学教师既要从备课思路、认识教材、教案设计上来加以落实，又要从教学机智、教学谋略、问题情境方面进行贯彻。如此才能更好地将数学教师的教学想法落实下去，获得学生的认可，最终获得最佳的教学绩效。

最后，小学数学教师在贯彻数学核心素养的时候，要从"数学抽象""逻辑推理""数学模型""数学运算""直观想象"等角度来加以落实，这样就能让小学生获得较全面的数学思维的训练以及数学能力的提升，最终实现对数学核心素养的全方位发展。

以上就是本书研究的主要内容，受研究时间、研究水平所限，本书研究结果还并不十分完善，希望能在今后的研究中加以改进。

参考文献

［1］刘凤霞:《小学数学课堂创新教学设计》,四川民族出版社,2021。

［2］党秀丽:《小学数学高效课堂建构策略》,郑州大学出版社,2021。

［3］汪元贵:《聚焦课堂小学数学教学设计的行与思》,现代出版社,2021。

［4］孔凡哲等:《小学数学课堂教学案例研究：常用模式与典型案例》,科学出版社,2021。

［5］宋运明、杨通文、吴云顺:《小学数学学习中的长见识悟道理》,华东师范大学出版社,2021。

［6］孔凡哲、史宁中:《中国学生发展数学核心素养概论：理想的学校数学教育能给学生带来什么》,华东师范大学出版社,2021。

［7］张秋:《小学数学翻转课堂的梯次练习设计》,陕西师范大学出版总社,2021。

［8］陈婷、李兰、蔡金法:《中国小学数学"问题提出"教学的研究与实践——基于〈小学数学教师〉和〈小学教学〉（数学版）中"问题提出"文章的分析》,《数学教育学报》2021年第1期。

［9］宋乃庆、蒋秋、李铁安:《数学史促进学生学习发展——基于小学数学课程的视角》,《自然辩证法通讯》2021年第10期。

［10］宋乃庆、张莎莎、陈婷等:《基于"问题提出"的小学数学教师主题

式专业发展：理论建构与实践探索》，《数学教育学报》2021年第1期。

［11］赵娜娜：《浅谈小学数学作业的功能与设计》，《甘肃教育研究》2021年第3期。

［12］杜海清：《基于新课改背景下的小学数学小组合作学习模式探析》，《科学咨询（教育科研）》2021年第6期。

［13］尹盈欢、石娟：《人教版小学数学教科书中的爱国教育元素分析》，《内蒙古师范大学学报（教育科学版）》2021年第6期。

［14］彭亮、徐文彬：《论小学数学教师教材分析素养的要素》，《教学与管理》2021年第17期。

［15］王丹丹、李幸、莫尉等：《小学数学 PBL+ CT 教学促进学生计算思维培养的研究——以"怎样围面积最大"为例》，《华东师范大学学报（教育科学版）》2021年第8期。

［16］金钰珍：《核心素养视角下的小学数学教学评价研究》，《教学与管理》2021年第24期。

［17］史永杰：《核心素养视角下小学数学高效课堂的构建》，《科学咨询（教育科研）》2021年第6期。

［18］任晓莹、刘璐、陈平：《小学数学课堂中教师有效提问的价值、问题与策略》，《教育观察》2021年第7期。

［19］何璇、孙海燕、马云鹏：《小学生数学核心素养的本土理解——基于扎根理论的实证研究》，《教育理论与实践》2021年第29期。

［20］丁福军、张维忠：《创造性思维在数学教材中的呈现研究——以人教版小学数学教材为例》，《浙江师范大学学报（自然科学版）》2021年第2期。

［21］黎波、罗虎成、陈洁：《探究数学文化在小学数学综合实践活动中的渗透》，《创新创业理论研究与实践》2021年第13期。

［22］王云：《小学数学教学中解决问题方法多样化的实践探索》，《教育科

学论坛》2022 年第 5 期。

［23］孟维苹、王海军:《数学课堂中培养学生思维品质的探究》,《科技风》2022 年第 4 期。

［24］刘香丽:《浅议小学数学有效课堂教学》,《现代农村科技》2022 年第 1 期。

［25］余冬梅、艾永红:《小学数学创意作业的类型及教学案例》,《教育科学论坛》2022 年第 5 期。

［26］蓝艺明:《"双减"政策下小学数学精准教学案例分析——以"认识钟表"教学为例》,《教育科学论坛》2022 年第 5 期。

［27］林晶:《核心素养导向下小学数学教学多元化测评》,《文理导航（中旬）》2022 年第 5 期。

［28］王玉玲:《核心素养培养背景下的小学数学微课教学策略研究》,《天天爱科学（教学研究）》2022 年第 3 期。

［29］党越、陈鹏:《小学数学教材对话文本教学转化价值与路径》,《教学与管理》2022 年第 3 期。

［30］苏巧真:《走向深度学习的小学数学度量教学》,《教学与管理》2022 年第 2 期。

［31］刘向彬:《新时代小学数学教师要扮好多重角色》,《河南教育（教师教育）》2022 年第 2 期。

［32］杨建明:《在小学数学课堂中实施分享式教学的"六步式"思考——以"分数加减法"一课为例》,《教育科学论坛》2022 年第 4 期。

［33］薛笑然、黄碧娟、李红霞等:《小学儿童数学态度与数学成就的纵向联系：学业拖延和数学元认知的作用》,《心理发展与教育》2022 年第 4 期。

［34］冯明焕:《创新教学与培养学生小学数学核心素养的策略》,《天天爱科学（教育前沿）》2022 年第 5 期。

［35］张美菊:《深度学习视域下的小学数学教材研读五法》,《教学与管理》2022年第2期。

［36］翟运胜:《发展小学数学教师的教材组织力》,《教学与管理》2022年第2期。

［37］吴甲旺、李红霞、司继伟:《小学低年级儿童的计算流畅性与数学焦虑:基于变量为中心与个体为中心的分析》,《心理发展与教育》2022年第1期。

［38］周二伟:《核心素养要求下小学数学教学测量研究——评小学数学核心素养教学论》,《教育理论与实践》2022年第12期。

［39］王哲燕、段安阳:《小学数学"结构化"单元整体教学的理解与实践》,《教育科学论坛》2022年第2期。

［40］孙思雨、许添舒、孔企平:《基于潜在类别分析的小学生早期代数思维水平研究》,《数学教育学报》2022年第1期。